祁门红茶史料丛刊续编

第四辑（1930—1935）

康 健◎主 编

安徽师范大学出版社
ANHUI NORMAL UNIVERSITY PRESS
·芜湖·

图书在版编目(CIP)数据

祁门红茶史料丛刊 : 续编 . 第四辑, 1930—1935 / 康健主编 . -- 芜湖 : 安徽师范大学出版社, 2024. 12.

ISBN 978-7-5676-7150-8

Ⅰ. TS971.21

中国国家版本馆CIP数据核字第202458VK59号

祁门红茶史料丛刊:续编　第四辑(1930—1935)　　康　健◎主编

QIMEN HONGCHA SHILIAO CONGKAN XUBIAN DI-SI JI (1930—1935)

策划编辑: 孙新文

责任编辑: 李慧芳　　责任校对: 蒋　璐

装帧设计: 张　玲　冯君君　　责任印制: 桑国磊

出版发行: 安徽师范大学出版社

芜湖市北京中路2号安徽师范大学赭山校区

网　　址: https://press.ahnu.edu.cn

发 行 部: 0553-3883578　5910327　5910310(传真)

印　　刷: 安徽联众印刷有限公司

版　　次: 2024年12月第1版

印　　次: 2024年12月第1次印刷

规　　格: 700 mm × 1000 mm　1/16

印　　张: 21.25

字　　数: 397千字

书　　号: 978-7-5676-7150-8

定　　价: 68.00元

前 言

祁门红茶创制于19世纪六七十年代，在中国各色红茶中出现较晚，但祁门红茶以其独特的品质，迅速崛起，超越闽红、宁红、两湖红茶等诸多著名品牌，成为近代中国最为著名的茶叶品牌，在全世界享有很高的声誉。在近代中国茶叶国际贸易日益衰败的情况下，祁门红茶成为支撑中国外销茶贸易发展的重要品牌。

2020年出版的《祁门红茶史料丛刊》(8册)，为首次经过系统整理的近代祁门红茶资料。该套丛书出版之后，笔者继续在近代报刊、徽州文书中搜集相关资料，经过数年积累，也渐具规模，于是以《祁门红茶史料丛刊续编》(以下简称《续编》)为题于2023年度申报国家出版基金，获得立项，为这套《续编》的出版提供了契机。

值得注意的是，祁门红茶产区虽以祁门县为核心产区，产量多、品质优，但并不局限于此一地，而是涵盖祁门、建德[①](民国时期先后称秋浦、至德)和浮梁三个县域。因建德和浮梁所产红茶的品质与祁门所产者相似，历史上皆以“祁门红茶”统称之。这在晚清以降的文献中阐述得十分清楚。

1909年《商务官报》记载，“祁门、浮梁、建德三县之茶(向统称之为祁茶)”[②]。1917年《安徽实业杂志》也称：“安徽祁门茶，品质甲于全球，秋浦毗连祁门，西人亦名祁茶。江西之浮梁红茶，因与祁门接壤，亦曰祁茶。”[③]民国著名茶学家吴觉农等亦云，所谓祁门红茶，“并非祁门一县境内之生产品。其运境之至德

① 即今安徽省东至县。

②《茶业改良议》,《商务官报》1909年第26期。

③《民国六年上半期安徽红茶与赣湘鄂茶汉口市场逐月比较统计表》,《安徽实业杂志》1917年续刊第7期。

（秋浦改称，原称建德）及浮梁两县之所生产，亦谓之‘祁门红茶’，简称‘祁红’，亦或仅称‘祁门’。祁门、至德，属安徽省，浮梁属江西省，以其同产红茶关系，故‘祁浮建’，久成当地习语，若已不复知有省限矣”[①]。1936年金陵大学农业经济系在祁门的调查也称：“市上通称之‘祁门红茶’，或简称之‘祁红’，实际并非专指祁门一县之产品而言；其与祁门茶产地毗连之至德、贵池，及江西之浮梁等县所产之红茶，因其制法相同，形状相似，亦统称‘祁红’。故在广义言之，祁门红茶区域，实包括祁门、浮梁、至德三县，及贵池之一小部。”[②]

由此观之，整理祁门红茶资料也应该涵盖这些地区，因此，笔者除继续搜集祁门县的红茶资料外，也注意搜集建德、浮梁两地的资料。

笔者先后在祁门、黄山、合肥、北京、上海等地馆藏单位查阅大量的报刊史料。经过3年多的努力，编辑整理了祁门红茶史料8册，计200多万字。其中，前7册为文字整理，最后1册为茶商账簿影印。下面对《续编》资料编辑情况进行说明。

前7册收录的时间段分别为：第1册1912—1919年，第2册为1920—1924年，第3册1925—1929年，第4册1930—1935年，第5册1936年，第6册1937—1940年，第7册1941—1949年。这些资料主要来自民国时期的报刊、调查报告和单行本的著作。第8册为茶商账簿，收录光绪八年（1882年）祁门红茶创始人之一的胡元龙日顺商号的茶叶账簿和民国时期祁门南乡郑氏茶商的茶叶流水账簿。

综上所述，《续编》是在《祁门红茶史料丛刊》的基础上继续整理的结果。对此前已收录在《丛刊》中的史料不再重复收录，同时将祁门红茶产区涵盖的祁门、建德、浮梁三地的文献一并搜集、整理，以全面展示祁门红茶产区茶叶生产、加工、运销的整体图景。

《续编》虽然搜集了大量民国时期的祁门红茶史料，但难免挂一漏万，还有很多资料未能涉及，如外文和档案资料未能充分利用。这些资料只好在今后的研究中再集中搜集、整理。同时，笔者相信《续编》的出版将深化人们对祁门红茶的历史源流、演进轨迹等方面的认知，对红茶的学术研究和万里茶道的申遗都将发挥积极作用。

① 吴觉农、胡浩川：《祁门红茶复兴计划》，《农村复兴委员会会报》1933年第7期。

② 金陵大学农业经济系：《祁门红茶之生产制造及运销》，《豫鄂皖赣四省农村经济调查报告》第10号（1936年）。

凡　例

一、本丛书所搜资料以民国时期（1912—1949）有关祁门红茶的资料为主，间亦涉及晚清时期的文献，以便于考察祁门红茶的盛衰过程。

二、祁门红茶产区不仅包括祁门，还涉及建德（民国时期先后称秋浦、至德）和江西浮梁地区，出于保持祁门红茶产区资料的整体性和展现祁门红茶历史发展脉络考虑，本丛书将三个地区的红茶资料皆加以收录。

三、本丛书虽然主要是整理近代祁门红茶史料，但收录的资料原文中有时涉及其他地区的绿茶、红茶等内容，为反映不同区域的茶叶市场全貌，整理时保留全文，不做改动。

四、本丛书所收资料基本按照时间先后顺序编排，以每条（种）资料的标题编目；每条（种）资料基本全文收录，以确保内容的完整性，但删除了一些不适合出版的内容；在每条（种）资料末尾注明了资料出处，以便查考。

五、为保证资料的准确性和真实性，本丛书收录的祁门茶商账簿皆以影印的方式呈现。

六、本丛书收录的近代报刊种类众多、文章层级多样不一，为了保持资料原貌，除对文章一、二级标题的字体、字号做统一要求之外，其他层级标题保持原样，如“（1）（2）”标题下有“一、二”之类的标题等，不做改动。

七、本丛书所收资料原文中出现的地名、物品名、温度单位、度量衡单位等内容，尤其是翻译的国外名词，如“加拿大”写成“坎拿大”、“便士”写成“边尼”、“氧气”写成“养气”等，存在与现代标准说法不一致，同一词在不同刊物有不同的表达等问题，因具有当时的时代特征，为保持资料原貌，整理时不做改动。

八、本丛书所收资料对于一些数字的使用不太规范，如“四五十两左右”，按

照现代用法应该删去“左右”二字，“减少两倍”应改为“减少三分之二”等，但为保持资料的时代特征，整理时不做改动。

九、近代报刊的数据统计、名词前后表述中存在一些逻辑错误。对于明显的数据统计错误，整理时予以更正；对于那些无法查核出处的数据、名词前后表述的逻辑错误，只好保持原貌，不做修改。

十、近代中国报刊刚刚兴起，图表制作不太规范，且大多无标准表名、图名，为保持资料原貌，除图表补充完善外，其他内容整理时不做改动。

十一、凡是涉及“如左”“如右”之类的表格说明，根据表格在整理后文献中的实际位置重新表述。

十二、本丛书原表格中很多统计数字为汉字，统一改为阿拉伯数字，但表格中陈述性文字里的数字仍保持原貌；正文中部分多位数字用汉字表示，但没有使用十、百、千、万等单位，为便于阅读，统一补齐，如“一三五七六八磅”改为“十三万五千七百六十八磅”。

十三、原资料多数为繁体竖排无标点符号，整理时统一改为简体横排加标点符号。

十四、凡是原资料中的缺字、漏字以及难以识别的字，皆以“□”来代替。

十五、中日甲午战争后，清政府将台湾割让给日本，1945年抗日战争胜利后，台湾重新回到祖国的怀抱。故1895年6月至1945年抗日战争胜利前台湾为日本占据时期。本丛书在涉及这一期间的台湾时，将“台湾”的表述统一改为“中国台湾（日据时期）”，特此说明。

目　录

◆一九三〇

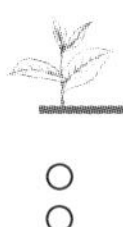

一九三一至一九三二

◆一九三三至一九三四

◆一九三五

一九三〇

茶一[①]

第一周（六月三十日至七月五日）本周茶市大势无重大进展，贡熙绿茶因俄庄开期近，虽呈活跃景象，然最关要之珍眉绿茶存积三万余箱，英法行家虽略有购进，外均系零星交易，售价甚低。

第二周（七月六日至十二日）本周针眉、秀眉等项交易虽不寂寞，但多数行家依然抱定非廉不购之宗旨，市价无从提高。惟俄国协助会对于两湖红茶，业已开始谈盘论价，第出价太低，茶商难于就范，结果尚未有成交。

第三周（七月十三日至十九日）本周由祁宁两路之红茶，俄国协助会业已着手开办，英庄行家亦纷纷搜买，交易异常畅旺，惟俄庄认盘极紧，华商仍多亏折，至绿茶市面大势尚难认为佳象，市况寥落。

第四周（七月二十日至二十六日）本周因婺源、屯溪等路之贡熙绿茶，俄庄协助会进意稍浓，惟对于市盘仍苛，盘价系四十八两至七十四两，针眉、秀眉等项，英庄怡和、同孚等行又复动办，交易尚不寂寞。其余绿茶市面仍□□滞，茶市大势犹疲。

《中行月刊》1930年第1期

茶二

第一周（七月二十七日至八月二日）本周茶市大势无重大进展，俄商协会近来继续派员来沪，收买华茶运俄，连日已成交绿茶及砖茶颇多，计重一千一百余吨。已于日前托苏俄商船装载运往海参崴转运苏俄。本年华茶运往苏俄销售者，此为第一批，嗣后茶况想有发展希望也。

第二周（八月三日至九日）珍眉绿茶法庄销路已略形活动，英商锦隆、同孚、协和、永兴等行均发动，抽蕊货顶盘开出二百三十五两，但普通货售价依然低弱，婺源有继续开出，售价四十六两五钱至五十六两。其余针眉、玄照等均无变动，市

① 为区别题名，“一”为整理者添加，后同。

况仍趋寥落。

第三周（八月十日至十六日）本周茶市疲静，珍眉绿茶除抽蕊略有销路外，普通货仍依然滞销，针眉、蕊眉略有零星交易，但售盘并不见佳。贡照绿茶白俄庄停办后，白头庄亦无人问及。汉口因捕俄人问题尚未解决，俄庄开办仍遥遥无期。

第四周（八月十七日至二十三日）自俄庄协会停办贡照后，茶市实起重大之变化，英法茶商对于路庄及土庄各绿茶，均乘机抑价，华茶商对于此种情势，坚持力顿加薄弱，珍眉各茶市盘较前均缺，交易亦稀，人心疲弱，大势日趋衰颓。汉口著捕俄人虽未释放，政府对于俄行办茶仍允继续保护，稍缓时月，俄庄仍有开办之望。

第五周（八月二十四日至三十日）本周婺源珍眉等货，英庄锢隆、保昌、大祥等行，均有进胃，市盘较前仍未能见高。针眉、秀眉等茶，交易颇不寂寞，但售盘均低。祁宁红茶，俄庄停办以来，英行无人过问，市况异常寥寂。

《中行月刊》1930年第2期

茶三

第一周（一日至九日）珍眉绿茶欧销尚畅，高庄汉茶市面已臻稳固之境，惟中低庄茶存底甚丰，行情日落。祁宁红茶无人问讯，而俄庄协助会仍因汉口事件，尚未开办。

第二周（十日至十六日）珍眉欧销益畅，市盘较上周无上落，但底数丰厚，供过于求，茶价仍恐倾跌。其余各项红绿茶，均无大宗交易。

第三周（十七日至二十三日）洋庄茶市转趋沉静，珍眉、针眉等项均无大宗交易。秀眉虽有去路，价格仍底。祁宁红茶，因英伦市场印茶存底充塞，依然呆滞。

第四周（二十四日至三十日）茶市继续无起色，洋庄销路仍呆滞，但俄国协助会闻有开始采办之准备云。

《中行月刊》1930年第3期

茶四

十月份茶市市况依然悲观，上半月内祁宁等红茶，无人问津。珍眉等绿茶，俄庄虽有进意，而认价极低，茶商等以亏折太巨，坚持不售，交易颇寥落。下半月内自俄庄开办绿茶后，英庄行家亦渐起动采办，市面顿成活跃。连日珍眉、贡熙两项交易颇为畅旺。祁宁红茶俄庄亦诚意搜办对于市盘较前放松，但本月茶市大概情形因洋行开价极低故交易无大进展，均呈清淡之气象。

十月份茶市

俄国协助会购进	高价/两	低价/两	普通市面	高价/两	低价/两
祁门(红)	40	35	珍眉(腊光)	110	100
宁州(红)	35	30	珍眉(绿)	85	75
珍眉(绿)	50	45	针眉(绿)	30	25
熙春(绿)	50	45	秀眉(绿)	15	10

《中行月刊》1930年第4期

茶五

十一月份茶市概况继续悲观，上半月内俄庄协助会对于祁门红茶与贡熙绿茶采办极多，较上月无甚上落。其余针眉、秀眉等货，英庄行家亦略有交易，惟大帮市面依然停顿。对美销路则异常静沉，下半月内贡熙绿茶与祁门红茶，俄庄仍有交易，惟认较价前更小，市势遂呈疲软之象。

十一月份茶市

（单位：两）

时间	俄国协助会购进								普通市面							
	祁门（红）		宁州（红）		珍眉（绿）		熙春（绿）		珍眉（腊光）		珍眉（绿）		针眉（绿）		秀眉（绿）	
	高	低	高	低	高	低	高	低	高	低	高	低	高	低	高	低
第一周（五日）	42	38	35	30	—	—	46	40	110	100	80	70	30	25	15	10
第二周（十二日）	42	38	35	30	—	—	46	40	110	100	80	70	30	25	15	10
第三周（十九日）	38	35	35	30	—	—	45	40	110	100	80	70	27	23	15	10
第四周（二十六日）	35	30	33	30	—	—	37	33	105	100	75	70	27	23	15	10

《中行月刊》1930年第5期

茶六

本月份茶市仍趋沉静，盖因英法等庄，以年关在即，均无大宗进买，至于针眉与珍眉等绿茶，虽略有零星交易，但市盘依然平低。俄庄协助会于第一周起，即宣告暂停采办，按该会为推销华茶最大之行家，影响所及，华茶商益感困苦矣。

十二月份茶市（普通市面）

（单位：两）

时间	珍眉（腊光）		珍眉（绿）		针眉（绿）		秀眉（绿）		熙春（绿）		祁门（红）	
	高	低	高	低	高	低	高	低	高	低	高	低
第一周（四日）	105	100	75	70	27	23	15	10	—	—	—	—
第二周（十一日）	105	100	75	70	20	12	15	9	—	—	36	29
第三周（十八日）	105	100	75	60	20	16	15	10	25	19	36	30
第四周（二十五日）	105	100	75	60	20	16	15	10	25	19	36	30

注：每百斤价以两为单位。

《中行月刊》1930年第6期

财政部拟定茶叶减税办法三种

上海市政府奉行政院第四零二三号训令云，为令知事。案查前据工商部议，复关于交办上海茶业会馆东电。请维持俄商协助会洋行购茶，及上海特别市政府拟具救济华茶办法两案，拟请先就其可行者，酌免内地五成厘税，明令施行等情到院，当经令饬财政部妥议具复并令行该市政市知照各在案。兹据复称，遵查近来华茶衰落状况，屡腾官牍，阗溢报章，茶业各团体，亦屡向本部呈请救济，其吁求蠲免各税厘减轻成本一说，尤为急切。茶叶一项，为我国大宗产品，近以不敌国际竞争，陡然衰落，影响至巨。其原因虽非一端，而税厘重叠，成本加重，实为最要原因。如欲予以救济，自非减轻税厘，无从生效。兹草拟减税办法三种。（甲）运销国内者，概由出产省份，征收特种消费税一次。不分货品高下，税率概抽从价值百分之三，一税之后，除海关税外，不再征收任何税捐。运销国外者，仍照旧案，免收关税。（乙）运销国内者，在出产省份，仍由内地常关及税厘局卡，各征内地税厘之半，此项半数，常税厘税，各征一次之后，通过其他各省，即凭税单验放，不再重征。运销国外者，仍照旧免征关税。（丙）运销国内者，仍照现制办理，不予变更。运销国外者，概由报运出口之海关，略仿三联单办法，发给华茶出洋证书。在一定期限内，茶商持证书运茶经过国内各省，各关税概凭证书验放，不征任何税厘。运至报运出口之海关，即由该海关将证书截留销案，并免收三联单代替厘金之半税，及常关海关各税。其施行细则，由国定税则委员会拟订送核。以上三种办法，现由本部令行国定税则委员会核议具复，察夺施行。除俟该委员会妥议呈复，再行呈请核办外，理合先行呈报鉴核等情。据此，合行令仰该市政府知照，此令。

《工商半月刊》1930年第1期

工商部令茶商改良华茶

工商部训令上海茶业公会云，为令遵事。案据汉口商品检验局呈报，调查华茶近年来由汉出口及贸易状况。略称。出口茶叶，务须切实检验，分别等次，予以证书，庶不致受外商抑压垄断之弊，而能逐渐起色。然此种办法究属治标之计，终非根本久远之策。盖产茶之区，其每年采摘原为五次。现各山户以生活程度日高，加之工资高昂，而茶叶价值，以及销出数量，不能增长，不敷工本，遂致任听茶叶粗长，色味俱伤，兼之制法陈腐，略不研求，其衰落之原因也，实为天演之公例。管见所及，拟请钧部咨商农矿部，转令各省农矿厅，对于产茶区域之茶农山户，设法补救，并严加取缔。一面令饬各茶商纠集资本，筹设新法制茶厂，逐渐改良，俾可挽回我国茶业原有之地位等情。并附调查报告一份前来，查茶叶向为我国出口货之大宗。嗣因印度、锡兰红茶，暨日本绿茶勃兴，对外市场渐就衰落。其后英国加重进口茶税，美人取缔华茶输入，我国茶叶遂有江河日下之势。推其失败原因，虽非一端，但我国茶农墨守成法，不知改良，国内外本国茶商，又无大规模贩运机关，事事受权外人，少数农商复贪图近利，参假和杂，致失信用，实为其主要原因。近以中俄事件，对俄销路，亦告断绝，政府刻正力图补救。据呈及调查报告书，所陈各节，实属当务之急。除分别咨令外，合行录发原调查表一份，令仰知照，转知当地各茶商团体，参酌应用，妥善计划，以期回复华茶原有地位，并图发展，本部有厚望焉。

《工商半月刊》1930年第1期

印度制茶业之状况

印度政府于印度通商公报附录中，关于一九二八年印度茶之产销，曾发表详细统计。印度茶之种植面积，自一八八五年以来，由三十万英亩增至七十七万三千英亩。因茶之栽培法逐渐进步，故其产额增加更速。一八八五年至一八八九年间之平均年产额，仅九千零五十万磅。而一九二八年之产额，已达四万零三百五十万磅。

生产总额八分之五，即二万四千六百万磅，由阿萨姆产出之。其次则为办哥儿之九千五百万磅。买特拉斯及屈郎晚古耳共计五千七百万磅。种植面积之八成，大概为阿萨姆及邻近北部办哥儿两地方。茶园之规模及其每英亩平均产额，因地方之不同而大有区别。各地方茶园之平均面积，阿萨姆四百三十六英亩，办哥儿五百二十四英亩，屈郎晚古耳五百二十九英亩。每英亩平均产额，以南部印度买特拉之八百七十六磅为最高。各地方大部分茶园之平均产额，每英亩由五百至六百磅。

印度茶之最大需要国为英国，故印度茶输入英国者，较诸他国为额独巨。英国至去年三月底，十二个月之中，印度茶输入共约有三万万磅之多。其输入欧洲各国，共计不过七百万磅。印度茶之输入英国，自战前以来，增加颇巨。战前五年间，平均英国输入为一万九千四百五十万磅，其他欧洲各国共计三千零七十五万磅。

印度茶消于坎拿大者，年约一千万磅至一千一百万磅。在美国因有印度茶业振兴基金“Indian Tea Cess Fund”之援助，热心宣传，奏效颇著。饮用印度茶者，几于普及。故其对美输出额，在战前仅二百五十万磅，至一九二七至一九二八年度已增至八百七十五万磅，然去年度又减至七百七十五万磅以下矣。对非洲输出，战前仅二百万磅，近已增至七百万磅。对澳洲输出，一九二七至一九二八年为三百万磅，去年度增至六百万磅。去年度之印度茶输出额，以目的地别比较之，则有下列之比例，即英国百分之八十三点一，其他欧洲各国百分之二，亚细亚百分之五点八，美国百分之五点六，澳洲百分之一点六，亚非利加百分之一点九。

据指数以观，印度制茶业之地位，以一八九六至一八九七年年度输出额为一百，则去年印度茶输出额为二百四十三，锡兰茶输出额为二百一十五，中国红茶及绿茶输出额为四十八，中国砖茶及粉茶输出额为五十九。爪哇茶对于印度茶之竞争，自一九〇五至一九〇六年以来，渐形激烈。以同年度爪哇茶输出额二千五百五十万磅为一百，则去年度该茶输出指数当为五百二十四，其总额将及一万三千四百二十五万磅矣。印度国内饮用茶之习惯，实为印度习俗变迁史中之一。最近印度茶之消费额，一九二〇年为三千万磅。最近估计，年约在五千万磅左右矣。

印度制茶业之从业人员，约计九十万七千人。其平均工资，过去五年颇昂。现在男工平均工资十二卢比四安那五摆意（约十八先令五便士），较欧洲之工资虽尚不为大，但印度茶园之工人，在茶园内得私自栽培，及薪材牧草等，亦得自由采取，故有例外之收入。

一九二八年，印度经营制茶业公司之资本金，约有三千六百万磅，其中二千七百二十万磅为英本国公司所有。在印度设立之公司，有一百三十九处其已缴之资本金，达五千万卢比。其中一百二十三公司，于一九二七年对于总资本金分派股息约三分二厘。

印度茶输出税，每百磅一卢比半，已于三年前实行废除。对于现在茶生产及由制造贩卖所得利益之四成，即课以所得税。输出茶，每磅征收税金四分之三摆意（每百磅六安那）。印度政府，代印度茶业振兴基金委员会“Tea Cess Fund Committee”征收之，并入该基金。支用时，悉听该委员会之自由。

《工商半月刊》1930年第5期

最近英国之茶业状况与生产限制问题

印度、锡兰及其他各国之茶产额，每年均有极显著之进步。虽世界消费额增加甚速，然生产额常超过消费额而上之故，生产品剩余日多，渐有压倒市场之势，价格之衰落，现已至生产费以下矣。今将主要产地之生产趋势，略举如下。

（单位：百万磅）

年度	北印度	锡兰	爪哇及苏门答腊
1929年	375	350—245	160
1928年	341	236	154
1927年	336	227	145
1926年	340	216	136
1925年	313	209	112
1924年	328	204	123
1923年	327	183	106

附注：（一）一九二九年为估计数；（二）北印度之数额系生产额，其他概为输出额。

伦敦茶存栈额比较

（单位：百万磅）

年度	四月三十日查	十一月三十日查
1929年	221	235—240
1928年	202	204

一九二九年份为估计数。

中国茶在英国内之消费，不过全额中百分之五而已，故略而不论。

茶之生产及其输入英国者，虽有渐增之倾向，然其消费不能随之而增进。对俄输出额，最近减少尤甚。大战以前，每年约有一万四千万磅，现在仅有四千万磅左右，故滞货堆积如山。至十一月末，伦敦存栈额，如上表所载。较之前年同日，实有三千万磅之增加，故市价日趋低落。兹就北印度茶言之，每磅平均市价，一九二

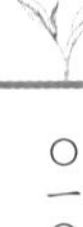

九年十一月末为一先令零六三，较数月前跌去一便士，较一九二八年同期日实跌去三便士三四。以全体论，一九二九年十一月二十一日止，一星期平均市价为一先令二便士六五，较一九二八年同期日之一先令四便士七二，约跌落两便士之多。据该业专门家之推算，最近市场中交易之茶，约有八成，售出均在原价以下。

据此以观，茶业最近之情势，已极不利。故研求挽回之策，实有迫不容缓之势。因于去年十二月二日，印度茶协会，议决一生产制限案，通告所属会员，奖励实行其制限计划，其要旨大约如下。

（一）生产公司。在一九二六至一九二七至一九二八年中，其制茶价格，每磅平均在一先令五便士以下贩卖者，对于同一年度间之平均产额，应实行限制生产百分之十五。（二）同一年中，其制茶价格，每磅平均在一先令七便士以下贩卖者，对于同一年度间之平均产额，应实行限制生产百分之十。（三）同一年中，其制茶价格，每磅平均在一先令七便士以上贩卖者，对于同一年度间之平均产额，应实行限制生产百分之五。

上列计划，应由协会会员普遍实行，（一）中Sylhet及Docars之全部，及Assam之半部亦加入计算。（二）中包括Assam之四分之一，Darjeeling之十六分之一。（三）中包括Assam之四分之一，Darjeeling之十六分之十五。依该计划，则于年产额三万四千一百万磅中，可以减少四千三百万磅。对于前项计划，伦敦密兴赉恩之买卖商人皆欢迎之，印度、锡兰之各协会亦有赞成之形势，但爪哇及苏门答腊方面之态度尚未决定。据当局者言，大概亦有同意之倾向。反之和兰安姆斯腾方面，主张此等人为的限制策，结果毫无效力。因下等茶，已有输出渐减之倾向，不如将其生产中止，倾全力于上等茶之生产，为有效也。故和兰同业者之同意与否？甚属疑问。其意见似极有理由，然茶业界之价格低落，与存货堆积之事实，不独在下等茶如是，即上等茶亦有同样之苦痛，故和兰同业者之意见，即能见诸实行，果得救济该业之现状与否，尚为一问题也。

要而言之，此限制策，不过为一推奖案，提出于茶业界。果能实行与否，目前尚不能断言。惟观茶业界之困顿情状，其展开策之紧急，已迫在目前矣。

兹将最近之伦敦茶市价，及英国输出入统计列举如下。

伦敦最近茶价（每磅平均市价）

北印度货	一先令一便士二二
南印度货	一先令一便士零六

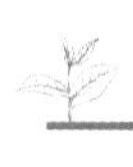

续 表

锡兰货	一先令五便士四九
爪哇货	十便士零八
苏门答腊货	十便士八五

一九二九年自一月至十月英国茶输出入数量比较表

（单位：磅）

国别	输入英国者			由英国输出者		
	1929年	1928年	1927年	1929年	1928年	1927年
印度	220 078 374	209 122 564	204 609 848	43 848 255	39 555 994	40 905 066
锡兰	131 652 959	121 875 615	119 637 776	21 737 602	22 079 881	21 317 566
中国	6 829 828	4 672 809	10 207 025	1 899 100	2 409 211	2 778 994
爪哇及和兰	74 246 428	59 837 749	63 463 874	8 848 910	8 418 842	8 460 246
其他各国	3 905 612	2 042 692	2 833 271	506 815	326 933	324 959
共计	436 713 201	397 551 429	400 751 794	76 840 682	72 790 861	73 786 831

《工商半月刊》1930年第5期

华茶近年由汉出口暨贸易状况报告

吴熙元

一、茶之沿革

查我国茶叶，物美质良，向居国际贸易重要地位，为我国天然国产，且为外人所赏识之唯一饮品。茶之极盛时代，为前清咸同年间十数省产茶区域，所制红、绿、青、白四种，每年出口约四百万石，售银达六千万有奇。就两湖而论，民四年间，尚出货八十余万箱，约值银千余万两，每百斤价自三四十两高至五六十两不等。自英、荷、日诸国，将我华种移植印、锡、爪哇、日本后，欧战以还，各该国政府视为巨大生产，锐意改良，精密计划。政府与茶农、茶商竭其财力，组织大规模之茶业机关及种制场所，指导种植制造方法，更与厂方以奖励及资助，减其运输

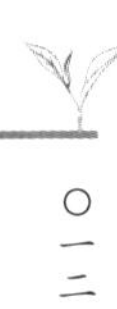

费，免其出口等税，补助广告费。复向欧亚各国，极力鼓吹推销。对于我国种茶、采茶地域之情形，加以种种之不良反宣传，污蔑我茶不遗余力，遂致我国伟大茶业，逐年衰落，出口减少，大受打击。即前之以茶起家者，今将因茶而破产。瞻念前途，不仅为我国农业衰退、产业落后之表示，实为国计民生一大问题。本诸茶业过去衰退情形，我国政府、茶商均不能不急起直追，迅谋补救，设法整理，以图发展，否则华茶向日在世界国际上之地位，势必归诸天演淘汰矣。

二、种制窳败暨政府不事维护

我国茶农对于种植知识，大多未曾具备。栽培既不周密，管理更为疏放。而于剪枝、施肥、灌溉、采摘诸端，均未加以深刻之研究，任其叶老枝枯，不施以人工之补助，以致生产日形减缩，品质日渐退化。制造时亦不计技术之巧拙，墨守成法，粗制滥造，装潢陈旧，不图改良，常蒙不洁之名，致有滞销之事。虽间有数处采用机制，然犹未尽合法，且属少数。以此而与精益求精突飞猛进之产茶各国，以新式机器制茶，事半功倍，色香水色均较优美者，相角逐于国际市场，宁不声价日替，趋于落伍。所以在与赛地，屡为外人诋毁。致我向居世界第一位先进国之华茶，摒为第四位。且我国业茶者，对外既少宣传工作，复无健全团体之组织，仅以少数人之力量，竞争于世界商场，无怪乎动遭失败。而在前清及军阀时代，茶商虽屡请政府予以救助，设法向外推销，然例行虚应，仍属任其自生自灭，不加维持。嗣后虽对于茶税酌量减免，以示维护，全属治标办法，于事实并无裨益。并据茶商云，鄂财厅前对于在湘采办箱茶，向例经鄂照票验放，今意图加征过境半税，用意何在，实费推想。

三、华茶近年由汉出口暨贸易状况

查两湖茶出口先后比较。民四年尚出货八十余万箱，每百斤价高三四十两至五六十两不等，已于前条略述。近数年来，递减至二十万箱，出货渐减，价格愈低，至今年仅十四万箱，现经售出者不上六万箱。其原因固由中俄发生国际交涉，俄庄停办，而英庄则乘此大施杀价，由四十两跌至十五六两，尚不能一概销完。而茶商所得之价，仅供装潢、解缴运费，茶之身价完全亏耗。业茶者血本丧尽，无不视为畏途。销路既绝，势将垂毙，若不急谋善后，则此奄奄一息之华茶命运，有不堪言者矣。

兹将近年汉口海关华茶出口贸易统计列表于下。

种类		运输/箱	售出/箱	存货/箱	备考
一、九江茶	祁门茶	82 273	81 583	690	民国十六年
		103 285	103 285	无	民国十七年
	宁州茶	21 120	18 659	2 461	民国十六年
		85 325	83 000	2 325	民国十七年
二、汉口茶		179 000	175 652	3 348	民国十六年
		285 823	246 356	12 467	民国十七年

十七年茶价

类别	茶价
祁门茶	每担自三十二两至一百四十两
宁州茶	每担自二十四两至七十八两
汉口茶	每担自十五两至五十二两

十七年全年出口统计

种类	担数/担	值关平银/两
工夫红茶	110 168	3 936 577
其他红茶	8 149	380 875
熙春绿茶	11	462
雨前绿茶	13	1 087
其他绿茶	1 303	41 349
红砖茶	149 750	7 904 861
绿砖茶	253 065	3 763 077
毛茶	86 704	1 432 174
花熏茶	1	40
茶末	857	6 316
茶梗	7 603	41 816
木梗茶	4 901	56 999
帽盒茶	1 326	8 619
小京砖茶	406	9 033

十七年下季及十八年上季出口数

（单位：担）

种类	十七年下季	十八年上季
工夫红茶	12 050	19 703
其他红茶	689	221
其他绿茶	151	34
红砖茶	63 592	92 475
绿砖茶	60 956	60 893
毛茶	5 952	4 362
茶末	100	—
茶梗	1 533	2 500
木梗茶	738	506
帽盒茶	5	—
小京砖茶	406	—
花熏茶	—	1

统观上表，对于华茶近年由汉出口数量已了然矣。

四、根本之补救与改进

（甲）人才之培养及栽植之研究。于各省农校设茶业专科，产茶区域设立专校，聘请东西洋专门技师教授栽制及化验各法。对于剪枝、施肥、灌溉、采摘以及制造、装潢、广告等切实研究。派遣人员赴印、日、锡兰各产茶国实地考察其种制及贸易需要状况，并从事于对外联络、宣传工作，俾收桑榆之效。

（乙）团体之组织及税捐之改善。夫欲求事业之发展，必须有健全团体之组织。当此商战剧烈时代，如以少数人力量，竞争于世界商场，曷克有济。宜效法近代产茶国组织茶业联合会，并由政府设置茶务局，指导监督一切，免除苛捐杂税，出口税全部豁免，以示提倡。仅于茶叶由内地输出时，酌收极少数之改良捐，以之充茶务局及各处茶业团体经费，及研究改良、宣传、奖励之用。应取之于茶，仍用之于茶，不失人民负担之本旨。在政府税收短绌有限，而于救济茶业实有莫大之效益也。

（丙）筹设茶业银行公营运销并实施检验。查我国茶商资力微薄，运茶出口，须经无数手续，不能经向外商交易，必由茶栈向洋行揽售。而茶商资本大多借自茶栈，息重期促，利其速售，以求本利之周转。洋行知其然也，则故意延宕，辗转抑勒，操纵其间，务使茶商急促难待，然后以贱价收买。由是贩运之茶商，因难获利，故搀水着色以图目前微利，致为外人所诟病，弄巧反拙，致招失败。为今之计，宜由茶务局设立公运贩卖机关，通盘营运，直接放洋，免除辗转操纵剥削之弊；筹设茶业银行，借贷款项，以资周转，而通缓急。一面对于茶业之搀水作伪诸端严加取缔，由本局实施检验，以期提高品质，促其改良，挽回华茶对外贸易之信用。

上所陈述，均为华茶衰退原因，暨近年来由汉出口贸易状况。茶商因无远大眼光，图博微利，搀水作伪，以致华茶对外贸易信用丧失，地位日渐低落，若不设法取缔，更不知伊于胡底。管见所及，实觉有急施检验之必要也。

《工商半月刊》1930年第6期

一九二八年印度茶产状况

印度植茶之面积。一九二八年中印度茶之栽培面积，为七十七万三千英亩，较前年增加二厘。即前年栽植面积中停止植茶者有七千二百英亩，新扩充者有二万四千二百英亩，结果反有一万七千英亩之增加。此项数字，系根据茶叶栽培者之报告，惟同业者中未有报告者。南印度有三十九园，阿萨姆有一园，只得由地方官之估计酌量加入。今将该年中印度种茶面积之主要地方别及与前年之比较，概述之如下。

地方	面积/英亩	与前年比较	茶园数/所
阿萨姆州	427 200	(+)0.8	980
办哥儿省	201 100	(+)2.2	384
南部印度	127 100	(+)7.9	704
北部印度	15 700	—	2 539
皮哈尔及亚里萨州	19 000	—	16

据上表观之，全种植面积之八成，在阿萨姆州勃拉买泼脱拉流域地方，及其附近地办哥儿省之北部大棋林与迦尔倍格里地方，又南印度买尔巴海岸高原地方，占全印度种植总面积之一成六厘，至七十七万三千英亩之内，可以采茶面积为七十万

五千七百英亩，其余六万七千三百英亩，因茶树太嫩，或其他理由，尚未摘叶。

最近五年间印度产茶地方及栽培面积如下。

（单位：英亩）

地方别	1924年	1925年	1926年	1927年	1928年
阿萨姆	413 265	416 476	420 444	424 003	427 237
皮哈尔及亚里萨州	1 873	2 146	2 146	1 848	1 848
办哥儿	181 853	187 739	188 677	189 846	193 499
联泼洛屏	6 210	6 453	6 174	5 971	6 020
潘嘉泼	9 705	9 591	9 693	9 718	9 712
买特拉斯	46 945	48 783	51 864	58 114	62 820
葛罗棋	316	364	364	416	416
脱里泼拉	4 793	5 259	6 004	6 858	7 597
脱拉磐哥儿	49 770	50 852	54 057	57 338	61 876
每意沙儿	—	—	—	1 882	2 498
共计	714 730	727 663	739 423	755 994	773 523

茶之栽植状况。是年茶园总数，共为四千六百二十三所，较前年之四千二百八十九，略有增加。因加入南部印度尼耳猗里斯地方之小规模茶园而计算之也，阿萨姆茶园数共有九百八十，其栽植面积为四十二万七千二百三十七英亩，每一茶园平均面积，有四百三十六英亩。办哥儿地方茶园数有三百四十所，其平均种植面积为五百二十四英亩。脱拉磐哥儿地方茶园有一百六十，平均面积为五百二十九英亩。每意沙儿、联泼洛屏、皮哈尔及亚里萨州、买特拉斯，各地茶园之平均种植面积较前者为小，其种植面积为一百六十七英亩，及一百五十八英亩、一百一十五英亩、一百一十英亩，以上数字为纯粹之植茶面积，并不包括其他栽培业者之所有地域。兹将关于各地方别茶园数、茶园面积及其使用工人等之统计，列表如下。

地方别	茶园数/所	12月底茶面积/英亩		工人数/人	
		植茶面积	所有面积	园内工人	园外工人
阿萨姆	980	427 237	1 202 299	468 596	33 396
办哥儿	340	193 499	279 035	169 764	5 777
皮哈尔及亚里萨	16	1 848	2 885	38	493
联泼洛屏	38	6 020	22 009	2 050	699

续　表

地方别	茶园数/所	12月底茶面积/英亩		工人数/人	
		植茶面积	所有面积	园内工人	园外工人
潘嘉泼	2 501	9 712	528	1 235	4 711
买特拉斯	572	62 820	90 648	40 616	23 081
葛罗棋	1	416	812	570	50
土侯州脱里泼拉	44	7 597	49 422	4 613	1 170
土侯州拉磐哥儿	116	61 376	50 377	68 866	1 912
土侯州每意沙儿	15	2 498	1 573	1 748	2 053
共计	4 623	773 023	1 699 588	758 096	73 342

制茶状况。是年中印度茶生产总额，为四万三百七十万五千磅。其中红茶占三万九千九百八十五万九千磅，余为绿茶，兹将最近五年间印度各地方别之生产额，列表如下。

（单位：磅）

年度 / 地方别	1924年	1925年	1926年	1927年	1928年
阿萨姆勃拉买泼脱拉流域	165 781 842	152 371 909	167 671 433	163 350 276	173 785 864
同卡谢及西尔莱脱	71 371 268	72 813 018	74 310 240	72 537 555	72 231 814
办哥儿	87 121 205	84 718 828	95 009 314	97 001 992	95 010 006
皮哈尔及亚里萨	213 513	237 413	278 404	306 651	1 231 073
联泼洛屏	1 741 316	1 689 173	1 720 336	1 597 625	2 133 764
潘嘉泼	1 936 762	1 810 976	1 975 198	2 076 400	1 904 866
买特拉斯	19 696 357	21 113 061	22 483 481	24 132 189	26 785 363
葛罗棋	—	116 506	133 068	151 819	216 265
脱里泼拉	338 272	560 568	820 615	940 062	1 095 648
脱拉磐哥儿	27 055 339	28 075 119	28 531 099	28 825 276	30 188 320
每意沙儿	—	—	—	—	81 763
共计	375 255 874	363 506 571	392 933 188	390 919 845	404 664 746

兹将最近两年间之红茶及绿茶别生产额列表如下。

（单位：磅）

年度 地方别	1927年		1928年	
	红茶	绿茶	红茶	绿茶
阿萨姆	234 846 074	1 041 757	245 316 504	701 174
办哥儿	96 942 912	59 080	94 960 462	49 544
皮哈尔及亚里萨	14 890	291 761	20 843	310 230
联泼洛屏	1 379 732	217 893	1 718 620	415 144
潘嘉泼	101 017	1 975 383	111 152	1 793 714
买特拉斯	24 127 578	4 611	26 708 963	76 400
葛罗棋	151 818	—	216 265	—
脱里泼拉	940 062	—	1 095 648	—
脱拉磐哥儿	28 387 692	437 584	29 673 579	514 741
每意沙儿	—	—	36 763	45 000
共计	386 891 775	4 028 069	399 858 799	3 905 947

由前表观之，是年度之茶总产额，较前年度增加一千二百八十四万五千磅，其主要原因在阿萨姆地方之产额增加，然以上统计，因茶园未能直接供给统计者，尚有四十园，故其数字，犹未能称为精确也。

茶之输出。印度茶输出状况如下。

输出数量最近五年间比较

（单位：千镑）

输出路径 年度	海路	陆路
1924—1925年	340 904	7 572
1925—1926年	326 545	× 10 770
1926—1927年	350 502	× 12 379
1927—1928年	362 012	× 8 892
1928—1929年	359 784	× 8 424

附注：有×记号，为国境地方铁路停车站之记录，不得谓为纯粹输出额。至因国境贸易记录而派遣之官吏，已于一九二五年四月以后撤消。

输出海外数量近三年比较表

（单位：磅）

时间 国家及地区	1926—1927年	1927—1928年	1928—1929年
英国	292 501 488	307 246 271	299 002 697
奥国	180	—	—
比国	1 580	1 110	5 490
丹麦	8 834	5 627	5 550
法国	146 488	349 106	109 954
德国	442 356	366 278	209 370
西班牙	160	—	100
希腊	116 600	239 074	336 442
和兰	88 035	20 555	66 463
义大利	34 609	15 624	27 500
挪威	3 360	66	2 150
罗马尼亚	7 850	93 090	85 990
俄国	100 900	6 332 862	4 138 702
迦棋亚	837 413	1 480 476	1 725 242
瑞典	9 710	184	7 236
土耳其	526 363	197 573	207 475
其他	83	48 101	99 280
欧洲共计（除英国）	2 324 521	9 149 726	7 026 944
埃及	2 900 259	2 175 756	3 288 685
勘尼亚殖民地	630 912	617 380	625 262
义属东部阿非利加	132 328	134 025	239 830
其他东部阿非利加	202 482	229 208	364 333
南阿联邦	1 138 414	1 153 939	1 133 798
马达卡斯加	880	2 350	8 916
马里谢斯	21 606	11 924	13 995
桑给巴尔及配恩磐	61 644	54 616	71 948
苏丹	2 765 611	1 677 788	1 135 498

续 表

国家及地区 \ 时间	1926—1927年	1927—1928年	1928—1929年
其他	18 800	100	10 835
非洲共计	7 872 936	6 057 086	6 893 100
坎拿大	11 528 435	9 286 137	11 207 718
美国	7 691 555	8 798 827	7 685 969
阿根廷	107 409	219 898	190 138
智利	1 212 961	936 524	1 139 890
西印度诸国	56 461	32 031	50 353
其他	48 725	30 851	61 599
美洲共计	20 645 546	19 304 268	20 335 667
亚丁	379 315	455 506	353 883
阿利比亚	795 831	602 834	1 145 168
巴伦群岛	768 068	409 567	1 035 935
锡兰	4 427 361	4 716 351	4 648 215
香港地区	2 618	47 191	—
中国	487 384	3 545 482	6 140 235
日本	2 934	1 705	3 788
波斯	5 923 908	4 217 754	4 154 481
暹罗	3 836	6 026	8 651
海峡殖民地	375 764	293 767	262 500
苏门答腊	—	9 900	13 800
亚洲土耳其	527 784	164 120	452 067
伊赖克	3 764 348	2 215 651	2 114 860
其他	945 970	534 744	396 395
亚洲共计	18 405 121	17 220 598	20 729 978
澳洲、新西兰、斐济岛	8 753 635	3 026 175	5 795 957
海路输出总计	350 501 796	362 012 124	359 784 343
陆路输出总计	12 379 136	8 891 680	8 453 520

上表中输出至锡兰者，全部皆将再输出。至海路输出总额，较前年略减。输出

至英国、俄国、苏丹、北美及波斯者，亦见减少。而输出至澳洲、坎拿大、中国、阿剌比亚、巴伦群岛、智利、希腊、埃及及迦棋亚者，皆有增加。印度茶之最大主顾，首推英国，而是年度减少八百万磅，为二万九千九百万磅。输出至其他欧洲各国者，较前年减少二百一十四万一千磅，为七百零二万七千磅。其主要原因，因输往俄国者之减退。输出至非洲各国者，较前年增加一成四厘，达八百八十九万三千磅，因输往埃及及东部阿非利加之增加也。至于输入美洲各国者，增加约五厘，达二千零三十三万六千磅。其输往坎拿大者，已由前年之九百万磅，增至一千一百万磅。输往美国者减少一百万磅，为八百万磅。输入亚洲各国者，为二千一百万磅，其主要原因，因对中国、阿剌比亚及巴伦群岛之输出者，皆有倍额之增加也。对澳洲输出，较前年增加三百万磅，而达六百万磅。

对于印度茶之输出，有须特别注意者，即在战前一九一三至一九一四年度，尚为二万八千九百万磅。至战后一九一九至一九二〇年度，即达三万七千九百万磅，为最高之纪录。以后数年输出不旺，至一九二六至一九二七年以后，渐见恢复。是年度达三万五千万磅，一九二七至一九二八年度，为三万六千二百万磅，前年度为三万六千万磅。印茶之输往英国者，一部分为英国所消费，他一部分为再输出。兹以印度茶之英国输入额，及英国再输出额列表如下。

（单位：千磅）

年度	输入	再输出
1924年	294 511	41 000
1925年	291 155	49 329
1926年	270 458	43 103
1927年	303 545	47 677
1928年	288 741	49 426

各国消费印度茶之比例如下。

年度 国名	1927—1928年	1928—1929年
英国	84.9%	83.1%
其他欧洲各国	2.5%	2.0%
亚洲各国	4.8%	5.8%
美洲	5.3%	5.6%

续 表

国名＼年度	1927—1928年	1928—1929年
澳洲	0.8%	1.6%
非洲	1.7%	1.9%
共计	100.0%	100.0%

外茶之输入。是年外茶之输入总额为九百五十万六千磅，较前年增加一百五十一万二千磅。而外茶之再输出额，为三万一千磅。兹将最近两年间之外国茶输入额列表如下。

（单位：千磅）

国名＼年度	1927—1928年	1928—1929年
锡兰	1 361	1 833
中国	3 324	2 662
爪哇	2 643	4 109
其他各国	666	897
再输出	127	31
净额	7 867	9 475

印度茶之消费。印度茶之产额，以严格言之，或未能称为正确，故消费额之估计，更难正确。且国境贸易数量，无正确之统计，故估计尤觉困难。从前估计消费额时，普通因国境贸易额极少，其结果无甚大之影响。现自是年起，欲期估计之正确，应将国境贸易亦加以考虑。即于印度产茶额中，将前年度之存底货加入计算，再减去一九二八至一九二九年纯输出额及年底存货，所得数量即为一九二八至一九二九年之消费数量。兹将最近五年间之消费数量，列表如下。

年度	数量/百万磅
1923—1924年	47
1924—1925年	44
1925—1926年	46
1926—1927年	49
1927—1928年	43

缅甸于茶叶之外，尚需要切茶，大概由诺斯米央土侯州输入。据最近之统计，

由该州所输入之茶，一九二四至一九二五年，达二千一百万磅。

茶箱及制茶机器之输入。装茶之箱，均系木制，概由海外输入，其输入价额，前年为七百二十万卢比，一九二八年已减至六百七十万卢比。茶箱之大部分，均经过办哥儿输入，其输入价额，约五百五十万卢比。其余皆由买特拉斯输入。茶箱之来源，由英国输出者，约值五百六十万卢比。由爱斯都尼亚输出者，六十万卢比。德国二十万卢比。芬兰及俄国各十万卢比。制茶机器之输入总额，为四百万卢比，较前年增加四十万卢比。英国供给该机器之大部分，输入价额达三百八十万卢比。

兹以印度茶平均市价及输出公告价格，最近三年及一九〇一至一九一一年平均价格比较，列表如下。

年度	竞卖平均市价		输出公告价格	
	每磅市价/安那	指数	每磅公告价格/安那	指数
1901—1902年 1910—1911年	6.0	100	7.0	100
1926—1927年	12.3	204	13.4	190
1927—1928年	14.1	247	14.4	205
1928—1929年	11.4	189	11.1	169

《工商半月刊》1930年第6期

首批新茶运俄

苏俄商务舰队，自恢复海参崴航路以来，本年苏俄对于采办华茶，业已委员来沪，开始购运，第一批已可运出，兹将采装情形分志如下。

恢复华俄协助社。苏俄在华之办茶机关，系设立在上海，名华俄协助社，专以购买中国茶叶，装往俄境者。上年两国断绝国交时，协助社即停闭辍业，办事人均离沪返俄，而以营业上未了之事，委英商锦隆代为处理。现在中俄航运已复，两国之贸易亦通，莫斯科协助社又派原任各职员来沪，恢复驻沪分社，已在北京路二号设立办事处，业已通知各茶商，开始办货，恢复绝交以前之原状。

第一批新茶运出。协助社首次采办之新华茶，以绿茶与茶砖居多。同时锦隆代俄商购办新茶砖一批，两共计一千一百余吨，即委托苏俄商务队沪上由赉赐洋行总理之轮盘兰号商船装载，于一日出口赴海参崴，此为今年新茶上市后第一批运俄之货云。

《工商半月刊》1930年第15期

第二批华茶运俄

计一千三百余吨

中俄商业回复旧状后，已经俄商来沪采办华茶一批，运俄销售，现俄国协助会又向本埠华商购定华茶一千三百余吨，即日装箱运往海参崴，转入俄境。此项第二批运俄华茶，计十分之七为砖茶，十分之三则为绿茶。第三批预定下月中旬出口。现正在采办选购之中。华商茶业，现又回复旧时盛况矣。

《工商半月刊》1930年第17期

东方茶的输出额比较

国别 时间	印度	锡兰	中国	爪哇
1899—1900年	177 164	129 662	224 874	—
1913—1914年	291 715	197 419	191 534	69 939
1924—1925年	348 476	204 931	102 125	105 113

在一八九八年间，中国犹为世界第一个茶的输出国，华茶供给世界茶的消费占百分之九十以上，其后因英国在印度、锡兰的茶业极力推广和改良，于是中国茶的国际市场，遂为印、锡所占，中国还要输入印、锡茶二三千万磅，往日最大的消场——英国——今则差不多完全输入印、锡茶。即此一端，亦足见中国商业之日就衰落。

《工商半月刊》1930年第17期

上海之茶业

绪　言

茶为我国固有之产物，溯自周秦即有饮用，降至晋唐，流行益盛，嗣后更成为国际贸易之商品。当十七世纪之初，英国市场，即有华茶之踪迹。十八世纪中叶，更有多量华茶，输入美国。及至十九世纪中叶，华茶输出额，达三亿万磅之巨，在世界茶业贸易史上，曾占据重要地位，关系国计民生者，实非浅鲜矣。

查华茶五十年来输出额，一八八一年为二百一十三万七千四百七十二担，嗣后逐渐减少，及至一九二〇年则降至三十万五千九百零六担，尚不及以前百分之十五。其低落之数，实足惊人。盖因华茶之主要顾客，为英、美、俄等国，自印度、锡兰、日本诸新兴茶业国相继而起，英、美之茶业市场大部分被其攘夺，则华茶主要之销场，厥为俄国矣。欧战以还，中俄绝交，华茶输出额遂因之惨落。嗣后中俄复交，华茶贸易稍有起色。不料最近中俄风云复起，两国交易又忽停顿，致迩来每年在沪采办箱茶二十余万箱之俄庄，因之停办，其已成交者，不过当旧额四分之一而已。其他各国则利用机会，从中垄断，把持市面，致华商之损失，达三四百万两之巨，而沪、汉两地之存茶，尚有二十余万箱之多，茶商、茶农，直接受其影响，其痛苦情形，自不待言，而制茶工人因之失业者，亦比比皆是。长此以往，茶业前途，何堪设想。

考华茶失败之近因，固由于中俄绝交，远因则受印、锡、日本诸国竞争之影响。而华茶之所以不能与印、锡、日本等茶相抗衡者，原因固甚复杂，而其主要者则不外总理所谓：“因其生产费过高，生产过高之故，在厘金及出口税，又在种植及制造方法太旧。”诚哉斯言，但治病者必察其病状，判其病原，方可对症发药。故欲谋华茶之改良与发展者，对于茶业之现状、组织之方式、经营之习惯、生产之费用等重要问题不可不详加考察，悉心研究者也。

我国产茶区域，有十余省之多，产地星散，情形复杂，欲于短时间得一研究参考之资料，颇不易易，势不得不先就销茶市场□以探讨也。查汉口、九江、福州、上海等处，均为我国销茶市场。但汉口、九江、福州等处，不过为各内地茶叶聚散之所，惟上海则为全国茶叶之总汇，对外贸易枢纽也。盖上海为我国市场之中心，亦即东亚贸易之巨埠，中外交易荟萃于斯，故茶叶贸易，亦渐移转集中于此矣。兹将最近民国十六、十七两年华茶输出外洋总额，及由上海出口数量，列表如下，以资考证。

最近华茶输出外洋总额及由上海出口数量表

（单位：担）

种别	出洋总额		由上海出口数量		百分率	
	民国十六年	民国十七年	民国十六年	民国十七年	民国十六年	民国十七年
工夫红茶	131 115	121 562	51 895	45 279	39.58%	37.24%
他种红茶	117 743	148 053	92 764	127 786	78.78%	86.32%
小珠绿茶	89 719	100 002	89 724	98 839	100.005%	98.83%
熙春绿茶	86 761	82 096	55 044	56 145	63.44%	68.39%
雨前绿茶	118 561	94 049	119 793	94 187	101.03%	100.14%
他种绿茶	38 175	30 618	35 941	28 587	94.15%	93.36%
红砖茶	97 877	143 745	76 307	141 577	77.87%	98.49%
绿茶砖	75 371	112 967	48 191	118 266	64.20%	100.47%
毛茶	88 884	74 974	177 007	177 693	109.13%	1 237.00%
花熏茶	1 189	1 558	24 426	25 799	2 054.30%	1 655.90%
茶末	12 296	2 397	36 022	42 580	293.03%	1 776.39%
茶片	3 985	694	10 496	14 906	263.40%	2 147.83%
茶梗	10 512	13 285	14 657	14 098	139.43%	106.19%
木根茶	—	—	1 407	—	—	—
未列名茶	88	22	—	—	—	—
合计	872 276	926 022	833 674	985 742	95.57%	106.45%

观上表，民国十六年由上海出口数量为华茶输出外洋总额百分之九十五以上，十七年竟超出输出外洋之总额，虽因上海出口数量中，有转运国内各口岸者包括在内，而茶叶集中上海数量之巨及其对外贸上所占地位之重要，可证明矣。故欲知华茶贸易状况者，对于上海茶业情形，不可不先加以考察也。

本局鉴于华茶贸易之衰落，社会经济，国民生计，均受莫大之影响，复以上海为我国茶市之中心，特派员于本市实地调查，将所得结果，汇成此篇，计分茶栈、茶行、茶厂、茶叶店、买茶洋行及出口茶商、路庄茶及毛茶数项，各就其性质，分别叙述，以供研究参考之资料。但以时间与能力关系，遗漏与错误之处，在所不

免，尚祈专家予以指正焉。

第一章　茶栈

第一节　概说

茶栈者，上海茶业中间人之一种营业，居茶商与出口洋行之间，专事介绍输出贸易者也。凡由内地运来之路庄茶，或在本市再制之土庄茶，均由茶栈介绍于洋行，从中抽取佣金。苟无茶栈，则洋行既不信任茶客，而茶客亦不熟识洋行，成交必非易事，故茶栈直无异于洋庄茶行也。又茶客之与茶栈交往者，可得贷款之利益，以资周转。是茶栈于介绍贸易之外，复负融通资金之任（实系垫款性质），谓之曰茶业金融机关，亦谁曰不宜。惟茶栈一以牟利为目的，对于茶业界之整个的利益，尚未闻有能负重致远，竭力从事发展者。此我国茶业交易与茶业金融之所以仍多缺陷也。近年来上海茶栈之状况无甚显著之变迁，数目亦无增减之可言，计民国十四、十五两年为十九家，十六、十七两年为十八家，十八年又增至十九家。兹将全市茶栈列表如下（十八年九月调查）。

上海出口茶栈一览表(以设立年月先后为序)

茶栈名称	设立年月	经理人姓名	资金本额	地址	帮别
洪源永	光绪二十六年	洪孟盘	40 000两	北京路清远里十九号	徽帮
忠信昌	光绪三十三年	陈翊周	100 000两	博物院路二十六号	广帮
震和	宣统元年	朱葆元	10 000两	北山西路德安里六弄	平水
同裕泰协记	民国九年	沈锦伯	12 000元	江西路广福里	广帮
乾记	民国十一年	胡德馨	60 000元	七浦路豫顺里	徽帮
谦和	民国十二年	裘礼仁	10 000元	北京路清远里	平水
益隆	民国十三年	钱子良	20 000元	北江西路桃源坊	广帮
公升永	民国十四年	彭志平	40 000元	铁马路	徽帮
源丰润	民国十四年	郑鉴源	40 000元	东唐家弄怡如里	徽帮
协慎祥	民国十四年	卓希白	25 000元	天潼路四七〇号	广帮
新和兴	民国十四年	沈锦柏	50 000元	江西路广福里	广帮
怡泰	民国十五年	陈秉文	20 000元	河南路如意里	平水
永兴隆	民国十六年	卓华谱	60 000元	天启宫天潼路	广帮

续 表

茶栈名称	设立年月	经理人姓名	资金本额	地址	帮别
慎源	民国十六年	孙子弗	50 000元	北河南路景兴里	徽帮
仁德永	民国十七年	汪礼齐	20 000元	七浦路顺裕里	徽帮
晋泰福	民国十八年（改组）	翁约初	20 000元	天后宫桥东唐家弄余顺里	杂帮
恒益协记	民国十八年	李邦贤	20 000元	西武昌路	杂帮
谦益	未详	谢蓉卿	10 000元	江西路三和里	平水
永盛昌	未详	彭有恒	48 000元	七浦路恒庆里	徽帮

观上表可知，上海茶栈以徽、广两帮为最多。盖因徽州为产茶最富之区，每年运来上海之红绿茶约二十万担以上，故经营茶业者颇多。至于广帮则因粤商对于国际贸易较为熟悉，且资本亦较为雄厚耳。平水茶栈虽不甚多，而平水茶大都运销美国，着色之弊已除，乃其特点。民国六年以前，输出年达二十五六万箱，近年因欧美市场被日本占去大半，故出口额已减至十五六万箱，较前减少十余万箱，此实堪令人注意者也。

复查资本一项（其数额系根据各栈填报者），自一万两至四万两者，占三分之二，自五万两至十万两者仅三分之一。故茶栈虽有放款与茶客，无如茶栈自身资本亦不雄厚，辄转贷于钱庄银行，从中又须攫取相当利益，致茶客向之贷款，不但为数有限，其利率又须月利一分五厘之多。受其贷款之茶客，所有茶叶，又须由其出售，种种盘剥，实为商业界最大之恶例。此茶栈之所以未能尽调剂茶业金融之责，而设立茶业银行之所以不可缓也。

第二节　代客买卖手续

茶客既将茶叶运沪，即将大样一箱投送茶栈，批明照样若干件，托其转售。茶栈乃向买茶洋行分送小样，由洋行从事审查。如认为合格，即批还价格，并与茶栈通事接洽，由通事转与茶客磋商。如果双方同意，则即续送大样。经核对后，如大样与小样相符，即由西人落簿，并由茶栈通事签字为凭，或由洋行茶楼之华司事落簿，无须通事签字。通事回栈，再行通知茶客，即为成交。成交后，茶叶即由洋栈或输栈运赴洋行过磅，运费向由茶客负担。至于货款必需俟四五日或三四星期后由洋发交茶栈，由茶栈转付茶客。

成交过磅后，茶栈开具清单一纸，发交茶客，随将帐目结算，交易即告完毕。

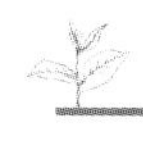

单内除利息、保险费、水脚、佣金等项应扣除外，尚有种种陋规，款目颇繁，兹举其重要者如下。

洋行九九五扣	千分之五
打包	每箱银八分
修箱	每箱洋八分
出店	每箱银一分
茶楼	每箱洋二分
通事佣金	每箱银七厘
磅费	每箱洋二分
钉裱	每箱银七分
力驳、堆折	每箱银一钱
铅木桶、铅木盖	每箱银一分
会馆捐、各堂捐	每箱银二分六厘

上列之洋行九九五扣，先是洋行每于过磅后，延不付款，茶客因需款孔急，请求付现。洋行方面，以既付现款，必须打一折扣，因有“九九五扣”之名目。嗣后变成一定不易之例，无论付现与否，均须打九九五折矣。打包，乃洋行将原箱之篾包改为麻布包时，其费曰“打包”，亦由茶客负担。修箱，即茶箱残破之修理费。出店，即茶栈及洋行栈司收样、发样之手续费。茶楼、磅费，此即洋行茶楼看茶及过磅之手续费。钉裱，即钉箱费及裱糊箱面费。力驳，即上栈下栈之苦力费。堆折，乃茶叶堆存之折耗。铅木桶、铅木盖，乃茶楼所用之器具。会馆捐、各堂捐，包含茶业会馆会费及各慈善团体杂捐。通事佣金，乃代茶客赴洋行接洽之通事薪金，此项佣金本包在茶栈佣金之内，但有时亦往往额外抽取。此外尚有吃磅，盖曩时洋行过磅，颇不公允，中国茶商，备受亏损，乃由茶叶界出而调解，规定以公磅为标准，每箱茶叶，洋行方面，明减去二磅半计算，迄今遂成为牢不可破之陋规矣。补办，因由大样中提出小样供验看之用，此数须于过时补足，但所补之数，多系由茶栈或洋行估计，故每多超过实际取小样所损失之数耳。以上种种费用，兹姑以每担值银五十两、每箱重五十斤计之，则其每箱之担负有如下列。

（单位：两）

吃磅	1.000
打包	0.080

续　表

修箱	0.058
茶楼	0.015
磅费	0.015
钉裱	0.070
力驳、堆折	0.100
九九五扣	0.125
出店	0.010
铅木桶	0.010
通事	0.007
各堂捐	0.026
补办约	0.020
总计	1.536

由上式观之，洋行及茶栈之规费，每箱需银一两五钱三分六厘。若售百两之货（即二箱），即须三两零七分二厘，当货价百分之三以上也。倘每担售价在五十两以下，而每箱不及五十斤者，则其消耗成数更多，当在百分之四五以上。再加茶栈之佣金、利息、保险、栈租、上下力、码头捐等项，则茶客所得，不过当原价百分之八十五至九十而已。由此足见茶客既受洋行之盘剥，复遭茶栈之侵削，常有得不偿失之慨，洵有改革取缔之必要也。茶栈之佣金，值百抽二，按茶之卖价计算，均由茶客负担，洋行方面，则无分文津贴也。

第三节　贷款

茶客之与茶栈交往者，可得贷款之便利，既如前述。茶栈贷款约分两种，一为信用放款，一为抵押放款。每于新茶上市之前，派员赴产地接洽，成立放款契约，以广招徕，盖债务者之茶叶，例须归债权者代售。既得放款之利息，复得营业之佣金，实一举而两得者也。

信用放款仅由借款人出具借据一纸，订明金额、利息及偿还办法，即足以资信守。兹将借据格式录列如次。

立投栈领银据人〇〇〇今在〇〇开设〇〇〇茶号

今领到

○○○茶栈用银○○○○两，言明采办箱茶○○○件，系遵照上海茶业会馆丁卯年新章，无论小号箱茶分为几字号全帮或逾原订箱额，一概投交○○○实栈出售，所用汇项月息一分五厘计算。此据。

年　月　日

○○○签字

抵押放款则以箱茶作抵。该茶须存入茶栈指定之堆栈堆存，其栈单由茶栈保存。所有栈租及保险费，概归茶客担负。栈租每件每月银八分，保险费每银千两约须三两之谱。

放款无一定之期限，俟茶叶出售，即在茶价内扣除本息。利率规定月息一分五厘，但亦视银根松紧，及茶客信用、茶量多寡等，常有仅取一分二厘者。惟中秋节后，亦须增加利率，以促茶商早日脱售其存茶而付借款也。

第四节　会计

茶栈都用旧式簿记，所有流水、总清、庄清等簿，与他业无甚悬殊。惟茶楼所用之茶额，即茶栈之进货原始簿，发样即茶栈之售货原始簿，两者均为茶栈所独有，爰为介绍如次。

茶额

振新茶厂 某月某日	来一品香珍眉34件，开价80两，编号165

发样

怡和洋行 某月某日	发165振新一品香珍眉35件

第五节　职工

茶栈职员，上有经理协理，由股东互推或聘请之。其下职员，则由经理聘用：一曰帐房，司收付银钱及记帐之职；二曰茶楼，司收样、发样及看茶之责；三曰过磅，专司茶叶成交后之过磅事宜；四曰通事，司与洋行接洽交易之责。其下焉者，则有出店，有茶房。通事之薪金，与普通按月或按年计者不同，乃就佣金或在佣金外抽取七厘，与他业之跑街相似。

第六节　同业组织

茶栈之同业组织，为上海茶业会馆（北京路顾家街），历史已甚悠久。凡沪上出口茶栈，均为该会会员。会中设董事七人，由会员推选。董事互选董事长一人，总理一切会务。会费由各茶栈分摊，一以售茶多寡为准。凡售绿茶一箱，抽收会费三厘，红茶二厘。该会自同治九年以来，即订有规条，至今犹都遵守，兹将上项规条录列如下。

一议：凭样售茶，本无私弊，近年客家每每箱有暗记，蒙栈发样，以致过磅参差，反多争论，而洋行即借为口实，并将一色之茶，一遇番信欠佳，亦硬指为货样不符，欲图退盘割价，均非信实通商之道。今因公同具信通知山内各商，不准再做样箱尾箱，总要箱箱一律，不得高下其间。凡客投栈，无论红绿大小箱茶，任凭栈司随手开箱，以装样罐，毋任客家指使。万一再遇货样参差，公请华、洋商齐集，将样箱、磅箱倾出，秉公评看。如其真不对样，凭众理论。若系看茶不公，有意吹求，亦当从众酌夺，应用仍用，应退则退，不得任意轩轾，以图割价，庶昭公正。

一议：茶箱发至洋行，必须当面点交数目，填明收单，以免过磅缺少，致生争论，去年曾有舞弊，当时收单箱额，不肯填明，及至过磅之后，借口缺少箱数，向客勒扣，实属有碍洋商大局。今后总归当场点交，随向收单填明，并不费事，庶杜弊端。

一议：茶箱发至洋行，应即过磅，倘遇洋人不暇，限迟日期，适遭火险，栈家当以收单为凭，惟向洋行是问。

一议：成交茶箱发至洋行过磅之时，洋商须嘱管栈仔细查看，如有水渍等箱，当即检出，请茶师亲自过目。茶身受伤，准即退回茶客。若稍有箱外水渍，与茶无碍，不得混退。管栈须凭茶师看明，毋得从旁挑唆，以图索贿，至于轮船出洋茶箱受潮，更与栈客各无干涉。

一议：茶箱过磅，向例两箱同磅，如果一箱过磅，遇有半磅，即当作算。除皮亦系两个同磅，如果单箱除皮，遇有二五，亦即作算。此属至公，毫无欺弊。若使洋商嫌烦，请照广东之式，用大箱四只，先行较整斤两，将茶倾入，竟磅净茶，庶无争论。

一议：茶楼栈房等费，悉照旧章，毋得增减，倘有格外需索，均投会馆理直。

一议：样箱如系原箱发进洋行，成交之后，或有轻少，不得向栈客补茶；如系已开箱口，发进洋行，当时须邀茶楼先行磅见数目，以便成交计算。若遇样箱发回，亦当复磅，倘仅少一二磅，不与计较过多，即向茶栈是问。

一议：成交茶箱，发到洋行，倘有箱壳破烂等情，必须仍着原栈自行备板修整，不得由管栈代修，任意开销，违者议罚。

第二章　茶行

第一节　概说

茶行者，亦上海茶业中间商人之一种，居茶客与茶厂店庄及客帮之间，专事介绍毛茶贸易者也。毛茶者，即未经精制之茶，由内地茶客运沪销售者也。故茶栈之营业属于洋庄，而茶行之营业则限于国内。茶栈所经售者为箱茶，而茶行所经售者为毛茶，此二者不同之要点也。毛茶运沪，由茶行介绍于茶厂、茶叶店及天津、烟台、广东等处之客帮，故亦属代客买卖性质。惟有时亦常将茶客之货作价收买，转售他人，同时仍抽佣金百分之四。

上海茶行，每年交易毛茶约十万包，每包约一百五十斤，计一百五十余万担。毛茶来源，以安徽、浙江、江西三省为最多。故最近数年，所谓长江茶，亦居相当数量。福建之乌龙、花香为数亦属不少。自奉直战争发生，两湖茶叶未能直接运销天津、北平，亦改道来申，其销路则天津、烟台、广东等客帮约居十分之五，本市茶厂约居十分之三，本市店庄约居十分之二。毛茶市价，以洋庄茶市之盛衰为进退。洋庄茶市兴盛，则土庄茶厂需货必多，茶价因以提高。否则客帮利用土庄市面冷落之时机，势必从中抑价，茶价因以低落。至于销数之多寡，则以客帮为转移。四年前因平汉路不通，两湖茶由汉口来沪，转运天津者约五万包。上海毛茶交易竟超过十万包以上。旧时天津茶客多由汉口采办，故上海毛茶交易尚不及十万包。现因上海茶行将天津销路打通，天津茶客觉在上海采办较为便利，故汉口之茶市渐转移至上海，对于平汉路之通否，无大关系矣。

茶行职员至为简单，经理之下有账房、跑街、水客、学生、出店等职。其中跑街一职，专司本市兜售茶叶。而水客则系派赴外埠接洽货款与采办茶叶之代理人也。

近年来上海茶行数目颇见增加，计十四年仅十二家，十五、十六两年各为十三家，十七年增为十九家，本年则又增至二十一家。但实际上并非茶行营业发达之故，盖因茶行职员之失业者，往往集合资本，从事组织茶行。而实际营业仍属有限，以致互相争揽，常有破坏同行规例之事。故茶行之增设，殊有碍于该业之利益也。兹将全市茶行列表如下（十八年九月调查）。

行名	设立年份	经理人姓名	资本金额	地址
慎泰祥	宣统元年	李良成	5 000元	郑家木桥天锡里
共和	民国三年	汪爽初	1 200元	八仙桥
源和成乾记	民国三年	金荣章	5 000元	后新街精益里
维新昌	民国四年	顾维新	1 000元	中华路四号
同泰祥协记	民国四年	戴永沂	6 000元	吉祥街吉安里一弄
三宜信记	民国十一年	吴楚仁	1 000元	老永安街同安里一号
公泰祥明记	民国十二年	徐君明	2 000元	东新桥西首菜市街懿德里二号
元丰祥	民国十三年	查子元	5 000元	三泰路
永福隆	民国十三年	徐蔚琴	2 000元	东唐家街
裕丰祥	民国十五年	季辉甫	1 000元	郑家木桥
裕兴隆	民国十六年	程右泉	1 000元	大东门大码头路
同顺泰	民国十六年	吴星垣	5 000元	后新街精益里
泰顺昌	民国十六年	周光裕	4 000元	惠顺里
永发祥	民国十七年	戴世源	3 000元	典当街
德泰隆	民国十七年	谢树声	500元	西新桥太原坊三号
介福	民国十七年	滕眉寿	2 000元	北京路清远里
正大祥	民国十八年	胡祥枝	5 000元	老北门外兴康里
义泰	民国十八年	奚春华	500元	民国路同庆街润寿坊四号
晋泰福	民国十八年（改组）	翁约初	20 000两	天后宫东唐家弄余顺里（与茶栈并合）
同裕泰协记	民国九年	沈锦柏	8 000元	江西路广福里
泰和昌	民国十七年	陈文波	3 000元	紫来街

第二节　代客买卖手续

茶客将货运沪，即由茶行代报进口，抽取小样若干包，由跑街送至各茶号土庄茶栈（即茶厂），或各路客帮兜售议价。如所出之价与茶客所开之价相近，即回行向茶客磋商。俟得双方同意，乃送大样一件，再由买方查验，如与小样符合，乃即送货过秤成交。货款付法，分现款与期款两种。付现款者，须打九八折，即九八取

现。期款者，期限以四十日为例。

茶行佣金，每百元抽取四元，较茶栈须大一倍。此外收茶时，其秤较大，售茶时其秤较小，此中差益，亦为茶行所得。除皮重量，亦由茶行估计，每多不尽不实。他若上力、下力、栈租、税捐等项，亦由茶行开帐，转嫁茶客。故茶行之实际利益，决不止佣金一端也。若遇茶市滞销，而茶客曾向茶行贷款者，则每届节期或年底，茶行须将茶叶作价，其价自较寻常低廉。他日茶市转旺，则所得差益又归茶行所有，遂致茶客、茶行有利害冲突之虞，洵非商业上之健全现象也。但若茶客有时分投数行，而甲行售价较高于乙行时，则乙行为维持营业计，亦必照甲行价格成交。故交易手腕如不灵活，亦不免致受损失也。

第三节　贷款

茶行之放款约分四种：一为合作办货之放款；二为货未到沪之信用放款；三为货已到沪之信用放款；四为抵押放款。利率亦为按月一分五厘，与茶栈同。

合作办货者，茶行与素相熟识或信用昭著之茶客合股采办茶叶是也。如遇茶客资本不足，即由茶行贷以资金，取其利息。故合作办货放款之利有三：（一）佣金；（二）买卖差益；（三）利息。盖所办之茶，均由该茶行经售，茶行之地位，实合介绍商、买卖商及债权人三者而为一者也。

货未到沪先期贷款者，须由茶客出具领款据，言明领款若干，利率几何，将来办茶若干，作为还款之保证，与茶栈之信用贷款相似，故仅限于信用卓著之茶客也。

货已到沪而后贷款者，其货并不用以作抵，故仍属信用放款。惟既有货在沪，贷款风险较少，茶客信用不必如前者之卓著耳。有时茶客在山办货，不能自行来沪，则亦有托过载行代为运货领款者。此项借款，理论上虽可随时还现银，不必以货为质，惟实际上往往售货后扣还者居多也。

茶客信用未著者，则非有抵押不能贷款。借押款者须先将茶运沪，并将提单交付茶行收执，作为抵押，始得用款。将来茶叶脱售，须由贷款之茶行经手介绍，扣除贷款。曩时抵押贷款数目，仅达提单内货值之四五成。现因茶行较多，各家争事兜揽，已可贷至百分之八九十矣。

第四节　会计

茶行亦用旧式簿记。原始簿有流水暂记等簿，总清簿有行清、市清、客清、总清、庄清等簿。其中惟行清、市清、客清三种与茶之买卖有直接关系，其他则与他业无殊，可不赘述。

行清者，茶行之进货分户清帐也，故以茶客之姓氏为纲，上记收入茶之数量，下记付出各种款项。客清者，客帮之售货分户清帐也，故以庄客之姓氏为纲，上记收款，下记付货。市清者，乃向本市茶号及土庄茶厂之售货分户帐也，记法与客清同。兹将上述三种清簿之程序录下。

行清

黄小岩 四月十三收雨前毛茶80件，计8000斤，四五扣洋350元	四月十五付自手洋1000元，付缴用洋64元

客清

王少峰 五月廿收洋1666元	五月廿付人字毛茶50件，计5000斤，三四扣洋170元，九八扣现1666元

市清

协记茶栈 五月廿五收洋192元	五月十五付和字毛茶60件，计7320斤，三二扣洋1920元

第五节　同业组织

上海茶行之同业组织，曰上海茶商公所，成立于民国三年。最初参加者仅七八家，嗣后陆续增加，现已增至二十余家。会内职员采委员制，计有执行委员五人，常务委员三人，监察委员二人，分文牍、总务、财务、宣传、组织五科，由执行委员负责分任之。

该会任务，不外调解茶行同业及茶客与茶行间之纠纷，订定公秤，公议会章，对外交涉等事。顾实际上同业殊形涣散，积弊未除，虽有组织，尚未足以语改进也。会费取自各茶行，凡售茶一件抽取五分。

第三章　茶厂

第一节　概说

茶厂亦名土庄茶栈，专事精制内地运来之毛茶者也。茶厂亦以茶栈名，故往往与洋庄茶栈混淆。其实前者有工厂而无茶楼，后者有茶楼而无工厂（少数附设车色厂者除外）。前者从事制造，后者从事买卖。盖茶厂制成之箱茶，亦由出口茶栈转售买茶洋行，未尝直接交易也。

茶厂制茶之原料，都系内地运沪之毛茶，质量都较路庄低劣。制成之茶，名曰土庄，制工亦较草率，售价因亦较廉。故市上所售之茶，同一名称，而有路庄、土庄之别，品质、价格相差甚远也。

近年洋庄茶市，以民国十四年最称旺盛。是年上海所制土庄茶，大有供不应求之势。茶销既畅，茶价自高，茶厂获利颇厚，故一般商人见而垂涎，纷纷开设土庄茶厂。民国十五年自七十三家增至一百零八家，风起云涌，盛极一时。不意奸商粗制滥造，唯利是图，致失外人之信仰，且外受日、印茶业竞争之影响，轰轰烈烈之茶市，竟一转而凋敝零落，损失甚巨，停闭颇多。故十六年减至七十二家，十七年则仅六十二家，十八年亦仅六十八家。益以中俄问题之影响，更形黯淡。抚今追昔，不禁有无限之感慨也。兹就调查所及，将市内茶厂表列如下（十八年十月调查）。

上海土庄茶厂一览表(以设立年份先后为序)

厂名	设立年份	经理姓名	资本	机器马力	地址	帮别
源利	民国七年	郑鉴源	2 000元	五匹	新唐家街	徽帮
成记	民国十一年	卓华谱	6 750两	七点五匹	闸北宝源路二五三号	广帮
泰记新	民国十一年	吴森荣	2 000元	四匹	虹口东武昌路	徽帮
三元	民国十二年	卢家茂	3 000元	四匹	香山路香兴里六〇号	广帮
昌记	民国十三年	钱子良	10 000两	六匹	天通庵路三丰里	徽帮
德记	民国十四年	程润记	5 000两	五匹	香山路两宜里	徽帮
义同兴	民国十四年	俞霖生	4 000元	四匹	永兴路永兴里	徽帮

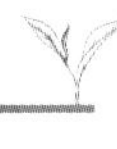

续 表

厂名	设立年份	经理姓名	资本	机器马力	地址	帮别
同昌祥	民国十四年	唐善庆	6 000两	三匹	闸北公兴路二一七号	徽帮
仁记	民国十四年	程敦培	2 000元	三匹	虬江路会文路厚德里	徽帮
新和兴	民国十四年	符子先	50 000两	五匹	闸北龚家宅路一四五号	徽帮(与新和兴茶栈同为一家,故资本连茶栈在内)
保昌第一厂	民国十四年	吴森荣	6 000两	七点五匹	虬江路一〇三八号	徽帮
星星	民国十五年	吴森荣	4 000两	五匹	香山路仁余里	本帮
慎泰	民国十五年	王永咸	6 000元	五匹	七浦路福禄寿里	本帮
瑞生	民国十五年	沈锦柏	2 000元	三匹	明德路归进里	—
聚生	民国十五年	江序东	3 000元	四匹	虬江路馨德坊	徽帮
保昌第二厂	民国十五年	吴森荣	6 000两	四匹	虬江路一〇三八号	徽帮(第一、第二两厂资本合计六千两)
怡诚祥	民国十五年	孙子茀	5 000两	二匹	虬江路王家宅	徽帮
同德	民国十五年	鲍达扬	6 000两	九匹	会文路厚德里	洋商(英)
同发祥	民国十五年	孙子茀	8 000元	三匹	北山西路德安里十街	徽帮
有利	民国十五年	李仲枋	8 000元	七点五匹	香山路仁余里五七号	广帮
协昌泰	民国十五年	卓寿记	3 000元	五匹	闸北王家宅普庆里	广帮
源鑫和	民国十六年	洪经五	7 600两	未详	闸北宝源路一〇五号	徽帮
星源	民国十六年	卓介业	3 000两	七点五匹	闸北虬江路	广帮
慎大	民国十六年	程春舫	5 000两	三匹	中山路两宜里	徽帮
同兴发	民国十六年	张发宝	3 000元	四匹	永兴路永兴里	江西帮
勤余	民国十六年	张发宝	3 000元	四匹	虬江路长信里	江西帮
运通	民国十七年	陈宝书	4 000元	六匹	宝通路一一九号	广帮

续 表

厂名	设立年份	经理姓名	资本	机器马力	地址	帮别
新昌	民国十七年	黄仲昭	3 000元	四匹	香山路仁余里	本帮
同记新	民国十七年	吴森荣	3 000元	五匹	香山路合兴里	徽帮
永兴	民国十七年	卓铎业	3 000元	七点五匹	宝源路	广帮
升记	民国十七年	庞莘竝	2 000两	四匹	北山西路德安里九弄	徽帮
义森永	民国十七年	夏树馨	5 400元	三点五匹	会文路厚德里	徽帮
公升	民国十七年	王启明	3 000元	三匹	甘肃路德安坊	徽帮
德记	民国十七年	程润记	3 000两	五匹	永兴路永福里	徽帮
永泰	民国十七年	彭有恒	6 000两	七点五匹	香山路仁余里四九号	本帮
景记	民国十七年	孙景初	3 000元	五匹	香山路鸿福里	绍帮
聚兴发	民国十七年	叶德昭	2 000两	四匹	会文路厚德里	徽帮
协和祥	民国十七年	卢家茂	4 000元	五匹	宝通路顺隆里	广帮
新鸿发	民国十七年	梁海寰	3 000元	七点五匹	宝昌路二九五号	广帮
震昌	民国十七年	李福田	4 000两	未详	北山西路德安里	徽帮
元隆	民国十七年	裘定复	1 000元	四匹	北河南路鸿福里	绍帮
得利	民国十八年	唐善庆	6 000元	五匹	青云路师寿坊	平水
宝远祥	民国十八年	董镜和	2 000元	四匹	北河南路成大弄余顺里	徽帮
永源	民国十八年	卓仲浦	2 000两	四匹	宝通路顺泰里	广帮
美大	民国十八年	黄愉庭	2 000元	三点五匹	香山路鸿福里	平水
永和祥	民国十八年	陈治龙	3 000元	三匹	会文路厚德里	徽帮
大椿	民国十八年	程润记	5 000两	五匹	虬江路大椿东里	徽帮
大德	民国十八年	石发生	2 000元	四匹	中山路兆吉坊	徽帮
兴德	民国十八年	鲍达扬	5 000两	七点五匹	公兴路二三五号	广帮
同益丰	民国十八年	程炳宏	1 600元	五匹	香山路北三益里口	徽帮
林馨祥	民国十八年	吴森荣	5 000元	六匹	永兴路福星里	徽帮
荣泰	未详	钱连顺	3 000元	三匹	香山路两宜里	甬帮

续 表

厂名	设立年份	经理姓名	资本	机器马力	地址	帮别
英发	未详	唐秉熙	4 000元	四匹	北京路清远里	本帮
瑞升泰	未详	程书谷	3 000元	三匹	香山路鸿福里二〇号	本帮
万成祥	未详	汪礼齐	3 000两	五匹	东唐家街茂庆里	徽帮
同益	未详	李邦贤	3 000元	三匹	宝通路一六四号	广帮
公兴祥	民国十七年	李华益	3 000元	五匹半	永兴路福星里	广帮

第二节　制茶

茶厂之原料为毛茶，既如前述。毛茶多由内地茶客运沪，投送茶行求售。茶厂则向茶行（或掮客）买进。首由茶行将毛茶小样若干，送交茶厂验看，如厂方认为合用，乃即议价。售价既定，乃送大样一件。如大样与小样相符，即送大帮，过秤成交。此茶厂采办原料之一法也。其资本较厚者，亦常派员进山办货，自行运沪，不经茶行之手，其价常较低廉。原料入厂，经制造后，即成箱茶。其制造手续甚繁，应分述之。

（一）炒火。毛茶自内地运来者，不免感受潮湿。且毛茶组织甚松，卷捻不紧，非先加以炒火，使其身分干燥，收缩卷紧不可。旧日炒火多用铁锅，现均改用滚筒。滚筒装置轮盘以马达拖带，可以自由旋转。筒下安置火锅，筒内投以茶叶，任其在筒内滚动。每次可投茶四五十斤，经过一时半至二小时，炒火即告完竣。惟毛茶原来身分与火之大小颇有关系，茶司须随时注意耳。

（二）筛分。筛分者，将毛茶分为粗、细、长、圆、整、末等类是也。茶筛以孔之大小分为十二号。初次先行抖筛，使分为长、圆两种。长者为眉，圆者为珠、为目。以后复用各号茶筛，次第筛分，使长者分为珍眉、凤眉、鹅眉、眉雨等，圆者分为宝珠、麻珠、虾目、贡珠等。其长圆不甚分明者，曰贡熙。身分轻飘者，曰副熙。各类筛分后，再行抖茎去末，使归整洁。

（三）过风。筛分后，投入风箱过风，使扬去飞片细末。其扬至箱尾之货，多售与茶叶店作为梅片或茶末。其在风箱之子口落下者，则搀入贡熙或副熙。其由正口落下者，则为正货。

（四）拣茶。过风后，仅将灰末扬去，故更须送至拣场，用女工拣去茶梗、茶子、黄片等，并由看拣者监察，使无遗漏。

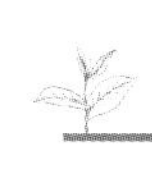

（五）补火。茶叶经上述种种手续后，不免又吸水分，变为潮湿，故须补火。补火多用焙笼焙之，经过时间约自一小时至二小时。

（六）复风。茶叶经过拣焙以后，又生灰末，故须复用风箱风筛之。

（七）拼堆。售茶时，每种花色之茶须件件相同，不能少有差异，否则，样茶与大帮不符，即生问题。故各箱之茶凡属同一花色者，须先拼成一堆，上下搅匀，使全部一律，是为拼堆。

（八）车色。拼堆后，复将茶叶投入滚筒（即炒火用之滚筒，惟须除去火锅），配以颜料，使滚成滑泽光润之色。所用颜料，有白腊、铅粉、姜黄、广黄、靛青、普益蓝等物，目的无非使茶叶外观美丽，其实食之有伤人体。外人谓华茶有碍卫生，此实主因之一。尚望茶叶界速行起而改革也。

（九）装箱。车色完毕，即行装箱。箱内衬以锡罐，以免潮湿。贵重之茶，如珍眉、宝珠等货，箱外更加用套箱，以资保护。每箱重量均须配准，使无差异，以免一一过磅之烦。

茶厂专事制茶，不能直接出售，必经茶栈之手，始能转售洋行。茶厂每于一批茶叶制成后，即将大样一箱投交茶栈，由茶栈分送小样与洋行。经通事从中谈判，如得双方同意，即发大样。俟大样验明与小样相符，乃送大帮过磅成交。其详细手续，已详前章。

第三节　工人状况

土庄制茶工人，分徽州、江西两帮。制绿茶者，多为徽州帮。制红茶者，多为江西帮，但大多数均属徽帮。全市徽帮工人约一千六百余人，亦旧工业中之重要者也。本年（十八年）因中俄事件发生，华茶销路阻滞，失业者约千余人，有改营小本生意者，有借资回籍者，有流落在沪者，痛苦概可想见。对外贸易之影响于工人生计，要以茶业为最切也。兹将制茶工人之雇佣制度、工资、伙食、工时、假期、工作季节、工人组织诸端，分别简述如下。

（一）雇佣制度。茶厂制茶工人，皆由工头负责，临时雇用。工资按日计算，每日由工头报账检点，即停工半日，亦须扣除工资，故纯属零工制度。如茶厂停工，无工可做时，厂方概不负责。

（二）工资。每日工资，按工人工作程度分为数等。工头每日一元，风箱、看色、看拣，七角；老火、扇尾，六角五分；副老火、副扇尾，六角；中帮，五角五分；普通工人，五角。

（三）伙食。工人伙食由厂方供给，大约每月须膳费七元。自动告退者，即日停止伙食。其由厂方停工者，凡曾工作一星期之工人，停工后续给伙食一日；曾工作二星期者，续给二日；曾工作三星期以上者，均续给三日。

（四）工时。每日工作时间自上午六时半起，至下午五时半止，午膳时约停二十分，故实际工作时间每日为十小时四十分。其中如炒火、车色等工作，即午膳亦须换班休息，不能完全停止。当工作繁忙之时，须做夜工。自下午六时起，至十一时止，作一工计算。其做至天明者，则作二工计算。

（五）假期。茶厂向袭旧例，故凡端阳、中秋、冬至等节，均给假一日，工资照给。若是日照常开工，则工资加倍计算。现在工会成立，每逢重要纪念日，均由工会通知厂方，照例给假。除上述例假外，平时请假者，均照扣工资，即病假亦未除外。盖工资按日计算，故无事假与病假之给予也。

（六）工作季节。制茶工人须俟茶叶上市，始能有工可做。通常在市面平稳之年，全年亦仅做工五六个月，均在夏秋两季。其资本较小之厂，亦有仅做二三个月者。若遇市面滞钝，停工日多，则为期更短。故制茶工人之工资虽不为低，而其职业之不安定，则较任何工人为烈也。

（七）工人组织。近来土庄制茶工人亦已组织工会，名曰上海特别市制茶工会。会址设香山路福安里，会员约一千六百余人。有执行委员十一人，常务四人，候补四人，内分组织、训练、调查、总务四股，每股设主任一人，其任务为调解工人之纠纷，介绍工人之工作，及谋工人生活之改良。会费由会员认付，每做工一日，抽会费一分，以维会务。

第四节　职工之职务

各厂均有经理，总揽厂务。规模大者，尚有协理，襄助经理办理一切事务。其下有帐房，司管理银钱，计给工资，暨登帐之职。有工头，司支配工人工作及一切制茶事宜。工头之下，则为各种工人。一曰风箱工，司茶叶之过风；二曰箱尾工，为风箱工之助手，司上茶下茶及送茶事宜；三曰看色工，司配颜料及车色事宜；四曰看拣工，司管理女工拣茶事宜；五曰筛工，司茶叶之筛分；六曰火工，司茶叶之炒火。此外则为拣茶女工，专事拣茶，暨普通工人，助理杂务而已。

第五节　女工拣茶制度

女工拣茶，有看拣从事监督。每人发茶一匾或数匾，拣后送交检验者验看。如未拣净，则须退回复拣。其拣就者，给以大筹，送至秤茶者过秤。过秤后，将大筹收回，换给小筹，复以小筹换票过印。至收工时，凭票发给工资。票有单牌、双牌之分，单牌者每十张铜元六枚，双牌者十二枚。每人每日约可拣茶八牌至十牌，计铜元五六十枚之谱。

第六节　会计

茶厂亦用旧式簿记。其中较有关系者，仅货源、来源、出货及工帐四种。货源者，购办毛茶之分户帐也；来源者，购办箱罐、木炭、颜料等材料之分户帐也。以上两种，即构成茶厂之进货清帐者也。出货者，向茶栈售茶之分户帐也；工帐者，则记载制茶工人之工数与工资者也。兹将上述各帐之式样列下，以资参照。

(一)货源

元丰祥茶行 五月廿五收和字号毛茶3 650斤,价21,洋766元	六月初五付子元手洋766元

(二)来源

公兴号 三月初十收蓝靛2桶,价14,计28两 收白粉五袋,价5两2钱,计26两	三月十五付洋10元 三月三十付洋30元

源成煤号 四月十三收银炭96 500斤,价32,计30.88元	四月三十付洋20元

(三)出货

永盛昌茶栈 五月廿收代付缴用□两,收银□两	五月十三付麻珠、珍眉50箱70磅,共□磅,扣□斤,价58两,计□两

(四)工帐

张志诚工头每工1元 四月初三　○　四月初四　○ 四月初五　○　四月初六　○ 四月初七　○　四月初八　○ 四月初八夜　○　四月初九　○ 四月初十　停	二月初二付定工洋5元 四月初十付洋2元

第七节　同业组织

茶厂同业，向无组织。民国十五年，因工人罢工，要求增加工资，茶厂为临时应付起见，曾组织一同业公会，名曰上海制茶公会。嗣因工潮停息，业中无甚纠纷，该会遂即无形取消。现在该业又回复旧时状态，无组织之可言，形同散沙，改进殊难，亦可见上海茶厂业者之缺乏组织力与进取力矣。

第四章　茶叶店

第一节　概说

茶叶店者，以经营茶叶零售交易为主体者也。其资本较厚者，亦常兼营附近乡镇之批发。而洋行于必要时，亦间有与店庄交易者。店家售与洋行之茶，多为薰花茶。其装璜或为罐头，为锦匣，或为箬篓，均由洋行自择，预先约定也。近来店庄之知进取者，往往分发贩客或烟纸店代售，为数亦颇不少。如双龙茶店，即其著例也。

上海出口茶业，几为徽州婺源帮所独占；而店庄营业，则大半在徽州绩溪帮之手。良以我国产茶以徽州为最著，茶业之为徽人所把持，要皆职是故也。

五年前，上海所有茶叶店不过一百七十余家，现已增至二百以上。盖都市人口日增，需茶日多故也。茶叶店之入公会者，计一百一十家，仅及半数而已。兹除共和、公泰祥、源和成、维新昌、永福隆、晋泰福、元丰祥、三宜、同泰祥、同裕泰、裕丰祥、慎泰祥等茶行双方参加者已详茶行章外，其余各店，列表如下。

上海茶叶店一览表（以收到调查表之先后为次序）（民国十八年九月调查）

店号	设立时间	经理姓名	资本/元	地址
汪裕泰第一号	民国纪元前六十七年	汪俊臣	联合30 000	法租界老北门大街
汪裕泰第二号	民国纪元前二十八年	汪干卿	联合30 000	英租界正丰街口
汪裕泰第三号	民国纪元前九年	程永泰	联合30 000	英租界望平街
汪裕泰第四号	民国七年	程品三	联合30 000	英租界静安寺路
汪裕泰第五号	民国十七年	胡次香	联合30 000	法租界巨籁达路口
程裕新	已设九十余年	程右泉	10 000	大东门外
程裕和	前清乾隆年间	王云卿	10 000	南市外咸瓜街

续 表

店号	设立时间	经理姓名	资本/元	地址
鸿顺泰	民国元年	洪斌彩	10 000	法租界紫来街口
老嘉泰	未详	潘叙才	5 000	老北门外法界
许协隆	民国十四年	许元锡	8 000	吴淞路武昌路口
吴肇泰	同治初年	吴曾福	3 000	梧桐路
万茂协记	民国四年	胡洪昊	400	花衣街
万泰	民国十七年三月	吕遐青	2 000	老西门外方斜路七八号
胡茂生	道光十八年	胡鉴臣	5 000	南市里马路董家渡
曹永茂	同治十一年九月	冯竹君	3 000	大码头路
曹永盛	同治七年六月	吴锦文	1 000	董家渡
元泰	民国十六年九月	方德生	400	小东门大街
仁和源	光绪三十年正月	汪鸿魁	2 000	南市里马路王家码头
晋泰	同治九年十月	胡慕贤	1 500	小东门方浜路
吉祥泰	设立已历二十年	汪干卿	600	三马路
朱和泰	民国十二年	朱致和	300	恒丰路
聚隆	民国九年	方鉴卿	2 000	浦东烂泥渡街
老祥生	设立已二十余年	周瑞生	5 000	虹口公平路口
正泰	民国十年	季志明	6 000	老闸桥北福建路
裕生祥	民国五年夏初月	程治荣	300	杨树浦路公益里口
增恒泰	民国六年八月	程国祥	300	杨树浦路润玉里口
万丰永	民国元年四月	周履堂	4 000	法大马路西自来火街口
程大有	光绪三十四年	程金泉	1 000	南市里关桥
泰源慎	民国元年	杨金坤	1 000	老西门外中市
老生泰	民国十二年	卢东鉴	500	法租界闵行路
大顺恒	民国十八年	汪大顺	1 000	南市里咸瓜街太平街口
祥生泰	民国十五年	周连生	800	新闸路卡德路口
福泰	民国九年四月	程金水	1 000	英租界新闸路口
胡根记茶栈	民国十七年	胡根安	3 000	外郎家桥
成德泰	民国六年	程润身	1 000	里马路
同丰泰	民国十八年七月	胡仲埙	600	法租界菜市路劳神父路口

续 表

店号	设立时间	经理姓名	资本/元	地址
陈泰丰	民国十八年二月	陈殿选	1 000	西门内肇嘉路一一三号
鸿立大	民国十七年十一月	吴永安	2 000	新闸桥大统路
同泰永茶栈	民国十四年	吴永安	未详	法租界方浜桥
豫泰丰	民国十七年二月	吴家楣	800	法租界西门路
瑞生和	民国七年	胡楚善	5 000	河南路抛球场
乾泰	设立已三十年	胡吉之	1 000	大东门内
永福泰	民国十一年十一月	汪渭功	1 000	闸北共和新路
王德权和记	未详	高达章	1 400	新闸路自来水亭前
汪怡记	民国九年七月	汪印若	1 000	法租界八仙桥西
胡成美	民国十二年	胡正元	1 000	高昌庙
复记	民国九年	罗耀声	300	肇嘉路中市
瑞丰泰	未详	许维新	700	北京路
胡顺泰	民国八年	胡洪安	500	国货路四〇七号
中和云记	民国九年	方云山	800	小南门街
曹慎记	民国七年	曹慎甫	200	国货路四〇五号
老顺大	民国四年	周大栋	3 000	浦东大街
王聚泰茶栈	宣统元年正月	王少珊	3 000	南市三角街
春鸿泰	民国十八年二月	李竹兴	1 000	杨树浦韬朋路口
日新泰	民国十二年	吕道三	1 000	闸北大统路
正大	民国七年	黄荫庭	2 000	闸北宝山路
张和泰	民国十五年	张渭卿	300	闸北宝兴路
余生泰	民国十八年	吴余庆	500	闸北宝山路
裕泰	民国十七年	罗时衡	1 000	法租界卢家湾
裕顺厚	民国十八年	施际安	500	法租界西摩路
吴永大	民国十一年	吴镜清	2 000	闸北物华路
义源	民国十八年	姚仲安	1 000	小北门外南首
源泰	民国七年	姚子惠	2 000	法租界南褚朱家桥
大成隆	民国十七年	赵志成	1 000	五马路正丰街
缪萃泰	民国十六年	缪凤豪	5 000	法租界树兴里

店号	设立时间	经理姓名	资本/元	地址
胡德泰	民国九年	胡凤铎	500	浦东烂泥渡
锦泰源	民国十一年	张平源	1 000	闸北大统路
汪德泰	民国十四年	汪余庆	300	法租界黄河路
姚恒丰	民国十三年	姚根福	500	小西门外中华路
万隆	民国十五年	姚东海	2 000	法租界孟纳拉路
鸿怡泰	宣统元年	烘斌彩	10 000	法大马路大自鸣钟对过
德泰昌	已设二十余年	胡桂芬	2 000	南市三角街
新裕泰	民国十四年	方水长	500	闸北库伦路
裕生泰	已设二十余年	程治荣	2 000	英租界东西华德路
春记	已设六十余年	吴子峰	5 000	南市泉漳会馆
馨茂椿	民国十四年	洪桂椿	500	英租界东唐家弄
俞长源	已设二十五年	俞子溶	2 000	英租界北浙江路
乾源泰	已设三十二年	胡观培	3 000	虹口东西华德路
江裕大	民国十四年	江仁绂	1 000	英租界四马路
裕泰丰	已设二十年	胡士臣	1 000	南市三角街
恒丰泰	已设二十四年	蒋有章	10 000	英租界沈家湾
生生泰	民国九年	方凤起	5 000	南市关桥头
北万有全	已设二十二年	张子远	10 000	南市路中市
新裕泰	民国十四年	吴进之	2 000	小南门外水神阁
张宏泰	已设二十年	叶秋声	3 000	闸北宝山路
汪福兴	宣统三年	汪东升	500	虹口里虹桥
春茂	民国四年	汪莲生	2 000	南市里马路
恒茂盛	已设五十余年	朱希曾	3 000	新闸路
源复春	已设三十余年	朱镕洲	5 000	城内三牌楼
裕泰丰	已设二十余年	朱炼威	2 000	英租界麦根路
正祥元	已设六十余年	张荫生	10 000	法租界同安里
汪五庭	民国四年	胡在寅	3 000	法租界八仙桥
汪德昌	以前开设九亩地，去年迁往闸北	汪受昌	500	闸北大统路
恒太和	民国十三年	余锦祥	500	闸北虬江路

续表

店号	设立时间	经理姓名	资本/元	地址
裕康祥	民国五年	王开泉	1 000	西门静修路
东升阳	设立已二十年	金丽生	1 000	英大马路
万全昌	已设三十余年	杨景修	3 000	英租界北石路
茂生和	宣统元年	汪楚琪	5 000	英大马路

第二节　购茶

茶叶店所售之茶，均由毛茶制成。毛茶来源，以徽州、杭州、普洱、武彝、六安、祁门、宁州、温州、湖州及湖北万寿山等处为最著。毛茶多由茶客运沪，经茶行之介绍，售于茶叶店。其购办手续，已略述于前。即由茶行先送小样，如店家认为合用，乃即议价。价定，乃送大样，如大样与小样相符，即发大帮过秤。所用之秤，为司马秤（十六两八钱）九九扣，即每百斤作九十九斤计算。货款分期、现两种：付现者可得九八扣，期款则以三十日为限。

除由茶行介绍外，亦有由掮客介绍者。其手续与茶行相似，惟佣金无定。掮客对于卖方往往作价较低，购方作价较高，从中渔利。故其所赚之钱，多寡无定，视其交易之手段如何耳。

茶叶店之资本较大者，亦常派员入山购茶，自行运沪应用。较诸间接购办，成本较廉。

第三节　制茶

店庄所售之茶，亦须经一番再制功夫。其与洋庄茶之制法稍有不同，其最大之异点为一则车色，一则不车色。而店庄茶之香味，亦较胜于洋庄茶也。其制法，先将毛茶筛分为上、中、下三类，再用筛目大小不同之筛，分为若干价格不同之细目。所用茶筛，计分十三号，筛目愈细，号数愈小。筛分后，乃用簸匾簸去黄片及灰末，复由女工拣去茶梗、黄片及茶子。拣后用焙笼焙之。焙干后，即可发售。其熏花者，则先将鲜花晾干，加入烘干之茶叶内。加后再烘，烘后再加，所谓双熏或四熏是也。花茶计分茉莉、珠兰、玳玳及玫瑰等类。玫瑰一物，多用以加入红茶也。

上述制茶手续，红、绿茶无甚差异。因客路运来之毛茶，已经过一番制造，区分红绿也。

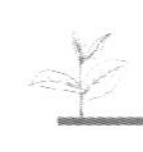

经上述手续制成之茶，不下百余种。大别之，则为红茶、绿茶、花茶三类。绿茶分黄山毛峰、洞庭碧螺、龙井、六安、武彝等类。龙井又分特别贡龙、特等贡龙、狮峰龙井、上贡龙井、上贡西湖龙井、上龙井、雨前、早春等名目。六安又分为毛尖、贡针、银针、梅片等名目。红茶分特别龙团、优等凤尾、旗红、红寿、红雨霖、小种、君眉、高红梅、红梅、祁门红、宁红、乌龙（乌龙并非纯粹之红茶，乃间于红绿之间者也）等名目。花茶则分为黄山珠兰、极品珠兰、双窨珠兰、珠兰莲心、珠兰顶谷、珠兰白寿、珠兰嫩芽、珠兰雀舌、玳玳毛尖、玳玳嫩芽、玳玳雀舌、茉莉双窨、毛峰茉莉、双熏等名目。其他尚有狮岩罗汉、泉州观音、武彝奇种、老竹大方、桑顶、桑尖、金山时雨、家园松罗、云南普洱等茶，不胜枚举，此仅就大体言之也。此外每种花色，尚分各种字号，以高下其价格。其中细目，虽各号大致相同，亦颇有别出心裁者，未能视为一律也。上述各种花色之中，以特别贡龙及特别龙团为最佳，售价每斤约十六元（十八年九月）。他如狮岩罗汉、泉州观音、武彝等茶，每斤亦须五六元至七八元。盖一以品质优良，一以产地著名，供少求多，自能声价十倍也。

第四节　售茶

茶叶店售茶之途径有五：一曰洋庄，二曰批发，三曰门市，四曰寄售，五曰贩销，固不仅以门市为限也，兹分别述之如下。

（一）洋庄。洋行需要特种茶叶时，往往向店家定购。其所购者多为花茶。装璜由洋行预定，如罐头、锦匣、箬篓，皆是。重量以磅为单位，如一磅半磅是也。交易概用现金，手续较茶栈简捷。

近来欧美各地华侨，亦多有直接向茶叶店购买者，其包装办法亦与上相同。

（二）批发。本市杂货号暨附近乡镇小茶号均有向茶叶店批货者。茶叶店通常以一担以上者视为批发，但交易有素或经人介绍者，虽少亦可作批发算也。批发多系现金，赊欠甚少。批发价格，凡普通散茶，照门市九折，罐茶八五折。批发用秤，普通为十四两四钱，与门市同。但交易较大者，亦得用十五两或十六秤也。

（三）门市。门市零售，除装罐或包好之茶，重量有定者外，概系临时秤售，其秤为十四两四钱，各号均同。

（四）寄售。寄售者，即托烟纸店或杂货店代售，给以相当佣金是也。故货未售去之前，仍为茶叶店所有。如不能脱售，仍得退还原店，寄售者不负丝毫风险也。惟寄售茶叶之价格，由原店规定，寄售者不得任意变更，致妨营业。寄售佣金，可分两种：一为普通散茶，则照码九折计算；一为“便宜茶”或“经济茶”，定价每包铜元十枚，而寄售者每元可得三十六包。就现在洋价计算（每元铜元三百枚），则每元可得六百余文之佣金矣。采用此种寄售办法者，以双龙茶店为最著称。

（五）贩销。贩销者，雇用贩卖员沿街或出外兜售是也。此法亦惟双龙一家行之最力。贩卖员薪金分两种：一为担挑者，每月十二元；一为推销者，每月十五元。此外，凡售“便宜”茶，一包给与佣金铜元一枚，以资鼓励。

第五节　职工概况

茶叶店职员，不外经理、副经理、帐房及伙友四种，工人则分工头（俗称老司务）与普通工人两种。盖店家工人对于筛、簸、焙、熏等事，均能操作，不若茶厂之须一一分工也。上海茶叶店工人共约六百余人，多系徽州绩溪籍，故有绩溪帮之称。该帮有工会，曰上海茶业职工会。其会员之生活，闻较优于曩时，兹特分别叙述如下。

（一）工资。每月工资以六元为最低限度，此外量才给资，视成绩而增加，无明定之限度也。普通惯例，每年可多给一二月或二三月工资。

（二）伙食。伙食由店主供给。

（三）工时。每日以十小时为限。

（四）例假。废历端阳、中秋、冬至各给假一日，年假五日。他如劳动节、国庆纪念日等，亦均停工。此后旧历废除，当必稍有变更也。

（五）分红。店方盈余，例以二八分配。店主得八成，职工得二成。二成之中，以十分之二归经理，其余归职工均分之。

（六）其他待遇。职工如有疾病，一月以内，所需医药费由店主供给；一月以上者，则由职工自理。职工辞歇或病故时，凡服务已满五年者，给与退职金半年。五年以上者，按年递加一个月。其在工作时间内，因故身死者，店东酌予抚恤。

兹将民国十六年五月六日上海茶业公所与上海茶业职工会劳资协定条约录下。

第一条　承认茶业职工会有代表工人之权。

第二条　聘用及辞退工友，为店东经理权限。职工会有调查事实，双方转圜之义务；惟不得无故开除工友，及开除职工会热心服务人员。如非职工会会员，不得录用。

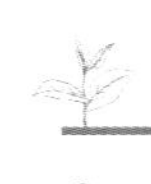

第三条　各店同事，如在工作时间死于非命者，量力从优抚恤。

第四条　职工辞歇或病故，服务满五年者，给予退俸金半年。五年以上者，按年递加一个月推算，藉赏有劳。学生时代，不在此例。

第五条　职工患病，如在一月以内者，西医送红十字会，中医送广益医院，普通病房、医药等费，由店东负责。如过一月以后，职工自理。如在一星期内，职工不愿入医院者，可在店医养（花柳、肺痨，不在此例）。

第六条　每年各店盈余，以二八提红为标准，其余优待不在此例。

第七条　凡遇年节、劳动节、国庆纪念等日休业期，照各业办理。

第八条　职工之行李衣箱等件，各店如有保险者，附带保险，其价值须于未保之先估定，不得节外生枝，每人至多以五十两为限，未保之家不在此例。

第九条　各店飧膳，最低一荤一素。

第十条　对于补助职工会兴办教育、慈善等月费，分为四级：（甲）四元，（乙）三元，（丙）二元，（丁）一元。特别捐不在此例。此条筹备时实行。

第十一条　职工最低薪资六元。五元以下至三元以上，统作八元。五元以上，照去腊薪资加百分之八十分。十元以外，加百分之二十分。学生满师后，量才录用，月规按月半元。学生一律升月，统改四个月计算。四月初一日以前，照自动加薪法。

第十二条　每年加薪，最低一元；其技艺高强与低能者，不在此例。

第六节　同业组织

茶叶店之同业组织，曩为上海茶业公所，现已改为上海特别市商民协会茶业业会。由该业店东、经理、协理及其他重要职员组织之。设执行委员七人至二十一人，纪律裁判员三人。由执行委员互选常务委员三人，主持日常会务，内设秘书处、组织、宣传、财务、仲裁、教育、合作等部，各设主任一人，分任各项工作。会费分三种，曰入会费，共分四级，即每人五元、三元、二元、一元是；曰月费，分每月每人一元及五角两种；曰特别捐，遇有特别事故时，经会员大会过半数之决议举行之。

第七节　会计

茶叶店所用之帐簿，亦系旧式，计分官堆、流水、誊清、进货、出货、各户往来、门市等簿。除官堆簿外，无甚特殊之处。官堆簿者，各种茶叶配合簿也。盖店家所进之货，乃各种字号不同之毛茶，制造时，乃择价格不同之字号，配合而成某种花色之精茶，故不得不备官堆簿以记载之。官堆簿之效用，即可由下式见之。

官堆簿

三宜茶行	
第七号	二箱
第十四号	五箱
第六号	八箱
元丰祥茶行	
第十八号	二箱
第一号	二箱
第九号	三箱
第十一号	四箱
以上配天字龙井	

第五章　买茶洋行及出口茶商

第一节　概说

买茶洋行者，各需茶国商人在沪设立之购茶机关也。俄商采茶，曩亦由洋行代办，自协助会设立后，俄庄洋行均已歇业。协助会自运自销，与各国洋行之代办性质不同。洋行代办手续，须先采集样品，开具价目，寄交海外，委托茶商，由茶商按样视察销场，电知洋行，照数采办。洋行佣金，规定为百分之三，但为招徕营业起见，亦有仅取百分之二者。除洋行外，本市亦有华商购办茶叶，自运出口者，其中以华茶公司规模最巨。惟亦为外商所委托，未能直接推销。盖华商限于资本，昧于商情，起而经营者，尚不多觏，诚为吾国茶业贸易上之大缺陷也。

近年来上海买茶洋行，大体无甚增减。惟因俄国协助会成立，俄庄洋行及白头洋行较为减少而已。据本局调查所及，民国十四年计有三十八家，十五年三十七家，十六年三十二家，十七年三十家，十八年二十九家，略有减少之势。兹将各家名称、国籍、地址及上年度购茶数量，分别列表如下。

行名	经营者	地址	备考
天祥	英商	广东路	—
保昌	英商	圆明园路	—
天裕	英商	仁记路	—

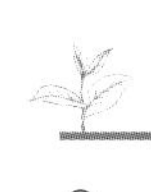

续表

行名	经营者	地址	备考
兴成	德商	博物院路	—
锦隆	英商	四川路	交易以平水为大宗
同孚	英商	九江路	—
协和	英商	北京路	交易以路庄为大宗
怡和	英商	黄浦路	交易以平水为大宗
福时	英商	博物院路	—
杜德	英商	北京路	—
永兴	法商	博物院路	—
华茶公司	华商	江西路	交易以平水为大宗
仁记	英商	仁记路	—
协助会	俄商	北京路	—
谦顺	英商	北京路	—
慎昌	美商	圆明园路	—
慎余	法商	北京路四号	—

十七年度各行购茶数量表（自十七年四月至十八年三月五日止）

（单位：箱，每箱平均约五十斤）

茶叶种类 行名	绿茶			红茶（连在汉口采办运沪者）	合计
	湖州及平水茶	路庄茶	土庄路		
天裕	1 785	21 291	8 151	10 644	41 871
协和	10 028	33 534	12 429	28 455	84 446
天祥	675	15 277	6 117	8 138	30 207
慎昌	599	12 939	1 563	158	15 259
仁记	—	—	—	3 045	3 045
锦隆	44 666	30 626	5 372	49 606	130 270
怡和	15 880	16 900	4 504	38 960	76 244
同孚	7 952	18 155	9 650	10 019	45 776
永兴	—	—	—	209	209
协助会	—	21 307	—	154 162	175 469
福时	1 333	14 492	2 566	820	19 211

续 表

行名 \ 茶叶种类	绿茶			红茶(连在汉口采办运沪者)	合计
	湖州及平水茶	路庄茶	土庄路		
杜德	419	3 735	4 427	4 657	13 238
华茶公司	24 937	4 362	2 060	9 251	40 610
兴成	—	320	—	8 850	9 170
希时	—	—	—	427	427
谦顺	378	2 146	1 056	3 643	7 223
各白头洋行	644	16 464	1 883	3 057	22 048
其他华商	8 652	1 510	—	2 870	13 032
共计	117 948	213 058	59 778	336 971	727 755

以上所列，专指箱茶而言。他如毛茶、砖茶、花茶、茶梗、茶末等项均未列入。故前列之数，尚非上海茶叶输出之总额，惟所占成分约在百分之四十以上耳。

第二节　进货手续

洋行进货，先将各茶栈送来之小样，交由茶楼编列号码，然后由茶师按号看样。看样之法，须将小罐之茶倾入茶盘，反复检查其外部形状及色泽，并验其茶末或其他杂质之有无。次将各号同名之茶，秤为同一之分量，盛于茶杯，分别冲泡，鉴别其水色，试尝其香味，然后将水滤去，检查茶质之老嫩。看毕，择其合销者，开始与通事谈盘。通事乃将洋行所还之盘，报告茶客。如茶客愿意照售，即可成交，否则须经几度洽商，始能得双方之同意。成交手续，即由洋行落簿，由通事签字为凭。成交后约期过磅。原定过磅之期，以成交后三星期为限。但常因无船出口，或栈内存货尚多，洋行方面，往往故意延期。反之，需货方殷之时，亦有于成交后之次日即过磅者，然究非常见也。过磅后，原定经过四日即须付款，然事实上每多逾期，甚至拖欠三四星期之久者有之。不特此也，如第一章第二节所述之九九五扣及吃磅，实为欺侮华商之无上恶例，即如打包、修箱、茶楼、磅费、钉裱、力驳、堆折等项亦理应由洋行担负，而乃加之于华商，其不平等、不公允，实为我国茶商所敢怒不敢言，无可如何者也。此盖由我国对外贸易之组织不健全有以致之耳。

第三节　职员职别及雇佣关系

买茶洋行之内部组织，视规模大小而繁简不同。就一般之组织言之，则有如下所列。

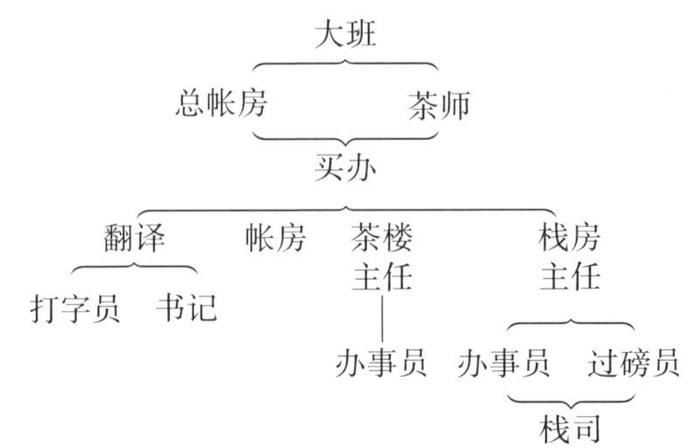

大班、茶师、总帐房，均系洋员，买办以下均系华员。行内一切主权，由大班总揽之。大班以下之洋员及买办，均由大班聘请，其余华员则归买办雇用，买办对于其所雇之人员，须负完全责任，故大班只责成买办一人而已。买办入行，须出具保证金；其他华员则须出立保单，由店铺或有声誉者作保。华员薪金约自二十元至二百元。惟各种小费，如打包、修箱、堆折、扣息之类，亦归买办，及华员分配。每至年底，则又例给双薪，故收入亦颇可观也。

第四节　白头洋行

白头洋行者，规模较小之购茶洋行也。其营业亦系代办性质，交易手续亦与正式洋行相同。惟规律不如正式洋行之严密，即较大之茶客，与之直接交易，亦可通融接受。且时开时歇不如正式洋行之有永久性也。按：白头洋行多由波斯及印度人经营，其所购之茶，通常运销俄境及其他小国。故自协助会成立后，白头洋行颇见减少。兹将最近上海白头洋行调查如下。

行名	经营者籍贯	地址
美昌	波斯	江西路五一号
瑞昌	印度	四川路二一八号
拈孖治	波斯	江西路六四号
美大	波斯	公馆马路一二号
克昌	波斯	汉口路一〇号

续 表

行名	经营者籍贯	地址
英发	印度	北京路八七号
谦义	印度	江西路三九号甲
富林	印度	圆明园路二五号
启昌	印度	泗泾路九号
源生	波斯	北苏州路三二号
祥利	未详	法界外滩四号

第六章　路庄茶

第一节　来源及花色

路庄茶者，出口洋庄茶之一种，由内地茶商就地加工制造，装箱运沪投售者是也。路庄茶之原料，恒较土庄为优，故其售价亦常较高。其所以命名路庄者，盖以其由客路运来，与土庄有别也。论其来源，则有（一）徽州茶：产歙县、休宁、绩溪、黟县及婺县（东乡）等处，多由屯溪经过杭州运沪。其来自婺源西南北三乡者，则经过九江运沪，不由屯溪也。（二）祁门茶：祁门亦属旧徽州府，但因其所产红茶甚多，故得自成一帮，以与其他徽茶有别。该茶之主要者，产于安徽之祁门，但安徽之秋浦及江西之浮梁等处所产者，亦属之，均由江西之九江运沪。（三）浙江茶：产浙江之威坪及遂安等处，取道杭州运沪。（四）平水茶：亦系浙产。其主要产地为绍兴、上虞、嵊县、新昌、奉化等处，但以绍兴之平水镇所产者最著，故名之。该茶均经由宁波运沪。旧湖州属各处亦有平水茶出产，惟不及上述之多。（五）温州茶：亦系浙产，来自温州、平阳、瑞安等处，上海所销之温红，其数本属不少，近年以茶价低落，该处茶叶色香，又不及宁州茶之佳，故特改装毛茶运沪矣。（六）江西茶：产于玉山及花埠者。经由杭州运沪。产于德兴及宁州者，则经由九江运沪。（七）两湖茶：产于湖北湖南两省，均由汉口运沪。由此观之，路庄运沪之口岸，一为杭州，二为宁波，三为九江，四为汉口而已。

两湖茶者，仅湖南湖北产茶之混称。至其详细来源，则又可分述如次：（一）湖北茶：湖北产茶之地，可分为东西南三路。东路为武汉下游一带，如黄冈、蕲水、罗田、蕲春、广济、大冶、阳新等处皆是。南路则为通山、通城、蒲圻、崇阳、羊楼司、大砂坪、咸宁等处。西路则为宜昌、长阳、宜都、施南、鹤峰等处。

综观鄂省产茶，以崇阳、通山之绿茶及宜昌之红茶为最佳。绿茶与红茶相比，则前者约占三分之二以上，后者不及三分之一也。（二）湖南茶：湘省产茶区域，约可分为四路：一为沅江流域，如常德、桃源等处是；二为资江流域，如益阳、安化、为山、新化、云溪、宝庆等处是；三为湘江流域，如高桥、平江、湘潭、湘阴、浏阳、醴陵等处是；四为岳阳、临湘及鄂省边境羊楼峒诸地。湘省产茶，以红茶为大宗，绿茶仅居少数，其红茶以安化所产者为最佳云。

路庄茶之花色，与土庄大同小异，惟其货品较优越耳。绿茶之长形者为“眉”，如珍眉、凤眉、鹅眉、寿眉、针眉、秀眉等是也。圆形者为“目”，或为珠，如虾目、麻珠、宝珠、贡珠等是也。长圆不甚分明者为“熙”，如熙春、贡熙是也。其身分较轻者，则为副熙。红茶多以地命名，如祁红、宁红、温红等是也。

第二节　运输及运费

路庄茶运输之前，先用锡罐包装，外盛以木箱，箱外包以篾络。其较为贵重之茶，如虾目、珍眉之类，则又加用套箱，以防损坏。其运输方法，随地而殊。徽州茶先用人力或畜力运至屯溪，复由船行代雇民船运至杭州，再交过塘行代为报关装车，经由沪杭甬路运沪。祁门茶则以民船运至饶州，转装小轮，运至九江；再交上海茶栈所设之过载行代装大轮运沪。遂安及威坪之茶，先由民船运杭，由杭转车装沪。平水茶之来自绍兴、嵊县、新昌等处者，由民船运至百官，交由转运公司经沪杭甬路运至宁波，再转轮船运沪。来自奉化者，则用驳船运甬，由甬装轮来沪。玉山华埠茶系用民船运至杭州，转车运沪。德兴茶由民船装至饶州，改用小轮拖至九江，乃转大轮运沪。宁州茶由民船装至涂家埠，转南浔铁路运至九江，再交过载行装输运沪。两湖之茶，或先用小轮，或由平汉湘鄂两路，运至汉口再交报关行运至上海。

徽州等处之茶，来沪时每箱净重四十斤至五十斤。平水茶则有重至六十余斤者。箱皮重量：无套箱者，连竹约十二斤，有套箱者，约十八斤。

至于沿途运费，则据调查所及，可简述之如次：（一）自屯溪至杭州，水深时每箱约七八角，水浅时则须一元以上；（二）由杭至沪铁路运费每箱四角；（三）绍兴至百官每箱五角；（四）嵊县、新昌至百官每箱一元；（五）百官至宁波，铁路运费每箱一元；（六）奉化至宁波每箱五角；（七）宁波至上海轮运每箱须费一元；（八）祁门至九江每担约银二两；（九）九江至上海每担约一两五钱；（十）两湖茶至汉口通常每箱需银一两；（十一）自汉口至上海每箱须银七钱；（十二）宁州交通

艰阻，每箱运沪费用共须十六两左右（关税包括在内）；（十三）遂安、威坪之茶至杭运费，水深时每箱三角，水浅时四角；（十四）玉山、华埠至杭运费，每担自三四角至七八角，视水之深浅而异；（十五）自德兴至饶州每担约五角，由饶州至九江约四角。综上所述，各种路庄茶运费之可知者，得分别列表如后。

茶名	运输途径	单位	运费
徽州茶	自屯溪至上海	每箱	1.10元（最低） 1.40元（最高）
祁门茶	自祁门至上海	每担	3.5两
浙江茶	自遂安、威坪至上海	每箱	0.70元（最低） 0.80元（最高）
平水茶	自绍兴至上海	每箱	2.50元
平水茶	自新昌、嵊县至上海	每箱	3.00元
平水茶	自奉化至上海	每箱	1.50元
宁州茶	自宁州至上海	每箱	16.00两
两湖茶	自汉口至上海	每箱	0.70两
玉山、华埠茶	自玉山或华埠至杭州	每担	0.30元（最低） 0.80元（最高）
德兴茶	自德兴至九江	每担	0.90元

路庄茶都由茶客运沪。茶客者，俗称“水客”，乃由内地茶号派遣来沪接洽交易之代理人也。其营业较大者，每号独派一人，较小者则常委托大茶号之水客代售，或由数号合派一人。水客之薪金，概由内地茶号支付，通常每年约百元至三百元之谱。

至于茶叶转运到沪堆存办法：其由招商、太古、怡和等大轮公司之轮船运来者，在未出售以前，往往堆存于该输船公司之货栈内。栈租第一月每件六分，以后每月四分。其由“野鸡”轮（即无定期航行之轮船）、内河小轮，或火车运沪者，则堆存于附近洋栈内。洋栈栈租较贵，大约第一月每件一钱二分，以后每月八分。堆栈之上下力，每件各约五分左右。

第三节　厘税

洋庄茶之厘税有出产税、落地税、常关税三种。各省出产税每担一元一角二分五厘，由产地关卡征收。其运至异省时，则须纳落地税。浙省现时落地税每担五角

六分。例如徽州之茶经过浙江威坪时，即须抽收落地税。江西省之落地税亦名过塘税，每担纳银三钱。例如祁门等茶经过九江时，即须纳过塘税。湖北向征二五税，性质相同。例如两湖之茶运至汉口者，均纳二五税，即照出产税纳二成五分是也。通过常关时，每担约纳银二钱七分。海关自民国八年起，免征出口税，以示鼓励，惟须由茶栈具保而已。此外上海验关费每箱二分，报关行手续费每箱三分，茶之捐费似不可谓轻也。

第四节 制造与成本

我国制茶向用人工。近年徽州虽有用滚筒车色者，然大多数仍用锅炒，速度甚缓，需工较多，故成本甚重。其他筛分、过风、烘焙、拣选等，与土庄茶厂略同，惟其工作较为精细，着色较轻耳。箱茶之原料为毛茶，毛茶制造手续，略分炒、揉、焙三项。以揉工作最为费力，而通常均用人工，以致茶叶较老或人工繁忙时往往不以手揉，而以足踏。较之印度、日本、锡兰等之采用机械者，出品既不及其精良，而速度亦较迟缓。例如徽州毛茶制造，每日每人仅制三斤，每工须费六角，则每斤须工费二角，外加薪炭杂费，暨种茶各种费用，故毛茶进价，每担自五十元至八十元不等，成本可谓昂矣。即就平水及两湖之低庄毛茶言之，每担山价亦须二十元以至五六十元，迨制成箱茶，其价更昂。加之运费不轻，捐税未除，售价安得不高。一遇市面销沉，往往损失累累，此即制造成本太巨之咎也。若欲与日本、印、锡诸茶相竞争，则改良制造减轻运费捐税，实为茶业界必要之图矣。

第七章 毛茶

第一节 来源

毛茶者，即自产地运沪之茶，未经精制者也。其来源甚多，颇难一一缕述。举其著者，则有徽州茶、两湖茶、江西茶、宁波茶、温州茶、台州茶、湖州茶、平水茶等。徽州茶产于歙县、婺源、绩溪、黟县、祁门、休宁等处。两湖茶之为湖北产者，多来自黄冈、蕲水、罗田、蕲春、广济、大冶、阳新、羊楼司、大砂坪、咸宁、宜昌、长阳、宜都、施南、鹤峰等地。湖南产者，来自常德、桃源、安化、为山、新化、云溪、宝庆、长沙、平江、湘潭、湘阴、浏阳、醴陵、羊楼峒等地。温州茶则凡产于平阳、青田、泰顺诸地者，亦属之。平水茶来自绍兴、新昌、嵊县、奉化等处。江西茶产修水（即宁）、上饶、浮梁、玉山等处。

毛茶包装，不外麻袋与篾篓二种。麻袋盛量较多，不易破碎，但易受潮，致损茶质。篾篓则内衬竹箬，潮湿不易浸入，似较妥善。至各茶包装形式与重量，则随地而殊。例如宁州茶以篓装，每篓重约一百二十斤至一百九十斤。温州茶每篓自一百五十斤至二百斤。徽州茶每篓一百二十斤至一百三十斤，或自六十斤至七十斤。平水及两湖茶则多用麻袋包装，每袋约一百五十斤至二百斤，殊无定例也。

第二节　运输及运费

各路毛茶运沪，途径自各不同，兹分别叙之如次：（一）徽州茶先用人力运至屯溪，装由民船运至杭州，乃交转运公司装车运沪。（二）湖北茶都由水道运汉，转输来沪。（三）湖南茶有用人力或民船运至长沙者，有运至湘潭者，再交湘鄂铁路运汉，惟常德及桃源之茶，则由水道运至汉口。（四）宁州茶由民船装至涂家埠，转南浔铁路运至九江，转输来沪。（五）宁波及台州两地之茶，均直接由产地装输运沪。（六）温州茶以平阳产为大宗，旧时平阳茶先由陆路运瓯，再行转输运沪，近则平阳至沪亦通输运，故可直接输送矣。此外青田、泰顺等处之茶，则仍由温州运沪也。（七）平水茶或由曹娥江运杭，由杭装车至沪；或由百官装杭甬线火车运甬，由甬装输来沪。（八）湖州茶装小轮由苏州河经运上海。

至于毛茶运费调查如下。

出发地	到达地	每担运费(单位国币一元)
屯溪	杭州	1.00(低) 2.00(高)
杭州	上海	1.40
宁州	涂家埠	1.00
涂家埠	九江	1.40
九江	上海	1.30(两)上下力及保险费在内
台州	上海	1.50
温州	上海	0.50
平阳	上海	0.50
湖州	上海	1.50
宁波	上海	1.00
新昌、嵊县、绍兴	杭州	2.50

续 表

出发地	到达地	每担运费(单位国币一元)
长沙	汉口	2.20(绿茶) 2.20(红茶)
湘潭	汉口	2.60(绿茶) 2.25(红茶)

附注：湖北茶至汉口运费，每担自五角至三元不等。

第三节 厘税

（一）徽州茶。本省出产税每担二点三五元，至浙省纳落地税一点五六元，由杭州关出口运沪。每担纳出口税一两（关银），外加塘工捐四角。

（二）两湖茶。本省出产税每担一点一五元，外加附捐三成。由汉出口，每担纳税一两七钱（关银），由报关行代缴，报关行手续费每件洋五分。

（三）江西茶。江西之修水（即宁州）等出产税每担为六角六分，附加六角五分，到涂埠厘卡连附加计一元零八分九厘。上饶茶消费税从价百分之五，姑塘常关二钱七分，附加二三倍警察捐七分。此外尚有道路折城市府等杂捐。九江出口，每担纳关税一两有奇。

（四）浙江茶。浙省出产税原为每担一元三角，现已加至一元七角。杭州、台州、温州、平阳、宁波等处出口税，每担约一两有奇。

以上各茶运沪进口时，须纳复进口半税，税率当出口税之半，外加码头捐百分之五。其运至本市区域内者，须纳落地捐，细茶每担五角，粗茶三角，但运往租界者，则免纳此税。又由杭州装车来沪者，捐税由转运公司承包，并入运费计算。

第四节 栈租与佣金

毛茶到沪后之堆存办法，与箱茶略同。即由招商、太古、怡和等轮公司运沪者，多堆放于各该公司之货栈内，自到埠之日起，半月后起租。第一月每件租银六分，以后每月四分，由其他野鸡大轮或小轮运沪者，则多移存堆栈，栈租每月每件约一钱五分。由火车运沪者，则可暂存铁路堆栈，惟期间以五日为限，过期即须按日付租。故往往即于五日内移往堆栈存储也。

茶行佣金值百抽四，上既述之矣。惟茶行之外，尚有一种掮客，亦属代客买卖。买卖手续，与茶行略同，惟佣金并无规定，而用“吃盘”之方法，从中取利。

盖掮客先向茶客谈盘定价，复与买方议订价格；后者价格必较前者为高，茶市畅旺时，每担可差二三元。此二三元之差数，即掮客之利益，亦即茶客所出佣金之变相也。掮客消息灵通，兜销能力颇强，故虽有从中渔利之弊，茶客亦颇乐与交易也。

《社会月刊》1930年第1期

六十年来华茶对外贸易之趋势

俞海清

一、引言

我国产茶之历史最古，《神农本草经》云："茶味苦，饮之使人益思少卧，轻身明目。"可见茶之应用，已远在四千余年以前，惟是时不过作为一种药品。及变为日常饮料，盖在周秦以后，但茶于是时，尚在自足自给时代。嗣后社会日见发达，茶之需要渐多，乃渐成为交易之货品，史称："宋元丰年间，开西戎马市，以砖茶易马。"华茶对外贸易，或即肇端于此。及至一八二〇年，华茶输出额，占其他货品输出额四分之三，遂成为我国对外贸易之重心矣。近代之华茶，关系国计民生者更切，不可不加以研究。兹不揣谫陋，特将此问题，提出讨论，以明其贸易之状况，俾作发展计划之参考。惟我国关于此项记载统计之资料甚少，研究此问题，颇感受困难。兹姑就零星错杂之材料，略述其概况。谬误之处，在所不免。倘能获得关心茶业者予以切实指正，则抛砖引玉，或另有其价值于其本身之外也。

二、六十年来华茶输出状况

华茶之输出，自十六世纪以后，即逐渐发达，而尤以前清同光年间（一八七五年前后）为最盛，及至光绪中年以后，即有江河日下之势矣。兹据《海关报告册》所记载之数字，列表如下。

六十年来华茶输出数量及其指数表

年份＼类别	红茶		绿茶		砖茶及其他		合计	
	数量/担	指数	数量/担	指数	数量/担	指数	数量/担	指数
1871年	1 362 634	100%	232 617	100%	84 392	100%	1 679 643	100%
1872年	1 420 170	104.2%	256 464	110.3%	98 029	116.2%	1 774 663	105.7%
1873年	1 274 232	93.5%	235 413	101.2%	108 118	128.1%	1 617 763	96.3%
1874年	1 444 249	106.0%	212 834	91.5%	78 296	92.8%	1 735 379	103.3%
1875年	1 438 611	105.6%	210 282	90.4%	169 494	200.8%	1 818 387	108.3%
1876年	1 415 349	103.9%	189 714	81.6%	158 824	188.2%	1 763 887	105.0%
1877年	1 552 450	113.9%	197 410	84.9%	159 228	188.7%	1 909 088	113.7%
1878年	1 517 617	111.4%	172 826	74.3%	208 513	247.1%	1 898 956	113.1%
1879年	1 523 419	111.8%	183 234	78.8%	280 810	332.7%	1 987 463	118.3%
1880年	1 661 325	121.9%	188 623	81.1%	247 170	292.9%	2 097 118	124.9%
1881年	1 636 724	120.1%	238 064	102.3%	262 684	311.3%	2 137 472	127.3%
1882年	1 611 917	118.3%	178 839	76.9%	226 395	268.3%	2 017 151	120.1%
1883年	1 571 092	115.3%	191 116	82.2%	225 116	266.8%	1 987 324	118.3%
1884年	1 574 450	115.5%	202 556	87.1%	249 212	295.3%	2 026 218	120.6%
1885年	1 618 397	118.8%	214 693	92.3%	495 661	587.3%	2 328 751	138.6%
1886年	1 654 053	121.4%	192 931	82.9%	370 212	438.7%	2 217 196	132.0%
1887年	1 629 805	119.6%	184 682	79.4%	261 610	310.0%	2 076 097	123.6%
1888年	1 542 200	113.2%	209 377	90.0%	415 975	492.9%	2 167 552	129.0%
1889年	1 356 518	99.6%	192 324	82.7%	328 489	389.2%	1 877 331	111.8%
1890年	1 150 678	84.4%	199 504	85.8%	315 214	373.5%	1 665 396	99.2%
1891年	1 203 473	88.3%	206 762	88.9%	339 799	402.6%	1 750 034	104.2%
1892年	1 101 229	80.8%	188 440	81.0%	333 012	394.6%	1 622 681	96.6%
1893年	1 190 206	87.3%	236 237	101.6%	384 388	455.5%	1 810 831	107.8%
1894年	1 217 215	89.3%	233 465	100.4%	411 632	487.8%	1 862 312	110.9%
1895年	1 123 952	82.5%	244 202	105.0%	497 526	589.5%	1 865 680	111.1%
1896年	912 417	67.0%	216 999	93.3%	583 425	691.3%	1 712 841	102.0%
1897年	764 915	56.1%	201 168	86.5%	566 075	670.8%	1 532 158	91.2%
1898年	847 133	62.2%	185 306	79.7%	505 161	598.6%	1 537 600	91.5%

续　表

年份＼类别	红茶		绿茶		砖茶及其他		合计	
	数量/担	指数	数量/担	指数	数量/担	指数	数量/担	指数
1899年	935 578	68.6%	213 798	91.9%	481 419	570.5%	1 630 795	97.1%
1900年	863 374	63.4%	200 425	86.2%	320 525	379.8%	1 384 324	82.4%
1901年	665 499	48.8%	189 430	81.4%	303 064	359.1%	1 157 993	68.9%
1902年	687 288	50.4%	253 757	109.1%	578 166	685.1%	1 519 211	90.4%
1903年	749 116	55.0%	301 620	129.7%	626 794	742.7%	1 677 530	99.9%
1904年	749 002	55.0%	241 146	103.7%	461 101	546.4%	1 451 249	86.4%
1905年	567 045	41.6%	242 128	104.1%	530 125	628.2%	1 339 298	79.7%
1906年	600 907	44.1%	206 925	89.0%	596 296	706.6%	1 404 128	83.6%
1907年	708 273	52.0%	264 802	113.8%	637 050	754.9%	1 610 125	95.9%
1908年	685 408	50.3%	284 085	122.1%	631 192	747.9%	1 600 685	95.3%
1909年	619 632	45.5%	281 679	121.1%	797 132	944.6%	1 698 443	101.1%
1910年	633 525	46.5%	296 083	127.3%	631 192	747.9%	1 560 800	92.9%
1911年	734 180	53.9%	299 237	128.6%	631 366	748.1%	1 664 783	99.1%
1912年	648 544	47.6%	310 157	133.3%	522 999	619.7%	1 481 700	88.2%
1913年	542 105	39.8%	277 343	119.2%	622 661	737.8%	1 442 109	85.9%
1914年	613 296	45.0%	266 738	114.7%	615 765	729.6%	1 495 799	89.1%
1915年	771 141	56.6%	306 324	131.7%	674 176	798.9%	1 751 641	104.3%
1916年	648 228	47.6%	298 728	128.4%	569 008	674.2%	1 515 964	90.3%
1917年	472 272	34.7%	196 093	84.3%	449 253	532.3%	1 117 618	66.5%
1918年	174 962	12.8%	150 710	64.8%	78 585	93.1%	404 257	24.1%
1919年	288 798	21.2%	249 711	107.3%	151 546	179.6%	690 055	41.1%
1920年	127 832	9.4%	163 984	70.5%	14 090	16.7%	305 906	18.2%
1921年	136 578	10.0%	267 616	115.0%	23 591	28.0%	427 785	25.5%
1922年	267 039	19.6%	282 988	121.7%	22 616	26.8%	572 643	34.1%
1923年	450 686	33.1%	284 630	122.4%	66 001	78.2%	801 317	47.7%
1924年	402 776	29.6%	282 314	121.4%	70 795	83.9%	755 885	45.0%
1925年	329 455	24.2%	321 201	138.1%	183 352	217.3%	834 008	49.7%
1926年	292 527	21.5%	329 197	141.5%	217 593	257.8%	839 317	50.0%

续 表

类别 年份	红茶		绿茶		砖茶及其他		合计	
	数量/担	指数	数量/担	指数	数量/担	指数	数量/担	指数
1927年	248 858	18.3%	333 216	143.2%	295 102	349.7%	877 176	52.2%
1928年	269 615	19.8%	306 765	131.9%	349 642	414.3%	926 022	55.1%

注：以一八七一年为基数。

观上表，可知华茶之输出，自一八七一年至一八八六年逐渐增加。当一八七一年输出量为一百六十余万担。越五年，增至一百八十余万担。及至一八八〇年，乃增至二百余万担。而尤以一八八五年为最高，竟达二百三十余万担，其增加数量，均在二十万担左右，诚如雨后春笋，继长增高，大有欣欣向荣之势。惟华茶至一八八五年，登峰造极，空前巨额，昙花一现，遂不复见于史册。故一八八五年，乃华茶输出由盛而衰之回归线，实值得吾人深刻纪念者也。查华茶输出额达二百万担以上者，不过八年，自一八八八年以后，均在二百万担以下。至一八九〇年以后，乃显呈衰颓之象。姑以一八九一至一八九五年平均数，与前五年比较，减少二十万担。其次，一八九六至一九〇〇及一九〇一至一九〇五年，两期平均，较前减少数量，均为三十五万担。再次两期，即一九〇六至一九一〇及一九一一至一九一五年，减少数量，约为十五万担。由此可见华茶之进步固甚锐，而其退步则尤速，已足令人惊骇。及至一九二〇年，更减至三十余万担，与一八八五年最高额相较，固大相径庭。即与一八七一年初兴时代相比，亦仅当其百分之十八点二而已，可谓华茶贸易衰败最惨淡之时期也。自此以后，虽稍有起色，而为数有限。即以最近一九二八年而论，亦不过当一八七一年百分之五十五点一及占一八八五年百分之三十九点八而已。回顾兴盛时代，不禁有今昔之感矣。

再查茶叶输出种类，绿茶在此六十年间，变动幅尚不甚大。自一八七一年至一九〇二年三十余年间，输出额均在二十万担左右。至一九〇三年，增至三十余万担。及至最近，尚可维持原状，未至如何低降。至于红茶，则变化甚为剧烈。一八七一年输出额为一百三十余万担，一八八〇年增至一百六十余万担，可谓红茶输出全盛时代。嗣后数年间，尚可维持于一百五六十万担左右。自一八九〇年以后，即逐渐减退。及至一九二〇年，降至十二万余担，可谓红茶输出衰落时代。最近数年，红茶输出额，不过在二十余万担，仅约占六十年前百分之十八而已。查近代世界茶叶需要趋势，则红茶日见增加，而绿茶渐次减少，华茶输出之趋势，适与世界潮流成反比例，无怪乎成为世界之落伍者也。砖茶出口，始于十六世纪。一八七五年，输出额为十六万余担。越十年，增至四十九万余担。当十九世纪末叶，常在五十万担左右，至一九〇九年，更增至七十九万余担（包含茶饼在内），乃为砖茶输出最高额，此后亦渐减少。盖砖茶之大部分，销于俄国。故砖茶出口之增减，须视俄销之盛衰为转移。至于茶末、茶片等，近年来虽有增加之趋势，但其价值甚廉，对于贸易经济，无足重轻也。

三、华茶对外贸易盛衰之背景

（一）华茶与时代之关系

凡事之发生变化，或动或静，或进或退，必有时代之潮流为之推进或控制。华茶之成为茶业者，既非偶然之事实，当然不能例外，则其盛衰之变化，亦必有时代之背景，与客观之条件在焉。

人类之欲望，随社会之进化而演进，需要更随欲望而增加。茶为嗜好品之一，具有特殊之香味与兴奋性，饮之可以益思清神。自海运初开，即为外人所赏识。饮用渐久，相习成风，需要日盛。我国产茶，既捷足先登，举世无双，当为世界唯一茶叶供给国，世界茶叶消费日盛，即我国茶叶输出量与之俱增，故华茶得以驰骋于世界市场，蒸蒸日上也。及至唐时，日人在我国采得茶种，归国栽培以后，印度、锡兰相继而起，华茶在世界茶业地位，乃渐发生变化。但世界茶业贸易，当印、锡等茶发现之初，因需要甚多，印、锡之新兴茶业，尚在幼稚时代，产量甚少，供不应求，华茶虽失却独占性，而进展之势力，尚不致为其所阻挠。一八七〇年，世界需茶总额，为三亿万磅，而印度出产不过一千五百万磅而已。至于日本、锡兰产量极微，更不足道。故其时世界额百分之九十五以上，仍为我国所供给，华茶输出额，日见增加，乃势所必然者也。

（二）华茶贸易与各产茶国之关系

世界销茶量日盛，乃激起茶业贸易竞争之导火线。英国鉴于茶业在世界贸易市场所占地位之重要，遂于一八三四年向我国购办茶种，在印度试验有效，乃力谋发展。一八九〇年，栽茶面积达三十五万英亩，产茶量达一万万磅以上。至一九〇四年，印茶输出量，已凌驾华茶之上。及至一九一九年，竟超出华茶四倍有奇，其进展之势，实令人望而生畏。锡兰自一八七〇年咖啡业失败以后，乃转其视线于茶业，悉心研究，努力推广。一八八六年，输出额为一万五千磅。一八八七年，达一千万磅。及至一九二六年，更增至二亿二千余万磅以上。日本见印、锡茶业之猛

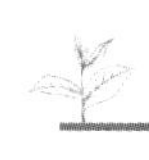

进，恐为其所淘汰，乃励精图治，急起直追，一八五九年输出额为三十六万余磅。越四年，增至一百万磅。再越四年，增至六百七十余万磅。及至一八九〇年，竟达七千万磅之巨矣。其他爪哇、苏门答腊等国，亦有蓬蓬勃勃之势。华茶处此境地，诚有四面楚歌之概，卒致大遭惨败，演成愈趋愈下之形势。兹将世界茶叶输出数量，择其重要者，列表如下，以证明世界产茶国贸易之消长也。

世界产茶国输出数量比较表

（单位：千磅）

年份 国别	1890年		1900年		1913年		1919年		1926年	
	数量	百分比	数量	百分比	数量	百分比	数量	百分比	数量	百分比
中国	250 000	50.7%	184 500	31.3%	166 000	21.2%	92 000	10.8%	144 776	15.9%
印度	115 000	23.3%	176 300	29.9%	291 700	37.3%	371 500	43.7%	349 264	38.3%
锡兰	49 000	10.0%	149 200	25.3%	197 400	25.3%	208 000	24.5%	227 092	24.9%
日本	70 000	14.2%	61 000	10.4%	58 000	7.4%	64 000	7.5%	46 887	5.1%
其他各国	9 000	1.8%	18 000	3.1%	68 400	8.8%	114 000	13.4%	144 287	15.8%
合计	493 000	100%	589 000	100%	781 500	100%	849 500	100%	912 306	100%

（三）华茶与销茶国之关系

（1）英国。华茶输入英国，约在二百七十余年以前，但初时数量甚微。一六七八年，尚仅三十余担，及至一八八〇年，增至一百四十余万担，约占华茶出口半数以上。是时英国不但为华茶之消费者，且为华茶之转运贩卖者。华茶对外贸易之权，完全操于英人之手，故英国采办华茶之多寡，与华茶贸易之盛衰，关系至切。及至十九世纪末叶，印度、锡兰之茶业，已有相当之程度，颇有供给之能力，英人乃注其全力，提倡推广其属国之出品，对于华茶输入渐减，致华茶在英国所占之势力渐形崩溃。当一八五六年，英国输入华茶占百分之九十七，印茶不过百分之三而已。一八八一年，华茶尚占其输入量百分之七十。及至一九〇六年，英国输入总额为二百余万担，其中华茶仅二十余万担，约占十分之一。最近一九二八年，英国输入总额为三百七十余万担，华茶不过六万一千余担，仅占其百分之一点六而已。其影响于华茶之贸易亦大矣。

（2）美国。华茶输入美国，约在乾隆年间（一七三六至一七九五年）。至一七九〇年达三百万磅，一八四〇年增至二千万磅，是时美国茶市完全为华茶所独占。

但自此以后，印度茶开始入美，一八五〇年之日本茶，一八九三年之锡兰茶，相继向美国市场进攻，致先进之华茶渐失其势力矣。当一八五〇年，美国输入总额为三千万磅，而华茶为二千九百万磅左右，约占其百分之九十七。及至一九二〇年，输入额为七千一百五十余万磅，华茶为一千余万磅，仅占其百分之十五点三。盖美国嗜茶，向以绿茶为大宗，且喜汁浓而厌混杂。日本产茶，原以绿茶为主，探悉美国之嗜好，乃特别注意，迎合美人之心理，投其所好，故日茶在美国贸易，大有进展。一八五〇年，日茶入美，不过三万五千磅。一八九三年以后，达一亿万磅之巨，已占华茶五分之四以上。及一八九七年，美国颁布《粗恶及不正茶禁止条例》，日本乃利用机会，对内则施行检验，力求改良；对外则扩大宣传，彰扬日茶之优良，诋毁华茶之丑陋，致华茶在美之贸易，几全为其所攘夺。近来美国虽有嗜好红茶之倾向，而对于形状、香味，颇为注重。中国红茶之制造，不及印度，又难与之相抗衡也。

（3）俄国。俄国销行华茶，为时甚早。当一六三八年至一六四〇年间，俄国驻华麦苏维脱使馆，曾将华茶运往莫斯科，惟为数不过四甫得（合中国一担左右）。十八世纪初叶，华茶入俄较为增加，亦仅二千七百担而已。十八世纪末叶，增至一万五千五百担。迨一八二〇年，达二万七千余担，但其时中国茶市，仍全由英人所操纵。自一八五〇年，俄人始自行采办华茶，其在中国茶市之地位渐臻重要。及至英人改变方针。着力于印度、锡兰茶，对于华茶输入逐渐减少，驯至抛弃华茶市场于不顾，同时俄商在华组织，已有相当基础，乃乘英商退出中国市场之际，起而代之。迨十九世纪末叶，俄商在中国市场占得优胜地位矣。

华茶之运往他处者，不下二十余国，因其数量较少，对于中国茶运之盛衰，影响较浅，不必赘述。兹将华茶输往国别表列下，以明华茶在各销茶园升降之状况也。

华茶输往国别及其数量表

（单位：担）

国别 年份	俄国	英国	美国	其他各国	总计
1880年	357 325	1 456 747	269 740	12 306	2 096 118
1881年	380 714	1 402 299	337 942	13 517	2 134 472
1882年	386 914	1 350 654	261 284	18 299	2 017 151

续 表

国别 年份	俄国	英国	美国	其他各国	总计
1883年	404 478	1 308 361	254 079	20 406	1 987 324
1884年	448 334	1 276 228	273 255	18 401	2 016 218
1885年	432 315	1 388 244	286 744	21 448	2 128 751
1886年	599 177	1 279 501	304 464	34 153	2 217 295
1887年	607 376	1 206 900	274 113	67 648	2 156 037
1888年	675 177	1 109 942	302 071	80 262	2 167 452
1889年	536 494	974 088	296 148	70 601	1 877 331
1890年	585 349	754 958	268 141	56 948	1 665 396
1891年	636 407	766 424	275 697	69 506	1 748 034
1892年	541 519	709 372	209 876	161 914	1 622 681
1893年	683 744	683 744	342 293	111 050	1 820 831
1894年	757 293	618 192	403 503	83 324	1 862 312
1895年	919 760	550 055	311 500	84 365	1 865 680
1896年	922 003	494 866	226 301	60 671	1 703 841
1897年	876 251	367 697	208 376	79 834	1 532 158
1898年	941 167	350 780	157 160	89 473	1 538 580
1899年	931 110	377 862	218 641	103 182	1 630 795
1900年	665 686	350 763	255 383	112 492	1 384 324
1901年	593 734	282 780	183 895	97 584	1 157 993
1902年	882 893	251 046	294 874	90 398	1 519 211
1903年	787 274	311 592	246 068	332 596	1 677 530
1904年	424 156	518 259	226 260	282 574	1 451 249
1905年	600 569	468 942	182 266	117 509	1 369 286
1906年	939 181	205 457	152 228	107 262	1 404 128
1907年	988 711	285 099	201 878	134 437	1 610 125
1908年	965 032	251 221	208 813	151 080	1 576 146
1909年	917 317	224 697	212 218	144 211	1 498 443
1910年	974 295	289 754	147 452	149 299	1 560 800
1911年	826 841	326 355	131 255	178 352	1 462 803

续表

国别 年份	俄国	英国	美国	其他各国	总计
1912年	839 689	243 605	158 022	240 384	1 481 700
1913年	905 967	255 238	144 064	166 840	1 472 109
1914年	902 716	273 334	170 799	148 950	1 495 799
1915年	1 162 842	350 204	138 087	131 220	1 782 353
1916年	1 049 933	281 158	145 878	65 664	1 542 633
1917年	733 653	162 281	171 641	57 960	1 125 535
1918年	95 705	162 754	72 446	73 312	404 217
1919年	165 334	343 992	83 644	97 185	690 155
1920年	11 566	154 327	71 595	68 418	305 906
1921年	24 699	182 768	127 866	94 995	430 328
1922年	27 594	257 840	117 286	173 353	576 073
1923年	12 064	415 807	143 370	220 186	791 427
1924年	53 450	403 400	79 473	229 612	765 935
1925年	174 517	47 952	95 904	504 635	823 008
1926年	226 790	107 328	94 799	410 400	839 317
1927年	300 992	88 605	88 623	393 956	872 176
1928年	356 747	61 134	76 094	433 047	927 022

观上表可知，十九世纪之末，二十世纪之初，输俄之茶渐增，而输英美则渐减，消长判然矣。其最足值得注意者，即一九一八年以后，华茶在俄之势力亦大为衰败。盖因其时，俄国国内政治变化，中俄绝交，销俄之华茶，乃大受其影响。查华茶在海外市场，自英国被印、锡所排斥，美国被日本所攘夺，其最大之顾客，厥惟俄国，故俄庄进胃停滞，致华茶输出总量大遭惨落。最近数年间，俄庄恢复，稍有起色，忽于去年五月间，中俄风云又起，俄国政府实行抵制政策，禁止华茶入口，运销俄国之华茶，又致中断矣。据上月间之调查，迩来每年俄庄在沪采办箱茶，约二十余万箱，自去年七月间，停止采办，其时已成交者，不过当旧额四分之一而已。其他各国，见俄庄停办，则利用机会大施压迫手段，从中垄断，压抑茶价，华商损失，约三四百万两之巨。故上海各茶栈，于茶市未了之前，已大半歇业矣。最近虽中俄交涉形势转和，俄庄复活，而采办数量甚微，杯水车薪，无济

于事。

四、结论

综合以上各项，可归纳数点：一、华茶于最近六十年间，自一八七一至一八七九年，为勃兴时代，一八八〇至一八八九年为全盛时代，一八九〇至现在为衰落时代。二、华茶盛兴之原因，由于世界需要日增及华茶独占贸易市场。三、华茶之衰落，系受印、锡、日本诸国竞争之影响。但考华茶之历史最古，占有优先之势力，而反不能与新进诸国相抗衡者，何哉？兹姑连带略述之：一、栽制之方法，犹袭数百年前之陈规，缺乏科学知识，致出品粗劣，不能与新出品争妍比美。二、中国茶商，无联合之精神，及推销之能力，所有对外贸易之权，均操诸外人之手，致处处受其剥夺牵制。三、税捐运费过重，及栽制之工作，均用人工，致生产费过高，不能与价廉物美者相竞争。四、缺乏金融机关，茶商、茶农，资本短少，周转不灵，易受外人之垄断。他如兵灾等等，亦皆为华茶之致命伤也。故救治办法，惟有运用政治之能力，促进栽培之改良，应用机器制茶，减轻税捐运费，设立茶业银行，提倡合作，扩大对外宣传，则华茶贸易，或有转衰为盛之希望。至于详细具体之办法，非在本题范围之内，待之他日再为讨论可也。

一九三〇年四月三日

《社会月刊》1930年第3期

华茶贸易之衰颓与其救济策

赵镜元

（一）华茶贸易之昨日与今日

“茶为最合卫生、最优美之人类饮料，中国实产出之；其种植与制造，为中国最重要工业之一。”（引实业计划第五计划）考我国产茶区域，约在北纬二十三度与三十二度间，浙、皖、闽、赣、湘、鄂，均为产茶之省份。其中如浙省之龙井茶，皖省之六安茶、屯溪茶、祁门茶，闽省之武彝茶，赣省之修水茶，湘省之安化茶、

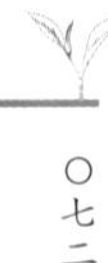

君山茶，鄂省之蒲圻茶，均雅负盛誉者也。此数省之茶，大都集中于汉口、上海、九江、福州，故为我国四大茶市中心。

欧人之知有茶，远在明嘉靖二十九年（一五五六），时葡萄牙已与我通商，班荷诸国继之，于是前代市舶通商时代未曾运出外洋之华茶，乃于此时期输运出口（据魏源《海国图志》），国际市场，多有华茶之迹矣。嗣后英人来华互市，华茶出口渐盛。盖自东印度公司于清康熙三年（一六六四）将华茶进贡英王，英国贵族已多试用华茶，及康熙五十四年（一七一五），我国绿茶初次出口，而广州之中英市场完全成立。其时英国人士华茶之消费量虽不大，无何英国国内酒税增加，酒价飞涨，上下人士以茶代酒之风，十九世纪初年殆已普行全国。综计一七四四年英国人士饮茶，平均每人不过半磅，而一八四〇年已增至一磅又四分之一，华茶输英之激增，于此可见。据谟斯《东印度公司对华贸易史》“Morse: The Chronicles of the East India Co.Trading to China”所载：一八一七年由广东出口至英之华茶，其由东印度公司经营者，值五百七十万九千六百一十七元；其由私人经营者，值六十七万一千九百元，总值六百三十八万一千五百一十七元，以视同时期生丝输出总值仅为六十三万五千四百元，绸缎输出总值仅为二十六万二千元，土布输出总值仅为五十四万八千九百四十元，不啻有霄壤之别。鸦片战争以后，华茶输英，仍占大宗数额，据一八六七年之统计，其时伦敦市场上之茶，华茶尚居其九成。王之春《通商始末记》云：“中国之茶与大黄以及内地生丝，英人所恃为资生之具。”华茶输英数额之多，不论中外史籍所载，盖皆然也。

此外各国之输入华茶，在十八世纪以后，亦日渐增加。例如中俄间订立《恰克图条约》（一七二七）后，华茶即有大批输入俄国；十八世纪中叶，丹麦商人之来华者，亦大都以私运茶叶为业，均其例也。其时华茶输出，除陆路贸易不计外，海路贸易，据谟斯《东印度公司对华贸易史》所载，一七七五年由广州输至外国之华茶，英国为五万零九百一十一担，法国为二万七千三百三十二担，荷兰为三万五千二百一十八担，瑞典为二万一千三百八十四担，丹麦为一万五千七百三十七担，可知华茶输出，初不限于英伦。其在美国方面，一七七六年独立战争，即为华茶纳税事件而起，美国之有华茶输入可知。据谟斯《东印度公司对华贸易史》所载，一七八八年由广东出口之华茶，共为二十二万余担，除英、瑞、丹、荷诸国外，其输入美国者，亦近九千担。又当一八〇五至一八一五年间，美国运至广东之现金，值二千二百七十一万九千元，大都以之为购茶用。盖十九世纪初年，华茶为我国最重要之出口货，其势力已遍及于全世界各国市场矣。

自十七世纪至十九世纪上半期，世界上之茶市，殆为华茶所独占。一八二八年时，西方销纳茶量，约为七千万磅，几全去自我国。及一八六六年，华茶所供给西方人士，消费量犹达一亿九千万磅总额之百分之九十。华茶之贸易，可谓盛极一时。不幸一八八六年以降，印度、锡兰、爪哇、日本……诸产茶区域，本其适于产茶之气候与土壤，复应用新式方法制茶，先后将其所采之茶向世界市场输运，其数量之激增，一日千里，于是世界茶市上独步一时之华茶，乃发生激剧之变动。当十九世纪最后十年间，华茶贸易，外受他国茶之竞争，内受税厘之剥削，华茶之运往英美诸国者，均较前为退缩，反之，他国茶则较前为递增。兹列表比较如下。

（单位：磅）

年份	华茶	非华茶
1890年	181 846 545	197 175 000
1891年	188 593 374	222 585 000
1892年	172 829 840	219 348 000
1893年	190 713 317	232 432 000
1894年	193 847 988	237 748 000
1895年	191 878 262	247 270 000
1896年	168 266 120	269 831 667
1897年	143 658 070	271 470 229
1898年	153 439 065	273 671 372
1899年	170 778 710	278 303 542

由上表所示，可知华茶贸易衰颓，当十九世纪末叶，已肇其端倪矣。及至二十世纪初年，华茶贸易，似又发生一大转机。盖逊清政府既于一九〇二年减轻茶之出口税于前，民国政府复于一九一四年减轻茶之出口税于后，每减轻出口税一次，则华茶之输出数量，亦随之增加一次。华茶贸易，宜其兆复兴之象矣。顾内地厘税重重，依然未减，加以华茶栽制，二未得宜，同时外茶则于栽制推销之道，力求精进（关于各国茶业近况，请参看本年一月《中央日报》大道拙作《世界茶业近势与我国茶业前途》一文），华茶输出，虽有增加，而终不足与外茶竞也。自一九一七年以后，华茶之未知改良也如故，外茶之努力发展也有加；兼以华茶在英国之市场，初则困于禁令，继又厄于重税，华茶在俄国之市场，则因俄国发生革命，中俄贸易，形同断绝，遂致华茶贸易，又形下落。最近数年，华茶贸易，数额虽略有增加，然已勉撑危局，观下表所列华茶输出统计，可知近十数年来华茶在世界市场上

之减退矣。

年份	重量/担	价值/两
1915年	1 782 353	55 562 519
1916年	1 542 633	43 560 417
1917年	1 125 535	29 107 687
1918年	404 217	14 066 872
1919年	690 155	22 398 436
1920年	305 906	8 873 135
1921年	430 328	12 605 788
1922年	576 073	16 966 075
1923年	801 417	22 905 341
1924年	765 935	21 127 221
1925年	833 008	22 145 688
1926年	639 317	26 165 267
1927年	872 172	31 616 949
1928年	926 022	37 133 853

于此，俄国为输入华茶一重要国家，不能不加以特别申述。考俄国之输入华茶，远在十七世纪，约当崇祯年间。及中俄订立《恰克图条约》，华茶输俄渐多，俄人饮茶之风，亦渐普及。虽中经太平军运动，中俄茶业贸易，有如停顿，但同治末年，中俄茶运，又复当年之旧。自西伯利亚铁路告成，输俄华茶，尤极一时之盛。清光绪三十三年（一九〇七），俄国市场上之茶，华茶竟占百分之八十以上，宣统元年（一九〇九），亦尚占百分之七十。民国以来，华茶输俄，虽在俄市场上所居之地位，仅占百分之二十五，而其数量则颇可观。不意一九一八年以后，俄国发生革命，华茶输俄，大为减少。及一九二四年中俄成立协定，华茶输俄，又有转机。但去年……华茶输俄，完全停顿，华商损失，何可胜数？目者，中俄贸易虽告恢复，俄协助会已在续运华茶，然英日茶商，日在俄市场猛力推销，华茶之能否在俄市场立足，殊为不可知之数。是则华茶在世界上之地位，非惟不得逞于英美诸邦，即俄国之大好市场，亦将为英日所摈斥。华茶在世界市场上之地位，每况愈下。治中外国际贸易史者，抚今追昔，能毋慨然！

（二）华茶贸易衰颓之原因及其救济策

华茶贸易，向居我国国际贸易重要地位，然今昔异势，盛衰不侔，“前此中国曾为以茶叶供给全世界之惟一国家。今则中国茶叶商业，已为印度、日本所夺”。中山先生于实业计划中尝痛论之。此诚我国国计民生一大问题也。若不深维华茶所以衰颓之故，力图救济之方，则华茶在世界市场上之地位，将必愈形下落矣。兹述华茶衰颓之原因及其救济策如次。

（1）税厘问题。中山先生尝谓：“中国之所以失去茶叶商业者，因其生产费过高，生产费过高之故，在厘金及出口税。”考世界各产茶区域，如锡兰、爪哇等处，均无出口税之名称；日本虽有之，而其税率至轻……华茶之出口税，十年来经茶商迭次吁请，幸得展征。愿内地之厘金，则各省视为一大收入，皖、浙二省每年所征茶厘，各达三四十万之巨。近则各省且有意图加征过境半税及提议加征出洋箱茶附加一成教育捐者。此等税厘之征收，在在足以增加华茶之生产费，洵为华茶贸易之障碍。近据财政部通令，国府定于本年十月十日起裁厘，关于运销国内华茶内地厘税之应如何减免，自必体恤商情，斟酌国内茶业现状，及国际贸易之趋势，妥订方案，统筹办理，惟在全国尚未实行裁厘以前，自应转照旧章办理，以免纷更。斯则在未裁厘以前，茶税之征收，仍难豁免，茶商之负担，仍难灭除。所幸现距裁厘之期不远，我人除盼财政当局全部免除出口税外，所有现存内地五成厘金，尤当彻底废裁，各省财政厅，并不得巧立名目，别为征收。如为研究改良华茶贸易，筹措款项起见，亦仅得于茶叶由内地输出时，酌收极少数之改良捐，由政府机关与茶商合组中央茶业委员会，或设立茶业银行，以办理茶业改良之事务，庶得之于茶者，仍用之于茶。此项办法，或亦未始非治标之策也。

（2）市场问题。自印、锡、爪、日……诸茶兴起后，锐意改良，厉行推销政策，华场在世界市场上之地位，一落千丈。近年以来，俄国为华茶推销之惟一市场，顾自去年……华茶堆积如山，一时工商当局，茶商茶农，咸感华茶之市场不广。现在中俄航运恢复，第一批华茶，已于八月初由沪运往海参威，华茶在俄市场，或可在最短时期，恢复固有之地位。虽然，俄国市场，日茶岂不竭力输出乎？据世界新闻社消息，近年以来，日茶之输至俄国者，年有增加，去岁中东事起，中俄贸易，无形停顿，日本茶商觉良机之不可失，其输俄茶叶数额之高，为过去三十年来所未有。近据沪日使馆商务官公署报告，本年俄商已向日本制茶公司订立购茶定单者，计有富士商社静冈贸易公司等，约为四百二十万镑，此外九州、嬉野等

处，尚有俄商定货十万余磅。一年之中，突然增加百余万磅，此皆为华茶之原有销路，而新被日茶夺去者。其次则印、锡茶不竭力向俄市场输出乎？去年十二月初旬，英商务大臣在下院宣称，去年八月至十月间，统计印、锡茶由英输俄者，其数额较前二年同时期为多，足见英茶在俄市场渐增之趋势。近据荷报所载，英国种茶业者，竭力于俄境内广事宣传，俾使印、锡茶充分向俄输出，以解决印、锡茶产之过剩问题。是则日、英二国均在侵夺华茶之市场，我人固盼华茶能恢复俄国市场之固有地位，而决不能视俄国为惟一之市场。近年以来，土、波、埃诸国，华茶输出，较前增加，其他欧陆诸国，需要华茶，亦较前有进展。所望工商当局，茶业专家，多方调查世界各处市场需要华茶之程度，同时复能利用广告，努力宣传，俾华茶渐渐恢复固有之地位。“世界对于华茶之需要日增，美国又方禁酒，倘能以更廉更良之茶叶供给之，是诚有利益之一种计划也。”（引实业计划）

（3）栽采问题。我国以农立国，夙以产茶著称。然茶之栽采，要不过为农人之一种副业。一般农民，于茶之栽采，初无何等之知识可言。培养既欠周密，管理更为疏忽。举凡修剪、施肥、松土、灌溉等工作，均未加以深切之注意。以致茶株过密，缺乏营养，非仅茶枝不易发展，甚或叶老枝枯，徒见生产日形减缩而已。加以各茶农常因工资激增，而茶价则反下落，每有不敷工本之苦，乃更任茶树之自生自长，毫不加以人工之注意。欲求色味不伤，曷克有济？至若采摘之事，多由女人为之，既不明茶树生理，任意采摘，以致茶树之元气大伤。茶业贸易衰落治本之策，似当于此加之意也。近据农矿部消息，该部鉴于我国培养茶叶不良，以致茶叶销场，一落千丈，特令饬各省政府，从速筹设茶叶指导所，以求改进，诚属要图矣。然改良茶之栽采，要非一端，他若政府奖励种茶事业以为提倡，采集优良茶种以分发乡农栽种，分向乡农宣传勤加培植、松土、施肥、灌溉、刈除虫等等工作，对乡村妇女宣传采茶之常识，多种茶树于不能培植森林之荒山荒地，派员分赴各产茶区域调查栽采情形，各地茶商茶户当研究栽采方法，等等，均属可行。端在上下一心，勿托空言，则华茶必可与外茶相争竞也。

（4）品质问题。华茶在世界市场地位之下落，其原因固非一端，而华茶品质上之不足与外茶比美，要亦无容讳言。以最近言之，一九二八年我国红茶输出，虽较一九二七年为多，而在英俄市场不足为外茶之敌者，即系品质下落之故；又一九二八年华茶之输入美国者，红、绿茶均较一九二七年为减，其原因亦由品质恶劣所致。华茶品质何以不良，则栽采之失宜，固不能辞其咎，然制茶方法之陈腐，实为一大原因。一般华商，仅知墨守陈法，粗制滥造，于技术方面，毫不知加以改进。

返观他国，其制茶之方法，精益求精，日进不已。以品质下落不知改良之华茶，而欲与品质精良之他茶，角逐于国际市场，其失败也固宜。加以我国茶业奸商，不知顾惜国誉，常不免参混假茶，以图脱售，一经外人化验，往往发现毒质，视为危险物品，摈而不销，即品质之较优者，亦为所牵涉，销路大受影响，此实华茶一蹶不振之致命伤，徒为外茶造机会而已。为今之计，若取缔腐败茶商之经营假茶，多设检验处严禁假茶出口，讲求烘茶之方法，精密选拣茶叶以防品质劣变，向乡农宣传提高品质之重要，由政府通令产茶各省筹设制茶改良所……似均足为改良品质之一助。而中山先生计划于产茶区域，设立制茶新式工厂，以机器代手工，俾得改良品质，尤为吾人所当注意者也。

华茶为我国出口贸易之重要货品，乃不幸以种种缺陷，以及外茶之竞争，逐致形成今日之险状。苟不急起直追，力谋改进，则此奄奄一息之茶业前途，将益不堪言状，然华茶之受摈斥，初非华茶先天之故，以固有之面目言之，中山先生尝谓："中国茶叶之品质，仍非其他各国所能及，印度茶含有丹宁酸太多（按：丹宁酸多足以伤胃），日本茶无中国茶所具之香味，最良之茶，惟可自产茶之母国即中国得之……若除厘金及出口税，采用新法，则中国之茶叶商业，仍易复旧。"我人领受中山先生遗训，丁兹茶业凋弊之秋，当思有以努力者矣。

《时事月报》1930年第3期

近五十年华茶出洋之指数及百分数

刘廷冕

中国国外货物贸易，每年入超不小。即就近三年观之，数亦甚巨。一九二六年进口贸易价值，较出口贸易价值多关平银二万五千九百余万两，一九二七年进口贸易价值，虽因国内不静，致形减少，仍较出口贸易价值多关平银九千四百余万两；一九二八年进口贸易价值，较出口贸易价值多关平银二万零四百余万两。欲免入超，非奖励出口贸易不可。欲奖励出口贸易，须注重输出大宗之茶。且先总理在实业计划第一计划之粮食工业中，再三致意于中国之茶。兹故试编近五十年华茶出洋之指数及百分数，以便国人明了今昔出洋华茶之盛衰，而有所警惕。至于取材之来源，编制之方法，指数之变迁，百分数之更动及救济之方策，则将详细讨论之于下。

（一）取材之来源。华茶之数量及价值，皆根据于海关贸易册。每担价值，乃以数量除价值而求得者也。惟于数量及价值，不可不有三种之申明：（子）民船所装之茶，经由常关输出外洋，不包括在内，因其数量及价值，关册未有记载，但此茶为数甚微，不足以牵动指数及百分数也；（丑）一八八三年茶木（Log）之数量，自一八八三年至一八八八年茶叶之数量，自一八八八年至一八九〇年由九龙、拱北两关输往澳门茶梗之数量，及自一八八九年至一八九〇年由九龙、拱北两关输往澳门茶末之数量，皆因关册未列有值价而删去，然上述之四种数量均甚少，与所编之指数及百分数，皆无影响；（寅）凡在汉口及其邻近之处，由襄河运至樊城，改由陆路运往西伯利亚及蒙古之各种茶叶及茶砖等，俱须除外，因此种茶之数量及价值，不报告于海关，而从他方来源取得之也。

（二）编制之方法。编制图表，须说明者有四：（子）各种指数之编制方法，系采用链环指数法，其优点及如何计算，已详载于《统计月报》第一卷第五期拙作《近十八年中国邮政之链环指数》一文中，故不再赘；（丑）各种百分数，皆以数量编成，因同种茶一年中物量之百分数与同年物值之百分数相同，不应有互相出入之处，且关册于一九〇五年以前，对于运往外洋按国之茶，只列有数量而无价值，若以价值作百分数则甚感困难；（寅）表中整数或小数之尾数均用五销六进之法决定，惟因每年之百分数须恰合成总数不多不少，势不得不用例外，即尾数合计不足整数时，择其小数较大者增之，超过整数时择其小数较小者减之，使恰成整数也；（卯）华茶出洋各图之编制，不外指数用半对数纸画成，百分数图，仿布税因吞（Brinton）图法（Graphic Methods for Presenting Facts）书内之一百二十六图与一百三十图作成之也。

（三）近五十年华茶出洋指数之变迁。华茶出洋之指数，按照（甲表），分为三种：一为数量指数，一为价值指数，一为每担价格指数。惟价值指数，恒因货币购买力而变动，若离开每担价格指数，则不能单独表示华茶出洋之确实趋势。而数量指数，则甚固定，不受货币购买力之变动，易单独显明历年华茶出洋贸易之实在情形。故论及近五十年华茶出洋指数之如何变迁，宜以数量指数为主体，而将价值指数及每担价格指数用为参考。至言其详，则可分为下列四期以研究之。

第一期：自一八七九年至一八八九年为第一期。此期华茶出洋贸易，起始数年，尚称顺利。且一八八六年，极为发达。但自一八八六年以后，渐成衰退之象。

盖一八八六年以前之平均数量链比为一百零二。一八八六年之数量链比为一百零八。一八八六年以后之平均数量链比为一百零一。若从价值链比及每担价格链比观之，除一八八〇年外，均有向下之势（见近五十年华茶出洋指数图）。因此期平均价值链比为九十四，平均每担价格链比为九十一。考华茶出洋贸易之所以有不振之端者，由于在印度之欧人，注意培植印度茶，不特能用新法制造多种茶，以迎合欧美人民之心理，且能预先确实估计每季之产量，以为买茶者之指南，而种植华茶之农民，既不考查外人之嗜好，复不能于每季前有数量之估计，俾买者有所准绳，致输入英国之中国茶，逐年减少，而使运往英国之印度茶，逐年加多也。

第二期：自一八九〇年至一八九九年为第二期。此期华茶出洋贸易，不特运往英国之数量，逐渐变小，且运往美国、俄国及他国之数量，亦有退缩之态。因此期之平均数量链比，仅为八十四，较第一期之平均数量链比一百零二，少十八点。虽此期平均价值链比为八十七，较平均数量链比稍高，究不免受平均每担价格链比之影响（此期平均每担价格链比为一百零四）。查此期贸易所以更形衰颓者，不外二因：（一）华茶受厘金及出口税之剥削（见下列第一表及第二表），不能与无税或受奖励金之印度茶及锡兰茶（每种绿茶一磅受奖励金七罗比分）竞争；（二）中国人制茶不细心，而印、锡茶皆谨慎制成，致欧美人民少购华茶而多购非华茶（见下列第三表）。

第一表　完出口税关平银二两五钱一担之绿茶由安徽运出所受厘税之百分数

（自一八九七年商会报告摘出）

茶之种类	在上海完厘税后之平均价值（规平）	减去厘税之平均价值（规平）	厘金（规平）	出口税（规平）	厘金与出口税（规平）	厘税对于成本之百分数		
						厘金	出口税	厘金与出口税
普通	14.50	9.20	2.52	2.78	5.30	27.5	30	57.5
中等	20	14.70	2.52	2.78	5.30	17	19	36
优等	25.50	20.20	2.52	2.78	5.30	12.5	13.75	26.25
最优等	30.50	25.20	2.52	2.78	5.30	10	11	21
超等	33	27.70	2.52	2.78	5.30	9	19	19
平均	23.75	18.45	2.52	2.78	5.30	13.75	15	28.75

第二表　完出口税关平银二两五钱一担之汉口茶所受厘税之百分数

（自一八九七年商会报告内摘出）

茶之种类	在汉口之平均价值（洋例）	减去厘金之平均价值（洋例）	厘金（洋例）	出口税（洋例）	厘金与出口税（洋例）	厘税对于成本之百分数		
						厘金	出口税	厘金与出口税
普通	10	7.68	2.32	2.72	5.04	30.20	35.42	65.62
中等	23	20.68	2.32	2.72	5.04	11.22	13.15	24.37
优等	35	32.68	2.32	2.72	5.04	7.10	8.32	15.42
最优等	49	46.68	2.07	2.72	4.79	4.43	5.82	10.24
超等	63.50	61.18	2.07	2.72	4.79	3.38	4.45	7.83
平均	22.27	20.35	2.28	2.72	5.00	11.20	13.30	24.50

第三表　自一八九〇年至一八九九年运往欧美华茶与非华茶之比较

（单位：磅）

年限	非华茶	华茶	总数
1890年	197 175 000	181 846 545	379 021 545
1891年	222 585 000	188 593 374	411 178 374
1892年	219 348 000	172 829 840	392 177 840
1893年	232 432 000	190 713 317	423 145 317
1894年	237 748 000	193 847 988	431 595 988
1895年	247 270 000	191 878 262	439 148 262
1896年	269 831 667	168 266 120	438 097 787
1897年	271 470 229	143 658 070	415 128 299
1898年	273 671 372	153 439 065	427 110 437
1899年	278 303 542	170 778 710	449 082 252

第三期：自一九〇〇年至一九一六年为第三期。此期先因政府于一九〇二年春间将茶之出口税减去一半（由关平银二两五钱一担，减为关平银一两二钱五分一担），致一九〇二年之出洋数量，较一九〇一年多百分之三十一（参阅一九〇二年之数量环比），一九〇三年之出洋数量，较一九〇二年多百分之十（参阅一九〇三年之数量环比）。后因政府于一九一四年，将茶之出口税又减轻（由关平银一两二钱五分一担，减去二钱五分，只征一两一担），致一九一四年之出洋数量，较一九一三年多百分之四（参阅一九一四年之数量环比），一九一五年之出洋数量，较一

九一四年多百分之十九（参阅一九一五年之数量环比）。然而出口税虽大减，而厘金不减，负担仍是过重，何能与无税之印度茶、锡兰茶、日本茶及爪哇茶，争衡于各国市场。加以中国制茶，沿袭祖宗之成法，不思改良，印度、锡兰、爪哇及日本，皆用科学之方法制茶，更使华茶不能与之竞争。故此期之平均数量链比为七十二，较第一期之平均数量链比少三十点，较第二期之平均数量链比少十二点，虽此期之平均价值链比为九十七，较第一期之平均价值链比高三点，较第二期之平均价值链比高十点，而不能视为华茶出洋贸易复兴之兆，因此期货币购买力减少，致此期之平均每担价格链比上升，成为一百二十三，而牵动价值链比也。且此期华茶出洋贸易衰败，不合乎世界之潮流。因一八九〇年以前，外人视茶为奢侈品，未闻有下午茶（Afternoon Tea）之名称，而华茶在第一期间之每年平均出洋数量，尚过二百万担，一九〇〇年以后，外人以茶为普通品，各地饭馆，皆售下午茶，而华茶在此期间之每年平均出洋数量，反不及一百五十万担也。

第四期：自一九一七年至一九二八年为第四期。此期华茶出洋贸易，以下列四因：（子）俄国于一九一七年内乱，除西伯利亚稍有销场外，华茶贸易，皆须间接仰给于英伦市场，待一九二五年后，始能与中国有直接之华茶交易，且俄国于一九二六年取缔华茶进口；（丑）英国始于一九一七年禁止华茶进口，继于一九一九年虽解除限制入口之禁令而于华茶及英属所产之茶，施行差别税，盖华茶每磅须纳税一先令，而英属之茶每磅只纳十便士；（寅）澳洲于一九一八年有非英茶一概不得进口之禁令；（卯）华茶不从事改良，甚至福州茶之茶质，几无一不恶劣，培植既疏忽，制造又失宜，最为衰落。虽政府于一九一九年十月十日起，豁免出口税及减轻厘金一半，亦只能使一九一九年之出洋数量，较一九一八年之出洋数量，增加百分之七十一（见一九一九年之数量环比），而莫能俾此项由来已久之中国输出品，恢复第一期、第二期或第三期之状况。缘此期之平均数量链比为三十一，较第一期之平均数量链比少七十一点，较第二期之平均数量链比少五十三点，较第三期之平均数量链比少四十一点。若以此期之平均价值链比（六十四）论之，亦为极衰之期。因较第一期之平均价值链比少三十点，较第二期之平均价值链比少二十三点，较第三期之平均价值链比少三十三点。

（四）近五十年华茶出洋百分数之更动。华茶出洋之百分数，共有五种。一为近五十年各种华茶出洋百分数（见乙表及近五十年各种华茶出洋百分数图）。一为近五十年华红茶出洋按国百分数（见丙表及近五十年华红茶出洋按国百分数图）。一为近五十年华绿茶出洋按国百分数（见丁表及近五十年华绿茶出洋按国百分数图）。一为近五十年华砖茶出洋按国百分数（见戊表及近五十年华砖茶出洋按国百分数图）。一为近五十年他种华茶出洋按国百分数（见己表及近五十年他种华茶出洋按国百分数图）。欲详细研究此五种百分数之历年更动，亦可依上述指数之四期而分论之，以便互相对照也。

…………

第一期：此期各种华茶出洋之数量，红茶过总数量三分之二，砖茶不及总数量十分之一，砖茶不及总数量十分之二，他种茶不及总数量百分之一。因红茶之平均百分数为七十六点三，绿茶之平均百分数为九点六，砖茶之平均百分数为十三点六，他种茶之平均百分数为零点五。

此期红茶运往各国及地区之数量，以英国为最多，香港地区、俄国及美国次之，欧洲大陆诸国（俄国除外）及他国为最少。因运往英国之平均百分数为五十四点五，运往香港地区之平均百分数为十点五，运往俄国之平均百分数为十二点一，运往欧洲大陆诸国（俄国除外）之平均百分数为零点四，运往美国之平均百分数为十点五，运往他国之平均百分数为十二点零。

此期绿茶运往各国及地区之数量，以美国列于首位，英国、印度及香港地区列于中位，俄国、欧洲大陆诸国（俄国除外）、土、波、埃等国及未列名诸国列于末位。因运往英国之平均百分数为三十点七，运往香港地区之平均百分数为一点七，运往俄国之平均百分数为零点一，运往欧洲大陆诸国（俄国除外）之平均百分数为零点一，运往美国之平均百分数为五十八点一，运往印度之平均百分数为七点三，运往土、波、埃等国之平均百分数为零，运往未列名诸国之平均百分数为二点零。

此期砖茶几全运往俄国，因运往俄国之平均百分数为九十九点五，运往他国之平均百分数为零点五。

此期他种茶多半运往英国，因运往英国之平均百分数为八十四点二，运往香港地区之平均百分数为十一点一，运往俄国之平均百分数为四点零，运往他国之平均百分数为零点七。

第二期：此期各种华茶出洋之数量，红茶不及总数量三分之二（红茶贸易较第一期大为逊色），绿茶不及总数量十分之二，砖茶不及总数量十分之三，他种茶不及总数量百分之一。因红茶之平均百分数为六十一点二，绿茶之平均百分数为十二点五，砖茶之平均百分数为二十五点六，他种茶之平均百分数为零点七。

此期红茶运往各国及地区之数量，以俄国为第一，英国降为第二。因运往英国之平均百分数为二十二点六，运往香港地区之平均百分数为十三点六，运往俄国之

平均百分数为三十二点五，运往欧洲大陆诸国（俄国除外）之平均百分数为二点八，运往美国之平均百分数为十四点五，运往他国之平均百分数为十四点零。

此期绿茶运往各国及地区之数量，仍以美国为主。因运往英国之平均百分数为二十点一，运往香港地区之平均百分数为一点九，运往俄国之平均百分数为五点三，运往欧洲大陆诸国（俄国除外）之平均百分数为零点九，运往美国之平均百分数为五十四点一（但较第一期之平均百分数少四点零），运往印度之平均百分数为十二点七，运往土、波、埃等国之平均百分数为零点二，运往未列名诸国之平均百分数为四点八。

此期砖茶运往各国之数量，依然与第一期无大差异。因运往俄国之平均百分数为九十五点九，运往他国之平均百分数为四点一。

此期他种茶运往各国及地区之数量，则与第一期有不同之现象。用运往英国之平均百分数为十一点五，运往香港地区之平均百分数为三点一，运往俄国之平均百分数为八十二点四（等于运往英国之平均百分数七倍有余），运往他国之平均百分数为三点零。

第三期：此期各种华茶出洋之数量，红茶不及总数量二分之一（红茶贸易更不及第二期），绿茶不及总数量十分之二，砖茶不及总数量十分之四（砖茶贸易颇为发达），他种茶不及总数量百分之二。因红茶之平均百分数为四十五点六，绿茶之平均百分数为十七点七，砖茶之平均百分数为三十五点五，他种量之平均百分数为一点二。

此期红茶运往各国及地区之数量，俄国仍列第一，其次为英国、香港地区与美国，最后为欧洲大陆诸国（俄国除外）及他国。因运往英国之平均百分数为十七点五（又比第二期之平均百分数少五点一），运往香港地区之平均百分数为十四点八，运往俄国之平均百分数为三十七点四，运往欧洲大陆诸国（俄国除外）之平均百分数为九点五，运往美国之平均百分数为十二点六，运往他国之平均百分数为八点二。

此期绿茶运往各国及地区之数量，犹以美国为首，因运往英国之平均百分数为八点六，运往香港地区之平均百分数为一点三，运往俄国之平均百分数为二十八点九，运往欧洲大陆诸国（俄国除外）之平均百分数为十点七，运往美国之平均百分数为三十八点七（但又较第二期之平均百分数少十五点四），运往印度之平均百分数为四点四，运往土、波、埃等国之平均百分数为二点七，运往未列名诸国之平均百分数为四点七。

此期砖茶运往各国之数量与第一期及第二期不生如何之差别。因运往俄国之平均百分数为九十四点八，运往他国之平均百分数为五点二。

此期他种茶运往各国及地区之数量，约有三分之二以上，运往俄国。约有三分之二以下，运往其余各国。因运往英国之平均百分数为十四点九，运往香港地区之平均百分数为五点四，运往俄国之平均百分数为六十七点八，运往他国之平均百分数为十一点九。

第四期：此期各种华茶出洋之数量，红茶与绿茶几相等（红茶贸易第三期，已不如第一期及第二期，而第四期又不如第三期，至于绿茶，则逐渐发达），砖茶虽较第一期之百分数稍多，而以俄国内乱之关系，遂远不及第二期与第三期之百分数，他种茶仍不及十分之一。因红茶之平均百分数为四十点七，绿茶之平均百分数为三十九点八，砖茶之平均百分数为十四点八，他种茶之平均百分数为四点七。

此期红茶运往各国及地区之数量，以香港地区为最多。因运往英国之平均百分数为二十二点九（虽较第二期之平均百分数多零点三，较第三期之平均百分数多五点四，但较第一期之平均百分数少三十一点六），运往香港地区之平均百分数为二十五点四，运往俄国之平均百分数十五点一，运往欧洲大陆诸国（俄国除外）之平均百分数为十二点零，运往美国之平均百分数为十一点零，运往他国之平均百分数为十三点六。

此期绿茶运往各国及地区之数量，美国虽为第一，但几为土、波、埃等国所追上（见近五十年华绿茶出洋按国百分数图）。因运往英国之平均百分数为六点零，运往香港地区之平均百分数为十三点九，运往俄国之平均百分数为五点八，运往欧洲大陆诸国（俄国除外）之平均百分数为十二点三，运往美国之平均百分数为二十六点六，运往印度之平均百分数为十点零，运往土、波、埃等国之平均百分数为二十一点零，运往未列名诸国之平均百分数为四点四。

此期砖茶连往各国之数量，仍以俄国为重要，与前三期无异。因运往俄国之平均百分数为九十二点五，运往他国之平均百分数为七点五。

此期他种茶运往各国及地区之数量，除他国外，以英国为最，俄国为末。因运往英国之平均百分数为三十一点五，运往香港地区之平均百分数为十八点九，运往俄国之平均百分数为七点八，运往他国之平均百分数为四一点八。

（五）救济之方策。由近五十年华茶出洋之指数及百分数观之，虽华绿茶在土、波、埃等国有发展之机会，华砖茶在俄国有恢复之可能，他种华茶尚可增进其原有地位，然而一九二八年之数量链比较一八七九年之数量链比，少六十一点（见甲表），不可谓不大衰败矣。惟华茶所含之单宁酸，较印度茶、锡兰茶及爪哇茶为少，实适于卫生（因单宁酸多，足以害胃），且日本茶无华茶所具之香味。是则华茶之出洋贸易，非不可挽救也。挽救之道有五：（子）研究改良华茶，如创办茶业学校，授农民以种茶及制茶之科学方法及派遣学生印度、锡兰、爪哇及日本，调查种茶及制茶之新法，以便采用，而废除中国之旧法。（丑）对于出洋之茶，不特不征出口税，且废除一切国内税，以奖励此种国外贸易，而使其易与印度茶、锡兰茶、爪哇茶及日本茶竞争。（寅）设法复得华茶已失之地位，宜与日本及英国订立有条件之互惠条约，使华茶在日本与日本茶有同一之待遇，在英国及其殖民地与印、锡茶不得有差别之税率，以期稍稍挽回往昔华茶在英日之地位。（卯）设法保持固有之地位，若与俄美两国订立有条件之互惠条约，宜要求华茶进口免税或减税，务使俄、美两国多用华茶，以抵制印度茶、锡兰茶、日本茶及爪哇茶。（辰）推广华茶之销场，如近年欧洲大陆诸国（俄国除外）需要华茶较前稍增及土、波、埃等国销售大增，宜特别考察上述各国人民之嗜好，而格外使华茶适口，俾华茶销量有逐年增加之势，以免近年生产过多之印、锡茶角逐于此种市场也。

本文由王之钧、梁荫初两君帮助核算，陈忠桀、顾梦五两君帮助制图，漆涛君帮助录表，并志于此。

《统计月报》1930年第3期

华茶输出之今昔观

近年有逐次减少之势
较诸印、日反行见绌

近来上海出口大宗为丝与茶。丝市比较上年略形减色，茶市则异常挺秀，山户得价颇优。但因中东路问题，街市前途，不免蒙受影响。在近数十年中，俄国均为中国茶之大顾客，惟近年已逐步衰退。同时俄商又另向加尔各达、科命坡、爪哇、日本等地，收买各种茶叶趋势颇盛，反而中国茶市则日见颓败。按：茶为中国最先发明者，今乃不克维持其领袖地位，言之殊令人嗟叹。

中国茶最初输入英国时，在一六八七年，由东印度公司经理。第一次运送量仅五千磅，但在当时已足供数年之需矣。迨及十七世纪末，华茶输入英国者，平均每年已增至二万磅。至十八世纪末，英人销费茶量愈大，每人每年平均已需要两磅。

据一八七六年之统计，在进口茶一万九千万磅中，华茶占其九成云。

在一八七五年以后，华茶受印度茶与日本茶排挤甚烈，印茶攘夺英销。当一八七一年时，中国出口货价中，茶占百分之五十四，现在则仅占百分之三有半而已。又自十七世纪中叶以降，俄国销纳华茶，已渐驾英国而上。其后日新月异，蔚为华茶唯一大顾客。兹列其统计表如下。

年份	数量/担
1912年	839 606
1913年	906 775
1914年	889 453
1915年	1 163 323
1916年	1 055 040
1917年	735 933
1918年	100 266
1919年	172 258
1920年	11 966
1921年	26 236
1922年	27 594
1923年	12 220
1924年	53 476
1925年	274 552
1926年	226 644
1927年	357 085
1928年	445 172

观上表可知，俄国销费华茶，为数实甚巨。其主要贸易机关为协助会，每年营业在一千六百万两至一千八百万两之间。若因时局关系，该会停止贸易，则于华方颇为不利。兹为表明华茶在世界市场角逐之能力起见，再以各国输出之茶与中国比较如下。

一九二七、二八：印度三十七万零九百零五千磅，锡兰二十三万一千六百二十六千磅，中国十一万六千二百九十千磅，爪哇十三万零二十四千磅，合计八十四万八千八百四十五千磅。

一九二六、二七：印度三十六万二千八百八十一千磅，锡兰二十二万一千二百二十四千磅，中国十一万一千九百零九千磅，爪哇十一万五千零七十千磅，合计八十一万一千零八十四千磅。

一九二五、二六：印度三十三万七千三百一十四千磅，锡兰二十一万二千六百六十五千磅，中国三十一万二千零六十七千磅，爪哇九万九千九百一十五千磅，合计九十六万一千九百六十一千磅。

此外，日本每年输出之茶，总数约为一千一百万元日金……苏门答腊每年约有一千八百万磅云。

《东三省官银号经济月刊》1930年第3期

保护华茶俄销

海通以后，我国对外贸易之出口货，在三十年前，首推丝、茶两项，合计约值五万万海关两；即十余年前，茶之出口，尤值六千万海关两。迩来则每况愈下，英、美、坎拿大市场上，我华茶为印度、日本之出品排斥殆尽，而我通商大埠，且有锡兰红茶及日本绿茶，源源入口。驯致茶农茶商，交相窘迫，生产减少，出品日劣。据富于茶叶经验者所谈，华茶在国际市场失败原因，约有下列数端。我国茶叶，对外贸易之权，操诸外商之手。茶农仅知将产品售于茶栈，茶栈再转售于各国洋商，生产者与消费者，隔阂殊甚，此失败之一因也。再则茶货并不劣于日本、印度之所产，惟日本、印度，其关于生产贩卖，皆为新式之科学方法。色浓而香烈，又能尽量用其宣传之巧妙工作，闻锡兰制茶公司，每年耗百万金洋之告白费，刊登美国各大商埠之日报杂志。其茶商之兜揽技艺，又极出奇制胜之。至此，失败之第二因也。再其次，中国茶商，不知团结一致，同业合并，广集资金，搜罗人才，预备直接对外贸易。一面指导茶农，使之改善栽植、转制、着色诸端。每因财力不足，周转不灵，受外国出口商之压迫，此失败之第三因也。有此三因，故印茶、日茶在国际市场，日益侵销。华茶几乎烟消火灭，输入英、美两国，甚至不上五百万担。出口总价值由六千万两跌落至三千余万两。近来为华茶之唯一大销场者，厥为亚非利加洲之摩洛哥，在五十年前，即由法国商人输入华茶，该国及某大文豪嗜之，赞为世界唯一之佳品。摩洛哥又系崇信回教，戒除烟酒之民族，对于有刺激性及香味过浓之饮料，屏拒不用，华茶香色清郁，适合摩人胃口，故迄今尚能保持地位。每年输入该国者，约值一千余万两。至于俄销，则历史甚远，自《尼布楚克条约》后，俄国官商，即每年至远东采贩砖茶。直至一九一七年，俄人实为华茶绝大之主顾，民元输出数量，约二亿磅。就中俄销，已占一亿一千万磅以上。迨俄之共产革命发生，欧洲各国畏之如洪水猛兽，皆取封锁政策，又出兵西比利亚及谢米诺夫等之在远东捣乱华茶俄销，因以中断。民七至民十，较民元减至三分之二至二分之一，山户茶商，均陷绝境。至民国十二年，加拉罕来华，后始渐次恢复。惟日本茶商，无缝不钻，无孔不入。民国十四年，即开日茶最初输入俄国之纪录，但为数甚少，不过三十余万磅。民国十六年，一跃而逾一百万磅，十八年更多，逾三百万磅之数。迨中俄为东铁问题，发生风云，华茶俄销，又致中断。本市茶商损失甚巨。且沪汉两市，存茶至多，倘俄庄不能恢复，则新茶登场，供过于求，茶市前途，更不堪设想。本年四月十日，据上海茶业会馆陈纯寿等呈称："窃俄商协助会洋行，去年八月间，因中东路事，遂歇业回俄，将未了手续，交英商锦隆洋行清理。华茶乃陷于停顿状态，未售者无法推销，已售者款项未收。市况萧条，金融枯竭，血本既尽，后顾茫茫。查该协助会俄商申汉两行，每年共购华茶约一千四五百万两，占华茶对外出口全额之半数。今新茶又届采摘时期，渴盼该行复业者，不乏其人，乃消息杳然，敝会馆万不获已，遂发电往莫斯科总行探询来华确息，并道欢迎诚意。顷得复电，译其大意云：'在本行未决定是否返华前，吾等欲知对于营业，及个人安全上，能得何种担保等语。'查中俄交涉，正在进行，如俄商诚意来华营业，则我国对于商人之生命财产，自当负责保护。当经本局据以转呈市政府，核转行政院，并分咨财政、工商、农矿、军政各部核议救济办法。旋奉令转军政部咨开。查保护侨商，为所在国当然之义务，况华茶现以俄国为最大销场。该俄商如果诚意来华营业，别无不正当之行动，则我国政府，对其生命财产，自当予以充分之保护。除分令淞沪武汉警备司令遵照，于俄商来华复业时，务须切实护外，复请查照等因。奉经令饬上海茶业会馆转知该协助会洋行，一体知照。"复据报载，俄商协助会洋行已回华复业，开始办茶，是则华茶前途，尚有生机也。

《上海市社会局业务报告》1930年第4—5期

统计运销俄国之华茶

华茶行销俄国，为时甚早，当西历一六三六年，即有华茶运往俄都莫斯科。因当时交通不便，故为数甚少。海通以后，华茶对外贸易之权，向操于英人之手。自英国于印度、锡兰等处试植茶叶，贯注全力，放弃华茶市场，俄国乃乘机取而代之。欧战爆发，俄国发生共产革命，各国畏如蛇蝎，皆取封锁政策。华茶入俄数量，亦因西比利亚交通梗阻及远东战乱，数量大为减少，茶农茶商，损失甚巨。最近数年间，对俄销路，始渐见恢复。去年……发生纠纷，俄庄停办华茶贸易，大受影响。兹为明了中俄茶叶贸易状况起见，就俄商在沪所办华茶数量，编为统计，以资参考。统计表列下。

民国十八年俄商在沪采办茶叶数量表

（单位：箱）

茶名＼月份	5月份	6月份	7月份	合计
祁红	1 270	7 503	741	9 514
祁末	—	15 761	3 088	18 849
宁红	116	19 047	6 586	25 749
宁片	—	986	382	1 368
宁末	—	1 425	499	1 924
珍眉	—	—	150	150

《上海市社会局业务报告》1930年第4—5期

改良种茶制茶的方法

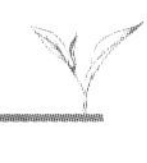

中国的茶运到外国销售，从前是很多的，就是前清光绪二年至十四年时候，红茶出口约有一百六十万担，价值三千万两银子，以后就渐渐的少了。到了民国二年竟少到五十四万七千余担，价值亦少到一千余万两。中国茶运到外国的一年比一年少起来，这是甚么缘故呢？因为从道光十三年印度人买了中国的茶种，雇了中国制茶的工人，回到印度去学习种茶制茶的方法，从此以后世界的各处种茶一天比一天盛，制的茶一天比一天好，这到各国去卖的一天比一天多，我们中国茶运销外国的就少起来了。中国茶倒比不过印度茶，这又是甚么缘故呢？第一个缘故就是我们中国种茶的人家不懂栽培的方法，所以产出的茶色也淡味也薄。请看汉口地方俄国人开了个茶砖厂，每年买许多印度茶做茶砖的面，用中国茶末做茶砖的心，这岂不是中国茶不好的凭据吗？又一个缘故就是中国人制茶不懂得用机器，就如采茶、碾茶、烘茶、筛茶、切茶全用人工看来，总不大整齐。还有一层，印度人采茶、制茶均有公司，货色是一样的，我们中国的茶制得本来不好，又掺杂些不好的东西去欺瞒，人人就不敢买了。又山户晒茶的时候一不小心将鸡犬的粪放在上边，外国人看见回去说中国茶不干净，是万不可吃的，就把中国茶招牌弄坏了。

然则改良种茶的方法是甚么呢？一件是修土堑。茶以种在高山的为最好，但是山高势陡，往往被雨水冲刷，所以种茶的人家理应于倾斜壁陡的地方一段段的垦作平台，用土做成阶级，又在茶田以外顺着倾斜的地势开出沟来，用石块砌平，雨水便由沟直下，不至冲坏茶田了。一件是勤锄植茶田的土。不但栽种的时候要掘得深深的翻得松松的，就是早已栽种的茶树亦须在四周围时时锄挖，那土脉自然疏通，根株自然发达，枝叶自然茂盛，这是一定的道理。每当春秋两季须把土耙松三四寸深，一到冬令又把地面翻起来。若是土性不好，便掘个又深又狭的沟叫他透气，那所种的茶自然畅旺。大概翻土的时候要随手培壅树根，把土块大小掺和匀了，雨水就容易滋透了。一件是用肥料。用肥料有两方法，一种用畜骨和萆麻子饼做特别肥料，一种耙去野草，就把草埋在土中做通常肥料，有春秋两次割草埋在土内，到冬令又把地面的草翻起来覆在土中作为肥料的。在夏天雨水连绵的时候，要把地面翻动起来，万一被雨水冲刷了，只有把割下的草听他腐烂便了。一件是掺种豆在茶林内。掺种豆荚一开了花便割下来埋在土内，或者连荚也覆埋了作为肥料，都是最相宜的。现有在茶田内掺种高粱、玉米、番茄等杂粮的实于茶树大不利益莫好多多，改种豆荚（并且种的密着点），到开花的时候割一半酿作肥料，留下一半抵充杂粮，岂不一举两得么？一件是讲修剪。树身如大拇指粗的时候便把尖头剪去，使生横枝并修短约在五六寸，第四年冬只把梢上冗枝条齐，第五年修至十四寸，第六年修齐树顶，第七年修至二十寸高，以后逐年修剪树身，总要直立，并把中间小枝剪去，专留向外横枝，新叶自易滋生了。印度、锡兰的人种茶最有经验，我们种茶的人可不按着其法。

《大华农报》1930年第5期

华茶产销近状

俞宁颇

近年华茶之产销，颇见不利，数千年来盛业，因受重大打击，岌岌可危。欲知近状如何，请读斯文。

编者

一国经济之消长，胥视乎出口贸易之盛衰。而贸易之盛衰，尤视乎产业之隆替。丝茶为吾国大宗出口品，丝经每年出口，恒达关平银一亿五六千万两。茶叶出口，虽无丝经之巨，但每年输出额亦有关平银三四千万两。其关系国计民生，至深且巨。民国十七年华茶出口情形，除澳门地区、新加坡、爪哇、英国、那威、瑞典、芬兰、荷兰、比利时、瑞士、日本、菲列宾、坎拿大、美国、南美洲、南菲州、奥国、纽丝纶等处外，其他均为增加。其中增加最大者，为俄国，其次为土、波、埃等处。民国十六年华茶运俄计三十余万担，十七年增至三十五万六千七百余担。去年受中东路事件影响，沪汉两埠之俄庄协助会，中途停止营业，华茶失此大主顾，市面遂一落千丈。虽英、法、美、印等庄，亦有去胃，但销细价低，势成供过于求。故去年经营红绿茶业者，无不大受亏折。本年新茶，虽届上市，其产地受天时……之折减，与海外市面之呆疲，实为近年所罕见。兹将本年茶产、茶号、茶栈、银根、外销各情形，观察所得，作简要的叙述如下。以觇茶叶最近贸易之消长焉。

（一）产额之歉收。国内茶产，绿茶向以路庄皖属婺源、屯溪、歙县，赣属德兴、玉山，浙属遂安、淳安、华埠等处为大宗。湖州平水及其他次之。红茶以两湖各属为大宗。皖属祁门、秋浦，浙属温州，赣属修水、浮梁、武宁、河口次之。去岁湘鄂红茶产额，仅十四万余箱，祁门十万箱，修武三万箱，其他温河等路约五万箱。路庄绿茶，婺、屯等处产额，共有三十三万箱，平水十余万箱，其他土庄约十万箱。比之十七年茶产总额，减少十分之二。今岁各省产茶区域，因去冬气候奇寒，连番下雪，茶树多被雪压冻伤，枝叶焦黄脱落者，比比皆是。当风无蔽之平原茶树，受伤尤重，至今春气候，仍未转暖，茶芽大半难茁发。虽山户努力培壅，奈根本冻伤，不易复元。据各地山户收园调查统计，均告欠收。较之上年产额，又减十分之三……如赣之德兴、广信、修水各县均不能及时采制，产额尤形锐减。

（二）茶号之减少。近年华茶因外销转畅，各地办茶庄号，亦逐年增加，有如雨后春笋。去年路庄绿茶号，婺、屯等处，共有三百余家，平水数十家，土庄八十家，浙赣百余家。红茶号祁、浮、修、武等处约三百余家，两湖温河二百余家。去岁红绿茶号，结束大概亏折，尤以两湖、浮梁、温州受亏最巨。今岁各地庄号资本不足者，大多掩旗息鼓，匿迹销声。资本充实者，又鉴俄庄停办……不敢轻于尝试。上市登场者，计皖属祁门七十余家，婺源二百余家，屯溪四十余家，歙县五十余家，秋浦二十余家，赣属浮梁三十余家，修武四十余家，河口玉山五十余家，德兴四家，浙属遂安、淳安三十余家，湖州百余家，温州二十余家。两湖则因军事影响，多未开场。修水茶号……大半焚毁，几无茶市可言。故本年各地茶号，均较旧有减无增。

（三）茶栈之紧缩。茶栈有平水土路庄之分。总计上海茶栈，虽仅十余家，而每年经营出口箱茶贸易，为数至巨。去岁各栈，除平水波平渡过外，经营红茶及土庄绿茶茶栈，自俄协会宣告停办华茶，红茶土庄绿茶，市况日下，结束均受亏折。幸早售出者，尚可敷持成本，元气仍未大伤。今岁各栈，除乾记搁浅难支，余均能维持原状，并有新栈元成永、升昌盛两家上市接客。惟本年各栈营业计划多抱稳慎主义，对于茶号放汇，异常紧缩，不似以前竞争贪滥，冀免再蹈危险。

（四）金融之枯竭。茶业所需银根至巨，总其数约在三千万元。茶栈所恃银根之来源为银行与钱庄，茶号之所恃银根之来源为茶栈，辅车相依，缺一不可。两湖茶号因箱额过多，需款尤巨，其茶洋大半贷自钱庄。婺源、屯溪、祁门茶号，半用栈款半多自资。果茶号全恃茶栈接济资本，则茶栈殊无此实力以应付。故茶业银根，多散漫凑集而成，无资力充实之。金融机关各产茶区茶洋之来源，为上海、杭州、湖州、温州、芜湖、安庆、屯溪、乐平、景德、南昌、九江、吴城、汉口、长沙等处。今岁接近产茶区之景德、屯溪、乐平各埠，因商业之萧条，现洋均告缺乏。其他距离茶区较远之沪、汉、芜、杭，虽现洋充足，或因运输不易，或因未领茶票，缓难济急。兼之各地……随在发生危险，各号向外埠采运现洋，咸具戒心，致银根异常竭蹶，俱感周转不灵。茶市受……影响之衰落，亦为其中一大原因。

（五）外销之不振。近年华茶外销，视前转见生机。各种红绿箱茶，除俄国大宗去胃外，英、法、美、德及孟买、阿富汗、波斯、东菲洲等国，销路亦颇不恶。去岁自俄协会停办，华茶销路一落千丈。沪上各茶栈存茶，本年仍有多数未脱沽。英伦近感箱茶存底丰厚，印、锡、爪红茶存数，不下三十万箱。自今春俄人对于前

次购定印、锡、爪红茶二十一万五千箱宣告解约。市面益呆疲。价亦步低。中国祁宁红茶，以物稀为贵，销路尚佳。其他低庄货，受印、锡、爪茶之影响，几无人问津。两湖红茶在英伦市场，更无置足余地，兼之日茶输俄，顿形增加，较前年约增四成。运销那威、坎拿大者，亦日增月盛，大有争雄世界市场之趋势。可见华茶在海外销路，受日、印、锡、爪茶之排挤，渐呈狭弱，现印、锡茶商，鉴于茶产过剩，合组限制产茶会，使供求相应，如生产超过额数，即严厉限制茶户，不能采摘。海外茶产之供过于求，无可掩饰。本年新茶，虽大宗到沪，除首字祁门高庄红茶稍有去胃外，其他低庄二三字红茶鲜人顾问。绿茶亦然，除珍眉销胃见俏，余亦呆滞，似成提高抑低之不良市势。其原因为英、法、美、德等行，因本国存茶无从消纳，故择优少进，多无大宗去胃。幸俄庄协助会受上海茶业会馆之电促，及国府令准该商来华办茶，与切实保护。该行茶师人员，已于六月到沪，开始动办。其他各行，以俄庄销胃极大货正价宜之茶，恐被搜办无留，亦各乘机择优购进，市面渐转生机。尤幸本年各地茶产折减，成本较轻，先令见跌。华商态度，俱见镇静，惟前途能否畅行无阻，转危为安。须视俄庄开办后进胃宽狭及印、锡、爪产额之丰欠，而定华茶之命运也。

《商业杂志》1930年第6期

印度、锡兰茶业概况与华茶之竞争

程天绶

甲、印度茶业

印度政府对于植茶之讨论

当一八三三年，东印度公司失其包揽华茶之贸易权，于是处心积虑，急欲取得来源供给之竞争。职是之故，印度政府当轴宾地克爵士，于一八三四年发起组织一委员会，讨论印度植茶问题，发行刊物，征集各方意见，研究印度植茶，以何地易于成功，同时委员会之秘书高尔顿氏被派赴华收买茶苗及种子，并聘请中国种茶、

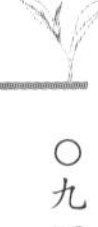

制茶专家赴印指导等事。

由刊物取得之意见，虽不无可采，然亦仿佛曾经失败，关于气候及土壤之天然力，必有适当之条件，方能适宜于茶树之栽培，此固可使委员会信服者，印度宜于植茶之处，如（a）喜马拉亚之低山及坡谷（穆苏里、得剌顿等地）；（b）印度东前部；（c）尼耳盖利山脉一带及印度中部、南部诸山。

其时仁肯氏方有事于阿萨姆流域，收到此项刊物后，彼即传递于从事萨第亚地方之乔尔顿氏，结果于萨第亚附近取得有花有果之完全茶株，以及制过之茶叶，于一八三四年十一月八日，遣送至加尔各答以供试验，证明与中国茶种相同。

此番阿萨姆茶种之重新发现，颇引起加尔各答人士之注意。植物园主任渥利区博士，思及印度既有茶树，则输入中国茶种殊为费时，以此之故，未几高尔顿氏被召回国。

同时，地方上之事业，亦在考虑进行之中，茶树发现于曼尼坡山，发现于替柏剌以及阿萨姆流域之新地方，其后乔尔顿氏膺命出外平乱，因而受伤，遂离该省，卜路斯氏遂本其经验，从事发展该地植茶事业者多年。

在一八三五年，一般科学家被派赴阿萨姆，陈述该地有发展茶业之可能，委员团为著名之植物学家渥利区博士，谷利斐斯博士及地质学家麦克克伦三人所组成。该团于一八三六年抵萨第亚，察得苗圃内所种之茶苗，其种子虽系从中国输去，但生长不良，因其管理法之不善，苗圃内任草滋生，受牛羊足迹之蹂躏，而且土壤硗薄，无怪其生长不良也。

该团于阿萨姆流域，发现许多地方有茶，如Kutchu、Negrgram、Nadua、Tingri、Gabrn-Purbat、Borhat等地，除在阿萨姆与缅甸间之诸山而外，亦见有之。亚鲁藏布江之北部，则未见有茶树。在平原间所见之茶类多长成丛科，疑为人工所栽植，在Matak地方，则多此项之丛科，其地经过多年之战事，固可证明此项之茶丛，系经过人工栽培者。仅有新加发山（Sigpho Hills）一带，对于茶树视为普通之农作物。然则茶树是否为阿萨姆之土产，尚为一未决之问题也。

先锋工作

当一八三六年，布路斯氏（C.A. Bruce）受政府茶业机关之委托，于二三年内做过优良之先锋工作，于一八三八年出版一小册，用地图标记其所发现之野茶，于Matak地方发现八十处；于新加发发现十二处；于Buri Dihing之西部发现二十八处；最后于Namsang、Tipam、Jaipur以及Rungpore与Gabru之邻近，亦皆有所发现。

当第一次之茶种，由高尔顿氏从中国输去者，于一八三五年种于加尔各答，其幼苗四万三千株，即分播于阿萨姆与喜马拉亚山与尼耳盖利山之间。结果以播于喜马拉亚山一带者，成绩甚佳；播于尼尔盖利山者，几尽枯死；播于阿萨姆者，亦多数失败。印度植茶最著名之地，厥惟阿萨姆省（Assam）及路奇穆普尔县（Lakhimpur）两地，以其土地、气候、雨量以及各种环境颇宜于推广茶业，兹分述之。

阿萨姆之地质及土宜。

阿萨姆区域居于平行山脉之间，东部之喜马拉马山，系一种结晶体之岩层，及变质岩所成。南部较狭之山脉，则为水成岩之沉渣石，其帕特阔耶（Patkoi）山脉则为中期之泥版石及砂石岩所成。当喜马拉亚山脉未构成以前，阿萨姆区域本为环海之低地，有一时期为海所淹没而复举起者。有森茂之林木压入土中，上有数百尺之泥层压覆，而成为今日之煤层。总之阿萨姆区域之土壤，为冲积沉淀，多红色泥土。较之路奇穆普尔县土壤之构成，历时较久，其红色亦愈深，而含酸性亦愈甚也。

土壤之酸性问题，颇为重要，盖可以决定其适于栽茶与否。在印度之东北部，土壤之含酸性程度太低，几不适宜于茶之栽植。

阿萨姆省各县之土壤。

阿萨姆之土壤与路奇穆普尔之土壤相类，其成分大都含细砂土最多，含粘土最少，兹列表如下。

地名	粗砂	细砂	壤土	细壤土	粘土
Dibrugarh	13%	29%	23%	16%	14%
Nadua	14%	32%	20%	16%	13%
Panitola	19%	31%	17%	17%	11%
Doom Dooma	24%	29%	18%	13%	11%
Tingri	19%	32%	21%	9%	12%

在的补鲁各地方有许多之土壤含粗砂之成分颇少，远不及上表所述之数（13%），但细砂土与壤土则又较多，故此项土壤每当大雨之后，遇晴则表面易于结块，管理殊费手续。

阿萨姆省各县每月之平均雨量

（单位：吋）

地名	1月	2月	3月	4月	5月	6月	7月	8月	9月	10月	11月	12月	总量
Dibrugarh	1.53	2.55	4.99	9.94	13.14	18.93	21.14	18.70	13.80	5.53	0.91	0.60	111.76
Doom Dooma	1.47	2.79	5.93	10.69	10.63	15.80	19.58	16.27	10.58	4.49	0.64	0.34	99.21
Lakhimpur	1.71	2.26	4.27	10.02	16.64	22.34	22.53	21.21	16.76	6.59	1.11	0.56	126.00
Tocklai	1.00	1.56	3.62	8.09	9.16	16.90	16.72	13.30	10.79	4.61	0.90	0.33	86.98
Silebar	0.75	2.18	7.53	13.96	15.19	20.75	20.33	19.00	14.39	6.55	1.43	0.54	122.60
Sylee	0.47	0.74	1.12	3.99	11.09	33.43	44.56	28.21	28.07	7.49	0.98	0.91	161.06

路奇穆普尔雅鲁藏布江之南部，平均雨量约一百吋。在马佛利达为一百零一点五六吋。在查治浦尔，为九十九点九九吋。在尉尔吞为一百零四点四四寸。在马兰为九十二点零四吋。在萨第亚，雨量达一百零七点一零吋。但在帕息非地近山之处，则达一百八十点五四吋。

阿萨姆省各县每月之平均温度

地名		1月	2月	3月	4月	5月	6月	7月	8月	9月	10月	11月	12月
Dibrugarh	最高	71	72	78	80	84	87	87	87	87	85	79	73
	最低	49	54	60	65	71	74	75	76	75	70	60	50
Sirlcah	最高	78	81	86	88	89	89	90	90	90	88	85	80
	最低	52	56	63	69	73	76	77	77	76	72	64	55
Dam Dim	最高	80	81	86	89	91	91	91	91	92	91	87	85
	最低	44	46	53	64	70	74	75	75	74	66	54	43

的补鲁各（Dibrugarh）之温度最为优良，当干旱之季，其温度低减，故土中水分蒸发量减少，且常有阴凉之雾，诚抵抗旱季之天然最好气候也。据报告所载，的补鲁各之茶，品质甚优，其平均之价格居第二，产于印度东北部之答吉陵（Darjeeling）者居第一。的补鲁各之茶，所以获得高价者，因其采摘手续精细，而且依一定之方法，至于制造时，更注意于各部分之制法。

阿萨姆之茶园(一八五九年)

制茶厂	总亩数	已种亩数
Tingrai	1 525	400
Chabua & Dikkom	252	170
Dibroo, Mottalab and Bazaloni	4 357	220
Maijan	1 890	170
Maunkatto	1 540	150
Sooa Doongia	899	130
Bakparah	294	70
Bor Barooah	1 058	160
Nagaghooli	937	150
Deohall	1 286	80

一八五九年产茶总额为二十八万二千磅，从一八五九至一八六三年，系从低减之后转为稳固伸张时期。当一八七四年，据云，在路奇穆普尔地方，其栽培面积为一万一千六百八十英亩，在一八三二年为三万二千九百五十二英亩。在一九〇〇年，面积增加至六万七千五百英亩。在一九二七年，有二百一十四个茶园，共计十万零七百三十四英亩，产茶六千七百七十七万二千九百一十九磅。该年实行采摘之面积为九万三千三百八十七英亩，平均每英亩产茶七百二十五磅。路奇穆普尔为印度东北部产茶最富之区也。

在的补鲁各（Dibrugarh）地方，栽培中国茶树虽多，但近来多拔去，重植阿萨姆茶种。中国茶树，今所存者不过数区而已。

路奇穆普尔茶业之发展。

当十九世纪之初，欧洲人士曾从事于阿萨姆高原地带，对于种茶事业习有相当之经验。深知茶树宜植于阿萨姆流域东北部之末端，而其制茶之法，则用培尔密斯（Burmese）法。当一八二三年，布鲁士（Mh.B.Bruce）为谋交易之目的，曾到附近锡不索加（Sibsagar）之各加（Garbgaon）地方，耳闻邻邑有茶树之生长，于是求得样本，于次年寄交其弟（Mr.C.A.Bruce）。于一八二五年，将多数之茶树植于园内，其园坐落于萨第雅（Sadiya）地方。其少数之样本，寄与司各脱氏，再由氏将一部分之茶树，带至加尔各答，与其在曼尼坡（Manipur）地方所发现之茶种，作比较之试验，但无茶花及茶果可以比较，仅将枝叶比较之后，证明二者同一品类，但与中国茶则不同种也。

路奇穆普尔之地势。

路奇穆普尔之地势，为一大平原，居于雅鲁藏布江之两岸，南部诸山，高出海面数千尺。其北部诸山，则甚高也。江之南岸，土地袤广，山脚多森林荫蔽。江之北岸，地势较低，沼泽颇多，杂草丛生，芦苇高密，土质肥沃。

路奇穆普尔之植茶土壤属于红砖泥土，盖为河流之冲积所成，可溶物为水所冲移，土中多铁质及铝质之沉积。就地质学上而言，经年尚未甚老，红色尚未甚深。就其物理上之组织而言，依其土粒之粗细而分为五组，即粗砂（Coarse Sand）、细砂（Fine Sand）、壤土（Silt）、细壤土（Fine Silt）及粘土（Clay）五者是也。就全面积之土质而言，最多之成分为细砂土，次为壤土，次为粗砂土，次为细壤土，最少为粘土。下列土壤成分表，可视为该地土壤之平均模式。

成分	百分数	成分记号
粗砂土	19%	1
细砂土	30%	2
壤土	20%	3
细壤土	13%	4
粘土	12%	5

其土式以成分之记号表之，则为2、3、1、4、5，颇为简便。

就化学成分言之，路奇穆普尔之土壤，并非特别肥沃，但其土壤之组织颇佳，并有适宜之深度耳。燃烧后所失之物质平均百分之四点五，可适用之有机质约百分之一点五，淡素之总量约百分之零点一，氧化钾约百分之零点零一四，磷酸约百分之零点零一二。

路奇穆普尔之气候，最适宜于茶之生长，其地位适居漏斗状山谷之巅，易受平加尔海湾之和风，故得适宜之雨量。且因西南风之吹拂，谷顶时有云荫，就雨量而言，在阿萨姆省即以此地为最可靠。

印度植茶之面积。

由一九二八年，总面积为七十七万三千英亩，此面积较前增大百分之二，该年委弃之面积为七千二百英亩，同时扩展（以前所放弃之面积重行补种者在内）者有二万四千二百英亩，故其净加之数为一万七千英亩。其特别之成效，系对于缺乏报告之茶园，求其统计，此项结果，颇见成效。除在南印度七百零四个茶园中有三十九个及在阿萨姆九百八十个茶园中，有一个未有统计外，其余均有统计。

印度植茶之面积，有百分之八十在阿萨斯（亚鲁藏布江及赛买流域）及其邻近

之北平、加尔二县（答吉陵及查尔派谷里），南印度马拉巴海岸一带之高地，占总面积百分之十六。

就七十七万三千英亩中，由于实际报告及具体之估计所得，其中七十万五千七百英亩，在该年度已经能采摘者，其余之六万七千三百英亩，则茶树年龄太稚，尚未可以采摘。

茶园之总数，在一九二八年为四千六百二十三个。其前一年，则为四千二百八十九个。茶园之面积，其大小各有不同，在阿萨姆九百八十个茶园，据报告所得，在一九二八年有四十二万七千二百三十七英亩，平均每园面积有四百三十六英亩。在平加尔有茶园三百八十四个，平均每园五百二十四英亩。在达拉凡科尔有茶园一百一十六个，平均每个五百二十九英亩，在卖索尔、比豪、奥理萨、马德拉斯，则平均为一百六十七英亩、一百五十八英亩、十一英亩、一百一十英亩，其面积均较小也。至于盆查布之茶园，其面积极小，平均仅四英亩而已。以上所述各地茶园之面积，系指一九二八年度之已植茶者，其有计划而尚未栽植者均不在内。

印度产茶额（红绿茶）。

在一九二八年红绿茶之总产额为四亿零三百七十六万五千磅，其中红茶占三亿九千九百八十五万九千磅，其余则为绿茶。兹将各地所产列表如下。

（单位：磅）

地名	1927年	1928年
阿萨姆	235 888 000	246 018 000
平加尔	97 942 000	96 106 000
南印度	53 109 000	57 272 000
北印度	3 674 000	4 038 000
比豪及奥理萨	307 000	331 000
总计	390 920 000	403 765 000

观上表，一九二八年比一九二七年产额净加一千二百八十四万五千磅，惟不能视为确数，因有四十个茶园未得报告，姑以估计数补充之者。兹将最近十五年总面积总产额之指数差别列表如下（以一九〇一至一九一〇十年平均数为一〇〇）。

年度	面积差别数	产额差别数
1914年	116	137
1915年	118	163

续 表

年度	面积差别数	产额差别数
1916年	121	162
1917年	124	163
1918年	127	167
1919年	129	165
1920年	131	151
1921年	133	120
1922年	132	136
1923年	133	164
1924年	134	164
1925年	136	159
1926年	138	172
1927年	141	171
1928年	144	171

印度各地茶叶每英亩之产量。

每英亩之平均产量，各地大有差别，下列各数，系一九二八年各地每亩平均之干茶（红绿茶）量，以磅为单位。

地名	产量	地名	产量
马都拉	876	路奇穆普尔	771
锡培萨加	621	达拉凡科尔	614
查尔派谷里	607	达尔兰	607
科印巴托	597	马拉巴	586
三地牙前部地域	542	西黑特	536
尼耳盖利	533	诺瓦冈	522
库耳格	520	卡察	478
得剌顿	410	答吉陵	354
哥阿尔帕剌	346	淅地港山地	327
淅地港	311	平加尔之特立倍拉	267
坎鲁普	282	坎格剌	197
卖索尔	237	阿尔莫拉	119

续 表

地名	产量	地名	产量
兰济	182	廷那味力	50
加尔瓦	95	哈扎里巴	32

印度产茶各地，以马都拉每英亩产量最多，以哈扎里巴为最少，盖各地之土壤与气候各有不同，而尤以栽培之良否关系于产量者最大。此外茶树之年龄太小者，产量亦少也。

印度茶之出口。

印度茶叶由海道及陆路出口之总数，年约数万万磅。大多数均由海道出口，陆路出口之数则颇少。兹将最近五年之出口额列表如下。

（单位：磅）

年度	海道	陆路
1924—1925年	340 904 000	7 572 000
1925—1926年	326 545 000	10 770 000
1926—1927年	350 502 000	12 379 000
1927—1928年	362 012 000	8 892 000
1928—1929年	659 784 000	8 424 000

由海道出口总数，倾落至二百万磅，其减少基于出口至英国、俄国、英、埃、苏丹、美国及波斯。自他一方面言之，其增加由于装载至澳洲、加拿大、中国（香港地区与澳门地区不在内）、阿剌伯、巴林群岛、智利、希腊、埃及、乔治亚等地。出口到英国者（英为印度茶之大顾客）在一九二八至二九年度减少八百万磅至二百九十九百万磅。他如往欧洲各国者，由九百一十六万八千磅减至二百一十四万一千磅。在一九二八至二九年度为四十三万九千磅，在前一年则为六百三十三万三千磅。

出口至非洲各国者，因埃及与东非洲之盛购，增加至百分之十四，而为六百八十九万三千磅。美洲各邦，在一九二八至二九年，亦因需要增加百分之五，而为二千零三十三万六千磅。加拿大前一年为九百万磅，现为一千一百万磅。输往美国者在一九二七至二八年为九百万磅，现为八百万磅。输往亚洲各国者增加四百万磅至二千一百万磅，输往澳洲者增至三百万磅至六百万磅。

十余年来输出额之盛衰。

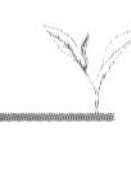

由海道出口之总数，在一九一三至一四年度，为二百八十九百万磅，在一九一九至二〇年度，增至三百七十九百万磅。在一九二〇至二一年度，减少至二百八十六百万磅。但一九二一至二二年度，则又增至三十一百万磅。次年又减少至二百八十九百万磅。但一九二三至二四年度，则骤增三百三十九百万磅。一九二四至二五年度，加以改良更增至三百四十一百万磅。但一九二五至二六年度，则又减少至三百二十七百万磅。次年继续增至三百五十百万磅。一九二七至二八年度，依旧增至三百六十二万磅。一九二八至二九年度，则稍减为三百六十百万磅。与一九二七至二八年度比较，从加尔各答装出者，减少八百万磅。从淅地港装出者，则增加三百万磅。从孟买及喀喇蚩装出者，减少二十八万七千磅。从南印度口岸出口者，增加三百万磅。

乙、锡兰之茶业

锡兰植茶，始于光绪二年，其历史最短，而其进步则最速。其所以能如是者，则由英国促成之。锡兰之土壤、气候极宜于植茶，英国政府锐意扶助，不特对于栽培方法十分考究，对于制茶方法尤其注意。对于制茶家之鼓励，无微不至，故锡兰虽为后起之秀，然其制茶法之精良，颇邀时誉。产额以红茶为大宗，绿茶则颇少，畅销于各国之范围颇广，兹将其最近二年之输出额列表如下。

(A)红茶之输出

（单位:磅）

国别	1928年	1929年
英国	131 222 914	150 048 796
奥地利亚及匈牙利	9 250	4 218
比利时	61 375	60 924
法兰西	1 322 707	1 150 060
德意志	566 767	502 309
荷兰	214 319	344 892
丹麦	127 093	428 362
意大利	407 113	392 735
俄罗斯	3 657 989	2 721 060
西班牙	11 667	10 084

续 表

国别	1928年	1929年
挪威	50 520	55 722
瑞典	95 841	67 507
欧洲土耳其	272 989	215 313
亚洲土耳其	359 092	192 561
马耳他	206 252	238 438
欧洲各国	706 155	812 838
西澳大利亚	347 290	551 736
南澳大利亚	1 316 056	1 078 504
维多利亚	6 321 105	6 336 952
新南威尔斯	10 986 847	13 090 593
昆士兰	691 303	643 707
澳洲各国	13 530	10 015
新西兰	8 178 619	9 066 595
美国	14 249 425	15 489 019
加拿大及纽芬兰	7 826 116	7 459 440
美洲各国	1 974 687	1 589 955
埃及	9 288 958	7 253 101
非洲	9 367 780	11 481 702
马达加斯加	63 440	57 805
印度	1 227 254	1 730 058
海峡殖民地	1 383 621	1 554 760
中国	2 067 656	417 665
斐律宾群岛	29 324	42 457
日本	341 059	449 246
毛里西亚	251 338	337 710
伊拉圭	5 453 863	3 516 616
亚洲各国	1 002 042	589 556
总计	221 673 356	239 993 011

(B)绿茶之输出

(单位:磅)

国别	1928年	1929年
英国	11 710	—
俄国	889 650	712 320
美国	389 600	195 300
加拿大及纽芬兰	70 590	15 165
印度	353 445	247 498
中国	—	4 200
总计	1 714 995	1 174 483

丙、印、锡茶与中国茶在世界市场之竞争

世界茶叶消费之激增，自十九世纪之初，全赖华茶之供给，华茶占全世界消费额之百分之九十六。十九世纪中叶以后，印度与锡兰开始植茶，华茶遂不能安居于昔日之地位矣。

英人注意于欧美各邦对于茶之消费逐渐增加，同时鉴于国际贸易之重要，于是在印度、锡兰开始经营茶业。以为印度、锡兰之茶，与华茶之香色滋味，不无相近之点，复鉴于华茶栽培制造方法之拙笨，以为有机可乘，野心勃发，以逞其争胜之念，于是在加尔各答附近各地，从事茶业之改良。在一八三八年，加尔各答茶产量虽不多，而能见销于伦敦之市。其时伦敦市场，尚欢迎华茶之畅销。至一八六〇年，印度茶之输入伦敦者，竟达一百万磅，此后印度之茶，遂渐起与华茶角逐矣。

英人又注意锡兰之土地气候宜于植茶，政府尽力促进并保护其茶业之发展，予以资金及机器之援助，尤注意于茶业之制法，对于制茶师每一磅之茶叶，给以七安那之奖金，其鼓励之政策，于此可见一斑。一八八三年锡兰茶遂又著名于伦敦之市，盖以其制造之特别精良也。不久锡兰茶在世界市场上，享有相当之荣誉，而成为稳固之需要矣。至此，英国人士遂欲削减华茶之购买，但其始亦无损于华茶之输出。自一八八三年至一八八六年间，华茶依然畅销者，其原因厥有二端，一因锡兰茶之产额不多，二因世界对于茶叶之消费继续增加也。

英国削减华茶之购买，始于一八八〇年，但全世界对于华茶之需要仍旧增加，俄国对于华茶需要激增，即其例也。故华茶之输出，并不因英伦一国之削减政策而受影响。在此一八八〇年间，美国对于华茶亦增加需要。在一八六七年华茶输入美

国者有十九万四千一百五十三担，占美国消费额百分之六十五，其余百分之三十五，则从英国属地输入。但锡兰茶亦渐增加，华茶不无影响。

从一八八〇年至一八八六年间，印、锡茶与华茶之竞争更为显著，在一八八〇年英国输入华茶一百四十五万六千七百四十七担。由此可见知，英国之输入减低五万至十万担。在一八八六年英国输入华茶一百二十七万九千五百零一担。在此数年间，英国属地茶叶之输出，年有进展。美国输入华茶在一八八〇年为二十六万九千七百四十担。在一八八六年输入三十万四千四百六十四担，则未减而反增加也。输入华茶增加最大者，厥惟俄国，俄国在一八八〇年输入华茶三十五万七千三百二十五担，在一八八六年则增至五十九万九千一百七十七担。其时英国输入华茶虽见减少，而俄国输入华茶增加，两者相抵，故华茶在一八八六年以前，仍未曾减色也。从一八八六至一八八七年，印、锡茶产额增多，不特能畅销于英伦各属地，又且畅销于美国及其他各邦。英国输入华茶在一八八七年减少至七万五千担。一八八八年亦不过十万担。直至于一八九四年，其间仅有数年几达一百五十万担外，其余仅六十一万八千担而已。俄国输入华茶，则仍居首位，计有七十五万七千担。

一八八八年华茶与锡兰茶各占英国消费全额之半，至一九〇五年，英国输入华茶之量，仅占华茶出口额百分之二点五。至一九二六年英国输入印、锡茶叶二亿六千万磅，同年输入华茶则仅二千四百万磅。印度茶业之骎骎进展，华茶大受打击，最近五十年来印、锡茶业更形扩张，华茶日益衰落，加之栽培及制造方法迄未努力改良，竟陷于不可与争之地位矣，能无慨乎。

《国际贸易导报》1930年第6期

华茶俄国销路为日夺去

华茶出口销售于俄国者，每年为数颇巨。自中俄邦交发生问题后，中俄贸易无形停顿，日商乃利用机会，全力竞争，将华茶在俄原有地位，大半争夺而去。近据本埠日使馆商务官公署统计，本年度（十九年）俄商已向日本制茶公司，订立购茶定单者，计有富士商社、静冈贸易公司等，约四百二十万磅。此外九州、嬉野等处，尚有俄商定货十万余磅。查前年日本茶叶对俄输出最多数仅为三百三十万余磅，一年之中突然增多一百万余磅。此皆为华茶之原有销路，而新被日茶夺去。是以华茶打击之大，实足使人惊骇不置。

《中东经济月刊》1930年第9期

十八年华茶外销市况之经过

俞宁颇

去年洋庄红绿茶，自新年开市以来，法国市场销路，似较转机，各行均有订购。珍眉电报转沪，惟产地来源告绝，存底逐渐枯薄。色质优良之货，尤感供不敷求。迨至中旬，路庄土庄两路之绿茶，及修水红茶，英销又形活动。屯溪高庄珍眉，售价八十五两至九十两。土庄售价二十三两，修水红茶售价二十五两。市盘除珍眉一项比前无涨落外，余均趋跌。盖此时各茶交易，纯系补充缺额性质。月末各茶市面，依然不振。英法市场，均以各路存底充塞，茶价步落。海外来电，对于茶价，限制綦严。因之华洋双方谈判，益难接近。美德俄等庄亦持观望态度，仅法庄永兴行，对路庄珍眉，略有进胃，针眉温红，亦有零星交易。婺源高庄珍眉，售开顶盘一百二十二两，德兴庄货售盘自七十二两至八十两。惟华商鉴于阴历年关日近，不惜一再让价求售，所受亏折，较前益甚。针眉、贡熙等项，因市面停滞已久，无从挽回颓势。红茶市面，大部分早经脱售，此时亦无足重轻。

二月初旬，土庄珍眉珠茶，英庄同孚、锦隆、天裕等行进胃续畅。英伦来电，对于珍眉市面，尚称俏利，人心均趋稳定。三日全市成交珍眉、虾目，售价均涨。九日茶市转疲静。欧洲各庄，均以摩洛哥来价太低，谈判不易就范。华商又因成本不轻，存货稀薄，均持坚硬态度。二十日英庄动办珍眉珠茶，法庄及白头行，进意亦殷，市况又形活泼，售价较前见高一三两。二十二日土庄珍眉，法销转畅，同浮、天裕、怡和等行，均起动办。二十四日针眉珠茶，亦有成交。月末土庄绿茶，锦隆、保昌等行，进胃续殷。华商鉴于法商需求孔亟，即饬各茶厂开工赶制，以敷春节应销。

四月五日，英伦电报到沪，因英国茶市顿成疲滞，印、锡茶存底丰厚，尚有二十万箱，印茶商多愿贬价求售，市盘步跌。中国输入之珍眉绿茶及祁宁红茶，存底虽不甚丰，因印、锡茶价低廉之故，销路几完全停滞。

五月七日，上海土庄茶厂八十余家，均由湖州、遂安等处办进毛茶，先后开工。十四日土庄制出之遂安、湖州、安顶新绿茶，纷向各行布样后，锦隆、怡和等行，以本星期有大英轮船开出，为赶运新货抢新起见，不惜放价搜买。遂安、湖州珍眉开盘自一百零二两至一百零五两。温州针眉，开盘四十九两，均较上年见高十四五两。十五日英庄行家对于珍眉绿茶，仍有恳切之需求，市面续趋坚挺。温州来路庄珍眉，由华茶公司开出新盘六十六两，亦较上年见高十余两。土庄厂所制之抽身珍眉，开出一百一十五两，售价之高，为近年以来所未有。十七日遂安、湖州、安顶之珍眉，英庄、同孚等行搜办不遗余力，各茶厂按日制出之货，均无停留，市面极坚俏。十九日为祁门新红茶上市之第一日，华洋茶商异常注意，市面极呈热闹之象。全市布出新样八千余箱，由杜德洋行首先开盘一百二十两。怡和、天裕等行，均急起猛进。售盘依品质之高下，开出顶盘一百五十两，平均较上年见高二十两。河口红茶，由锦隆开盘七十六两。二十四日珍眉绿茶，渐趋坚涨。来路庄之抽身珍眉，由锦隆行开出一百六十八两。土庄厂所制之货，售价亦高，珍眉市面，在此物稀为贵时期，可谓已臻绝顶。二十一日英庄各行，对祁门红茶，进意仍浓厚，祁西提尖货，顶盘开出一百六十两。廿八日祁宁两路之红茶，英俄两庄去胃不厚，已见跌风。英商行家，鉴于斯时茶价略低，俄庄不进，亦多怀抑价思想，故市面略呆。三十日祁门红茶，英庄进胃忽增。

六月一日，遂安来路珍眉，开出新盘一百四十五两，较上年见高三十两。四日为婺源高庄珍眉茶正式开盘之第一日，由英庄、锦隆、协和开出一百八十两，屯溪一百六十五两，歙县一百三十五两，均较上年高三十两。七日珍眉茶价，各行开盘，暴跌二十余两。九日祁宁两路红茶，英商行家多观望，市面清淡，售盘亦见低三四两。十四日祁土红绿茶，英庄进胃转畅。婺源东路珍眉，开出一百四十四两，屯溪一百卅五两。十五日祁门花香，俄庄进胃最旺。十六日温州红茶，始由怡和、福时两行买进百余箱，售盘自二十七两，至三十两。华商以久无顾问，忍痛脱售，每担均须亏折十余两。十九日湖州平水大帮，由英庄、怡和、锦隆开盘，售价自三十九两至四十四两五。较上年不相上下，惟婺源抽芯珍眉，由同孚开盘一百九十二两，为空前未有之高价。廿三日宁州红茶，俄庄因价值低廉，销胃极大。廿六日俄庄开始动办贡熙绿茶，售盘自六十二两至六十八两，较上年无出入。盖贡熙一项，为绿茶中重要货品，其数量之大，较珍眉相差无几，销路之盛衰，其关系至为重大。自新茶上市以来，巴斯行家既未开办。群众属望之协助会，始终观望不进，华商不无焦虑，见俄庄突然开办，众念始释。廿七日婺东抽芯珍眉，由怡和洋行开出二百一十三两。翌日同孚行抢进永馨珍眉，开价二百一十五两，为华茶贸易以来最高新纪录。

七月二日，英庄对婺源珍眉，进意仍浓厚，顶盘开出一百六十五两。针眉顶盘开出九十两，市价不恶。各路中低庄货，销路依然不旺。市面颇呈提高抑低之象。三日祁门红茶，有活动趋势，俄协助会亦拟进行搜买，惟两湖红茶，英俄两庄均无进胃。六日路庄绿茶，英销转畅，来路庄之珍眉、针眉、秀眉，进胃均趋浓厚。七日路庄茶市。复大活动，市面顿呈发展之势。英庄、协和等行，大起搜办。疲滞已久之歙县茶，销路骤形活泼。十二日婺源大帮，由锦隆行首先开出新盘六十三两，较上年见高四五两，贡熙茶则仍呆滞。十七日茶市略形清淡，英俄各庄，只有零星交易，又因中东路事件发生，人心不无惊恐。十九日平水大帮，美销略动，售盘二十七八两，较跌三四两。廿一日祁门红茶，同孚、天祥又起搜办，售价自四十一两至七十七两，又较前跌四五两。廿二日俄庄宣告停办华茶，华商顿起恐慌，遂召集紧急会议，电请国府要求设法善后方策。廿四日婺源珍眉，英销独畅。廿五日茶市畅滞不一。廿六日珍眉市面，突呈活动，各行以协助会正式停办，人心不无变动，均拟利用时机，广事搜办。惟市盘统较前见跌四五两。廿七日珍眉英销仍畅。三十日珍眉顶盘开出一百六十五两，人心渐安定。

八月一日，茶栈通事员得俄方消息，俄庄停办华茶，原因由于总行恐买定之货，未能出口，故决停办，并对于未交割之货委托英商锦隆洋行办理结束手续。七日洋庄茶销，红静绿坚，各路来源，均告稀少，人心稳定。红茶市面，自协助会停办后，其跌风有如江河日下，虽有少数去胃，市益较前又跌二三两。十日婺源珍眉，英庄各行搜办不遗余力，他路中低庄货，存府尚平，销路未能见畅。十四日红绿茶市，一致倾跌，大势顿成疲软之象。十六日婺源珍眉，英销略动，婺东抽身珍眉，售开顶盘二百零五两，普通货自七十两至一百一十五两。十八日市面无变化，贡熙开顶盘七十五两。廿一日珍眉续见疲滞，英庄各行，均持观望。廿八日婺源珍眉，欧销转畅，惟售盘趋跌。

九月一日，低庄珍眉，略有成交，市盘倾跌三十两。三日两湖红茶，由华茶公司办进千余箱，售价十七八两，较前又跌六七两。四日祁门红茶，略有成交，市盘较前见跌四五十两，华商亏折甚巨。五日各茶市价跌风未已，因内地来源尚未断绝，市上囤积日见丰厚。英法行家，除对婺源珍眉择优搜办外，余均屏弃。十三日红绿茶一致滞销。十四日婺源珍眉，微露生机，惟市盘见跌一二十两。廿四日婺源珍眉，因各行接到摩洛哥来电订购，市面转趋畅达。廿五日针眉茶交易独旺。廿七日茶市续趋疲静。廿八日两湖红茶，英庄、协和、天祥等行，相继动办。宜昌高庄货，售价七十六两。安化长寿街货，售价自二十两至二十四两，茶商忍痛脱售，无不大受亏本。

十月一日，茶市仍见跌风，仅两湖花香，略有去胃，余均平平。五日高庄珍眉，稍有成交。婺源货，售开顶盘一百四十两，市价见稳。十五日路庄珍眉，英销忽动，婺源货售盘一百一十五两，屯溪货售价七十两至八十四两。十七日大帮绿茶，续有动机，虽各行踊跃搜办，但认价极苛，售价较前见跌二十两。十九日针眉茶英销亦动，价均软弱。廿二日婺源大帮，由英行搜办六帮，市盘跌至四十两。廿五日两湖红茶，英销略动，白理庄、谦义等行，均起齐办，华商以俄庄停滞之后，已乏坚持能力。三十日土庄绿茶，英法行均有零星进胃，售盘倾跌至二十余两。

十一月一日，平水大帮，美销略动，售盘三十两。五日虾目珠茶，英庄进意尚殷，售盘四十一两。七日茶市更无生机，茶价跌落，有如江河日下。此时英法各路，均已饱满。十一日英庄开办祁门茶，售开市盘，首批货六十二两，二三批货，自廿四两至廿九两，照开盘市价，竟低六十两。华商受亏折之巨，益觉难言。十七日红绿茶略有交易，英庄又复开办，但售盘甚低，势成强弩之末，绿茶市面，亦无重大进展。廿八日白头行搜办贡熙，售价均在二十两，较前见低四十余两。

十二月一日，珍眉绿茶，英销转畅，各行鉴于茶价低廉，多有电报发出。怡和、同孚及白头等行，均相继进办，盘开七十两至八十两。四日贡熙茶大跌小回，因阿富汗、孟买等处，以沪市茶价相宜，纷纷来电订购。印庄谦义、美昌、富林等行，均齐开办。德商兴成洋行，亦寄出大批贡熙茶样，期在德国市场试销。因之市面空气，略形转佳，茶价提起一二两。十五日英庄杜德等行，又复搜办珍眉，市盘未能见佳，路庄货售价九十两至一百两，土庄货三十八两至五十两。二十日贡熙又形活动，巴斯商鉴于中俄和议接近，茶价低廉，颇有乘机搜办之势。廿三日珍眉续见跌风。廿九日红茶花香之交割问题，自俄协助会宣告停办后，所有俄人未了手续，系移交锦隆办理。该会前办进之花香五千箱，茶价延未照兑。故华洋茶商，在锦隆行集议决定年内由锦隆先行付出花香茶银八成，年内暂不过磅交割。十八年茶市起落之经过，至此告终。兹再将红绿茶价高下比列如下。

（单位：两）

茶名	最高价	最低价	茶名	最高价	最低价
珍眉	215	23	虾目	115	20

续 表

茶名	最高价	最低价	茶名	最高价	最低价
凤眉	88	14	麻珠	110	49
秀眉	42	9	宝珠	135	19
针眉	90	10	贡珠	23	19
蕊眉	34	15	秀珠	30	—
娥眉	25	16	椒珠	24	—
赛眉	27	—	贡熙	79	14
正眉	80	48	眉熙	16	14
大帮	65	39	眉雨	25	—
—	—	—	芽雨	22	—
以上系路庄绿茶					
大帮	65	39	蚕日	60	45
蚊目	80	60	—	—	—
以上系平水绿茶					
祁红	160	10	汉红	18	
湖红	116	21	长红	24	21
河红	76	38	祁末	28	21
温红	30	28	宁末	24	10
宁红	80	21	安红	24	21
以上系红茶					

《银行周报》1930年第9期

华茶对俄贸易衰落

丝茶为中国出口品之大宗，近年以来一落千丈。华茶运销俄国，前因中俄商业绝交，停顿多时。近虽回复，已有数批运俄，然销路已为他国所夺，未能充分发展。兹据统计，今年华茶运俄总数，仅及昔日总数四分之一。最近本埠及汉口两地，华茶存货堆搁货栈者，实计在十万箱以上云。

《银行周报》1930年第38期

民国十八年之丝茶贸易观（续）

仲 廉

茶类贸易

去年华茶出口总额，共达九十四万七千七百余担，较前年度约增加二万一千七百余担，就价值而言，约达四千一百二十余万两，在我国输出品中仍居第五位。近十余年来华茶输出数额实以去年为最巨，查去年中东问题发生以后，苏俄远东银行将所有在我国境内之分行，完全停业，并令伦敦协助会亦与我国停止交易，转向他国采购茶叶。茶季闭市时，所有剩余之茶，计有半箱装红茶七万箱，绿茶七万一千箱。以常理度之，若非上述情形早已完全销却矣，就大体而论，本年红绿两茶，皆属丰收，比前季尤盛。性茶质较粗，烤制又劣，大有每况愈下之势。外商因中俄事件发生，我国不能直接对俄输出，极力压低市价。例如祁宁两湖红茶每担成本约七八十两，而售价竟跌至三四十两以至十六七两者。故去年华茶对外贸易。就数额言，固较前年度为增加，就利益言则不及前年度远甚也。兹就近十余年来华茶输出数额列表比较如下。

（单位：担）

年次	红茶	绿茶	砖茶	其他	共计
民国七年	174 962	150 710	75 160	3 385	404 217
民国八年	288 798	249 711	143 394	8 252	690 155
民国九年	127 832	163 984	11 895	2 395	306 106
民国十年	136 578	167 616	113 546	2 589	420 329
民国十一年	267 039	282 988	22 616	3 430	576 073
民国十二年	450 186	284 630	8 613	57 498	800 927
民国十三年	387 064	278 767	19 382	61 453	746 666
民国十四年	329 455	311 201	141 917	30 944	813 517
民国十五年	292 527	329 197	141 871	75 721	839 316
民国十六年	248 858	333 216	173 148	116 954	872 176

续 表

年次	红茶	绿茶	砖茶	其他	共计
民国十七年	269 615	306 765	256 712	92 930	926 022
民国十八年	294 563	350 055	242 677	60 435	947 730

上表所列各种华茶输出，较前年度增加最巨者为红绿两茶，砖茶则较为减少。查砖茶销路除日本外几完全以俄国为消费地。去年中东问题发生以后，俄商一致拒绝采办华茶，我国茶商颇为忧虑，以为华茶输出将受重大之影响。但去年度华茶对俄输出不惟不减少，反有增加之趋势。其增加之原因，就我人之观察，约有二种：（一）外商因华茶市价跌落尽量购入再行输往俄国者；（二）由俄商购入然后经海参威再输入我国西藏、蒙古等处。据茶商之调查，我国内外蒙古、满洲、新疆等处日食牲畜，烟瘴繁重，茶料一日不可缺乏，销数之巨，不言而知。前数年间山西茶商屡集巨资购办华茶。嗣因沿途关卡剥削过重，不能发展，以致华茶输往蒙新西藏等处，反由俄商包办，经海参威缴纳苏俄进口重税，向南满中东两路及库伦哈尔滨等处分销。故一部分对俄输出之华茶，实际上不啻国内贸易，不过经俄商之手代为输出耳。兹就去年输往各国及地区之华茶列表比较如下。

（单位：担）

输往地	各种红茶		各种绿茶		各种砖茶		其他		总计	
	十八年	十七年	十八年	十七年	十八年	十七年	十八年	十七年	十八年	十七年
香港地区	52 530	57 988	47 515	47 441	—	—	14 344	17 730	114 389	123 159
澳门地区	4 190	1 833	4	2	—	—	90	11	4 284	1 846
安南	116	345	89	141	—	—	168	193	373	679
暹罗	972	734	516	533	—	—	—	—	1 488	1 267
新加坡等处	10 010	8 392	2 065	710	—	—	321	99	12 396	9 201
爪哇等处	988	735	43	12	—	—	16	7	1 047	754
印度	6 536	4 024	9 754	8 766	—	—	19 231	27 475	35 521	40 265
土、波、埃等处	26 210	21 698	146 516	114 141	—	—	11 793	17 816	184 519	153 655

续 表

输往地	各种红茶		各种绿茶		各种砖茶		其他		总计	
	十八年	十七年	十八年	十七年	十八年	十七年	十八年	十七年	十八年	十七年
英国	55 266	54 031	1 988	1 931	1	—	424	4 172	57 679	60 134
威那	19	9	—	—	—	—	—	—	19	9
瑞典	8	42	—	—	—	—	—	—	8	42
丹麦	72	784	1 377	3 866	—	—	—	60	1 449	4 710
芬兰	517	280	—	—	—	—	—	175	517	455
但泽	257	571	—	—	—	—	—	—	257	571
德国	18 466	13 589	372	137	2	—	—	412	18 840	14 138
荷兰	10 847	13 117	2	7	—	—	240	1 148	11 089	14 272
比国	154	96	25	7	—	—	—	—	179	103
法国	7 613	5 881	25 548	34 185	—	1	2 994	4 431	36 155	44 498
日国	699	751	1 614	1 007	—	—	701	1 126	3 014	2 884
葡国	—	—	59	63	—	—	—	—	59	63
瑞士	2	11	—	—	—	—	—	—	2	11
义国	5 454	4 701	3 269	1 312	—	—	—	—	8 723	6 013
俄国	65 880	52 687	61 351	40 155	242 578	256 282	3 471	6 294	373 280	355 418
朝鲜	9	16	22	54	—	—	559	310	59	380
中国台湾（日据时期）	802	470	7 223	5 615	1	429	95	908	8 121	7 422
菲律宾	897	264	670	93	—	—	1	6	1 568	263
坎拿大	1 886	1 411	1 488	222	—	—	—	1 236	3 374	2 869
美国	19 832	22 410	37 800	46 155	95	—	161	7 529	57 888	76 094
南美洲	883	784	194	—	—	—	—	131	1 077	915
澳洲纽丝轮等处	2 385	1 275	2	77	—	—	108	332	2 495	1 684
南非洲	422	675	547	133	—	—	—	—	969	808
合计	293 922	269 604	350 053	306 765	242 677	256 712	54 717	91 601	940 838	924 582

去年华茶出口情形，除香港地区、安南、瑞典、丹麦、但泽、荷兰、美国、日

国、南非洲外，其他各国均为增加，其中增加最巨者为俄国，其次为德国、土、波、埃等国。民国十七年华茶输俄数额共三十五万六千七百余担，去年增至三十七万三千二百余担。土、波、埃等国由前年度之十五万三千六百余担增至十八万四千六百余担。荷兰、美国、丹麦等国则均为减少，然其所减之数额，远不及各国增加额之巨。故去年华茶输出数额仍较前年度为增加也。

华茶对俄输出几占输出总额之半，因华茶色香味三者深合俄人嗜好，俄人不肯改用他种产茶，其中砖茶一种尤为或国特产，他茶不易效造。现在汉口曾采用印度、锡兰产之茶为原料，制成砖茶，然仍不及远甚。华茶运销俄国者，大都由湖北、浙江、安徽、江西、福建等省之产品，以上海、汉口两埠为输出之中心。苏俄政府对于采购世界各国之茶及国内消费分配事务，设有茶业托辣斯之国家经济机关，其本部在莫斯科。在我国之采办事务均由协助会担任，该会在沪、汉两处均有营业所，受茶业托辣斯之指导，直接向茶行采购。去年中东事件发生，苏俄政府曾令伦敦协助会与我国停止贸易。据一般之观察，去年若无中东事件发生，华茶对俄输出应为增加。故目前为我国茶业起见，对于中东事件应在短时期内解决，俾中俄邦交继续恢复，则今后华茶对俄输出实有继长增加之可能也。

华茶在我国输出品中占最重要地位，年来在海外市场受印、日、锡、荷等茶之竞争，不能有相当之发展，同时又因商人墨守古法不知改良，以致海外销路渐被他人所侵占。查各国制茶事业均在我国之后，英国于一七八〇年由东印度公司购我茶种移植于印、锡诸岛，至今日遂居世界茶业第一位。该国政府提倡扩充之方针，初用加税限制华茶入口，继则规定非英茶拒绝入英之殖民地。进而在苏俄金融停滞之时，谋夺华茶在俄之销路。一九二四年且筹备广告费一百二十五万美金，在美国市场上与日、荷茶相竞争，其他盖可知矣。荷兰自一七八二年移中国茶种于爪哇，荷政府对于种茶者给以奖金，其成绩优良者免其赋税。经若干年之惨淡经营，至今日居世界产茶第三位。今后我国关于茶业之改善方针，商人固负全责。同时政府亦应给以种种便利之方法，俾在海外市场足与外国商品相竞争。兹就华茶应行改善之点列之于下。

（一）派遣人员分赴产茶国调查栽培方法及推销情形。

（二）由工商部通令产茶各省筹设茶业改良场。

（三）由财政部通令出口华茶一律免税。

（四）劝令山户提倡早摘，提高品质。

（五）严禁着色华茶出口，以免外销再失信用。

（六）由铁道交通两部酌减华茶运费。

综之，我国丝茶贸易已入于严重时期，我人如不欲振兴则已，否则对于技术上、经营上应加以严密之注意也。

（完）

《银行周报》1930年第42期

中国茶业之概况及改进之方法

公　度

一、中国茶的起源及其产销的概况

（甲）华茶的起源及产地

谁都知道，而且谁都不能否认，中国是茶的产原地。至于其发轫的历史，在西历纪元前二千五百年时，是由我国创始摘茶叶以供饮料。迨后，就渐次的传播到各国。

晋宋以来，饮茶的方法日盛，所以有吴人称为茶茗粥；次经楚人陆羽著《茶经》三卷，于是茶的效用尤著；改良煎茶法，与卢同同有茶匠之称，而饮茶之风更盛。及至元时，茶的产额已达四千万斤以上，遂引起各国人的注意。

及至西历一六六九年由英国东印度公司之手，始开始输出外国。由此之后，产额愈见增加，直至十八世纪的末叶止，在世界茶的贸易市场上的优越的地位，几为我国所独占。至于中国茶之所以能居国际贸易的重要地位的原因，很显著的，当然就是因为中国茶富有优良的品质和丰富的产量的特长。这种特长，我们知道，绝对不是人为的，而完全是天所赋予的。因为茶的性质是喜温暖而潮湿的地带，而中国的气候温和，又加以土质肥沃，当然是一个最适宜于种茶的国家。所以全国产茶的面积，据以前农商部的统计约有五百三十五万三千三百五十五亩。此种数字是否可靠，自属疑问。因我国之植茶，原系农人的一种副业，多半栽植于田畔山边，而没有大规模的茶园，似此七零八落，其栽植的面积自难统计。此种数字我们既不能断

定其确否，然而我们若试观我国的产茶地，总可以证明我国产茶面积的广阔了。兹将中国各省的产茶地，分列于下。

广东：番禺，南海，高要，鹤山，清远，惠阳，连平，紫金。

广西：梧州（多贤、长行），平乐，桂林，柳州。

陕西：紫阳。

贵州：贵州之贵阳，思州，安顺，兴义，都匀，平越，石阡，遵义。

云南：昭通，普洱。

甘肃：兰州，巩昌。

河南：固始，商城，光山，信阳，罗山。

山东：济宁，莱芜，登州。

四川：灌县，安县，茂县，高县，宜宾，屏山，叙水，懋功，开县，滤县，宁远，绥定，龙安，嘉定，雅州，夔州，顺庆，重庆。

福建：闽侯（北岭、板洋镇），崇安（武彝、界酉），建瓯（洋口、水吉），政和，松溪，建阳，建宁，闽清，邵武，光泽，沙县，永安，顺昌，将乐，尤溪，福鼎，福安，霞浦（白琳），宁德，罗源，吉田，屏雨，安溪，漳平，宁洋，连江（丹洋），寿宁（东风塘）。

湖南：临湘（聂家市、白荆桥），岳阳（云溪、北溪、普坑），平江（浯江、长寿街），金井，益阳，湘潭，醴陵（张家碑、沩山），安化（蓝田、硒州），浏阳（高桥、永丰），湘阴，湘乡，桃源，常德，新化，石门，长沙，宁乡，茶陵，零陵，祁阳，武冈，衡阳，柳县，沅江，会同，黔阳，永明，慈利，宝庆。

湖北：通城，咸宁（柏墩、马砾铺），崇阳（大沙坪、小沙坪、白霓桥），蒲圻（羊楼司、羊楼峒），通山（杨芳林），阳新（龙港），宜都，兴山，秭归，长杨，五峰，宜昌，南漳，谷城，均县（太和山），广济，黄梅，蕲水，恩施，利川，郧县，竹山，宣恩，咸丰，建始，鹤峰，当阳，远安。

江苏：常州，镇江，松江，江宁，扬州，苏州（洞庭、碧螺春）。

浙江：绍兴（平水镇），嵊阳，上虞，萧县，诸暨，余姚，新昌，杭县，余杭，临安，宁波，温州，处州，湖州，金华，嘉兴。

江西：德安，瑞昌，浮梁，彭泽，宁都，修水，新建，进贤，奉新，靖安，星子，永修，清江，新喻，赣县，会昌，寻邬，上饶，广丰，弋阳，横峰，崇仁，永丰，遂川，南城，武宁，都昌，安义，新淦，兴国，信丰，安远，玉山，铅山，贵溪，临川，东乡，泰和，南丰，宜春，萍乡，崇义，上高，分宜，南康，吉安，高

安，宜丰。

安徽：婺源，祁门，休宁，歙县，绩溪，黟县，秋浦，六安，建德，凤阳，太平，庐州，颖州。

（乙）华茶的产额及其他种类

至于中国茶的产额，也是如统计茶园的面积一样的困难。据农商部的统计，全国的产额，约有五百五十一万九千五百七十四担，这个数字当然也是靠不住的。例如其分省的产额统计内所载，浙江仅有二十五万六千一百四十四担，福建仅有六十六万担，广西仅有三十万零二千一百七十四担。视此三省的产额，仅可视为三省的输出量，并未列入本地的消费量。再四川的二千九百九十六担亦显然有误，即就该省运销西藏的砖茶一项而言，已远逾此数。所以农商部的统计之不确，概可想见矣。据英国的《锡兰观察》上所载，华茶每年的产量，约为六亿磅，此数当然也不能说真确。若依照我国每年输出的数量计算，平均每年可以一百五十万担计之。（按：华茶的输出，在一八六六年以前，因无统计，姑置不论外；兹仅自一八六六年至一八七九年，及一八八九年至一九一七年，据海关之统计，每年均在一百一十万担至一百九十万担之间，而一八八〇年至一八八八年，每年的输出却在二百万担至二百二十万担以上；在一九一七年以后，虽未及百万担，然以此六十余年的输出总额平均之，每年的输出数为一百五十万担，似较正确。）惟消费一项，则难统计。据《大英百科全书》所载，中国每人每年茶的消费为五磅，故以中国人口为四万万二千七百万计算，则国内每年茶的消费，有二十一万万三千五百万磅，合中国六百万担。再于此数内加入输出的一百五十万担，那末，我国茶叶的总产量，就有一千七百五十万担了。但是，我国各省各地的人民生活习惯不同，每人每年的消费量自异，若平均每人以五磅计之，实无充分的根据。

…………

至于华茶的种类，名目繁多，分类亦难划一；有由采制时期分别的种类，如在谷雨前十日前后采摘制造的即名之为头帮茶，又名头春茶，更名为雨前茶；在谷雨后十日前后采摘制造的，即名之为二帮茶，又名二春茶；在谷雨后约二十日采摘制造的，即名为三帮茶，又名三春茶；在三帮后一月内采摘制造的，即名为四帮茶，又名四春茶。有由制造地分别的种类，如在生产地制造后运往他处发售的，即名为路茶；由生产地运往他处制造的，即名为毛茶；在生产地粗制的，后运至他处再加工制造的，即名为株茶。有由产地分别的种类，如浙江绍兴属的八县所产的茶，均

集散于平水镇，即名为平水茶；福建建宁所产的即名为武彝茶；福州产的即名为北岭茶；又有白琳茶、板洋茶、洋口茶，崇安产的名为界所茶；江西南昌产的名为宁州茶；湖南安化产的名为安化茶，集散于安化的即名为湖南茶；安徽祁门产的名为祁门茶，屯溪产的名为屯溪茶，六安产的名为六安茶，休、绩、黟、歙等县所产的，则总称为徽州茶。尤其是茶商零售的名称更多，如魁针、贡针、云雾、龙井、雀舌、毛尖等等，类皆随意定名，花样翻新，不但漫无标准，抑且实乏深意。其比较统一的名称，则由制造的方法分类的，海关统计册，亦多按是名登载。兹分列于下。

（一）红茶。红茶多产于湖北、湖南、福建及江西的修水、宁都，安徽的祁门。形状都很齐一，而汁色也红褐透明。味甘者为上品，苦涩而微含臭味者最劣。是此种茶又可分为七种：（1）工夫茶；（2）小种茶；（3）白毫茶；（4）珠兰茶；（5）花香茶；（6）乌龙茶；（7）包种茶。

（二）绿茶。绿茶多产于福建、湖北、湖南、江西、浙江以及安徽等省。此种茶大率形圆者为珠，形纤者为两，介乎纤圆之间者为熙。珠又分大珠、小珠。小珠的制法系用手搓揉，成为圆形之珠，其形状大小不同，故小者即名为麻珠（俗名蚤目），大者名芝珠（俗名绳目），介乎大小之间者，名为宝球（俗名蚁目）。大珠的制法，也同小珠一样，而其分类亦有大小之别，大者名熙珠（俗名蛾目），小者名珍珠（俗名蝶目），介乎大小之间者名圆珠（俗名虾目）。在谷雨前所摘制的茶，因摘茶的时期不同，又分为眉熙、正熙、副熙三种。此种绿茶品质最佳者为熙春，熙春又以眉熙最良，正熙、副熙次之，次于熙春者则推小珠，而小珠又以麻珠最良，宝珠、芝珠次之。次于小珠者则为大珠，大珠又以珍珠最良，熙珠最劣。

（三）砖茶。砖茶则分红砖茶、绿砖茶、小京砖茶三种。其性质以红砖茶较佳。其制法系用制红茶时所遗弃的落叶、碎片、茎梗茶物，再杂以茶根、茶心、茶粉，统名为花香。此外则掺以夏季所采的三帮茶，碎为细末，以细茶为砖面，花香为砖底，粗末为砖心，加以蒸汽，压成砖形。绿茶的价值，较廉于红茶，其原料，概为茶叶，不混用茶末，不过，却间杂有带梗的叶和小枝等物。至于小京砖茶的原料，就是制红砖茶时所筛下的极细粉末，其制法则不加蒸汽，但装入压榨器，以六十吨压力的水压器，压成砖形。

（四）茶末。茶末即碎片、茎梗、茶粉等物，俗名花香。其销路最盛为英国和俄国。

（丙）华茶输出的概况

中国茶的种类，依制造的分晰和海关的统计，大别为上述的四种。至于各种茶的输出，初推红茶居第一位，迨至一九二〇年以后则退居绿茶之后；一九二三年至一九二五年虽复居首位，然有一九二六年以后之衰退。绿茶在一九一八年以后虽进居第一位，然以前则均为第三位。至于其他茶，则终列末位。兹将近五十年来的各种茶叶，输出的数量，列表于下，以资比较。

表一　中国各种茶叶输出比较

（单位：担）

年份	红茶	绿茶	砖茶	其他茶	总计
光绪五年（1879）	1 523 419	183 234	275 540	5 270	1 987 463
光绪六年（1880）	1 661 325	188 623	232 969	14 201	2 097 118
光绪七年（1881）	1 636 724	238 064	247 498	15 186	2 137 472
光绪八年（1882）	1 611 917	178 839	219 027	7 368	2 017 151
光绪九年（1883）	1 571 092	191 116	218 744	6 126	1 987 078
光绪十年（1884）	1 564 452	202 557	244 996	4 212	2 016 217
光绪十一年（1885）	1 618 404	214 693	280 112	15 505	2 128 714
光绪十二年（1886）	1 654 058	192 930	361 492	8 720	2 217 200
光绪十三年（1887）	1 629 881	184 681	331 281	7 127	2 152 970
光绪十四年（1888）	1 542 210	209 378	412 642	3 233	2 167 463
光绪十五年（1889）	1 356 554	192 326	310 178	18 273	1 877 331
光绪十六年（1890）	1 051 092	199 504	297 168	17 632	1 565 396
光绪十七年（1891）	1 203 641	206 760	328 861	10 772	1 750 034
光绪十八年（1892）	1 101 229	188 440	323 112	9 900	1 622 681
光绪十九年（1893）	1 190 206	236 237	382 361	12 027	1 820 831
光绪二十年（1894）	1 217 215	233 465	395 506	16 126	1 862 312
光绪二十一年（1895）	1 123 952	244 203	481 392	16 134	1 865 681
光绪二十二年（1896）	912 417	216 999	566 899	16 526	1 712 841
光绪二十三年（1897）	764 915	201 168	558 298	7 777	1 532 158
光绪二十四年（1898）	847 133	185 306	498 425	7 736	1 538 600
光绪二十五年（1899）	935 578	213 798	474 026	7 393	1 630 795

续　表

年份	红茶	绿茶	砖茶	其他茶	总计
光绪二十六年(1900)	863 374	200 425	316 923	3 602	1 384 324
光绪二十七年(1901)	665 499	189 430	293 522	9 542	1 157 993
光绪二十八年(1902)	687 288	253 757	570 037	8 129	1 519 211
光绪二十九年(1903)	749 116	301 620	618 458	8 336	1 677 530
光绪三十年(1904)	749 002	241 146	447 695	13 406	1 451 249
光绪三十一年(1905)	597 045	242 128	518 498	11 627	1 369 298
光绪三十二年(1906)	600 907	206 925	586 727	9 569	1 404 128
光绪三十三年(1907)	708 273	264 802	604 226	32 824	1 610 125
光绪三十四年(1908)	695 408	284 085	590 815	15 828	1 586 136
宣统元年(1909)	619 632	281 679	584 976	12 156	1 498 443
宣统二年(1910)	633 525	296 083	616 540	14 652	1 560 800
宣统三年(1911)	734 180	299 237	416 656	12 730	1 462 803
民国元年(1912)	648 544	310 157	506 461	16 538	1 481 700
民国二年(1913)	547 708	277 343	606 020	11 538	1 442 609
民国三年(1914)	613 295	266 738	583 883	31 882	1 495 798
民国四年(1915)	771 141	306 324	641 318	63 570	1 782 353
民国五年(1916)	648 228	298 728	560 183	35 492	1 542 631
民国六年(1917)	472 272	196 093	443 636	13 534	1 125 535
民国七年(1918)	174 962	150 710	75 160	3 385	404 217
民国八年(1919)	288 798	249 711	143 394	8 252	690 155
民国九年(1920)	127 832	163 984	11 695	2 395	305 906
民国十年(1921)	136 578	267 616	23 546	2 588	430 328
民国十一年(1922)	267 039	282 988	22 616	3 430	576 073
民国十二年(1923)	450 686	284 630	8 613	57 488	801 417
民国十三年(1924)	402 776	282 314	19 382	61 463	765 935
民国十四年(1925)	335 583	324 564	141 917	30 944	833 008
民国十五年(1926)	292 527	329 197	141 872	75 721	839 317
民国十六年(1927)	248 858	333 216	173 148	116 954	872 176
民国十七年(1928)	269 615	306 765	256 712	92 930	926 022

中国各种茶叶输出的情形，现已明了，然各种茶叶之输往各国，究以何国为多，质言之，就是各种茶叶究属何种畅销于何国？这一点，我们自有应明晰的必要。不过，要说明这一点，当然不能够信口胡诌。但是，我们若要根事实去说，那末又只得借重海关的贸易统计表了。

表二　中国红茶输往各国比较

（单位：担）

年份	英国	俄国	美国	欧洲大陆诸国	其他国	总计
1879年	1 101 151	149 387	144 934	2 008	125 939	1 523 419
1880年	1 213 001	124 135	150 743	5 651	167 795	1 661 325
1881年	×1 163 922	×246 161	×150 817	×4 604	×171 220	1 736 724
1882年	1 114 845	168 188	150 891	3 558	174 435	1 611 917
1883年	1 095 703	185 652	142 983	6 020	140 734	1 571 092
1884年	×1 089 236	×168 839	×160 969	×5 206	×140 202	1 564 452
1885年	1 082 769	152 026	178 955	4 393	200 261	1 618 404
1886年	1 035 622	223 343	189 335	8 130	197 628	1 654 058
1887年	922 485	278 056	175 143	8 827	245 370	1 629 881
1888年	804 037	267 674	187 302	9 598	273 599	1 542 210
1889年	703 525	224 129	188 773	11 070	229 057	1 356 554
1890年	509 392	282 921	164 855	10 803	183 123	1 151 094
1891年	532 945	302 294	168 923	18 299	181 180	1 203 641
1892年	473 235	209 342	209 603	18 658	195 391	1 106 229
1893年	489 708	292 460	220 797	20 838	184 403	1 208 206
1894年	422 666	347 870	258 884	25 506	162 289	1 217 215
1895年	551 092	402 386	163 569	29 357	159 550	1 305 954
1896年	312 634	334 262	115 053	29 865	120 603	912 417
1897年	257 507	290 604	96 589	34 170	86 044	764 914
1898年	×231 558	×394 422	×79 395	×40 405	×101 353	847 133
1899年	261 213	416 251	99 322	51 355	107 437	935 578
1900年	223 984	310 968	153 714	54 711	119 997	863 374
1901年	202 628	251 817	96 820	46 724	67 510	665 499
1902年	179 682	246 861	168 501	47 836	44 408	687 288

年份	英国	俄国	美国	欧洲大陆诸国	其他国	总计
1903年	225 790	318 602	101 813	51 235	51 676	749 116
1904年	353 392	54 661	100 634	192 907	47 408	749 002
1905年	334 817	84 974	62 673	51 681	62 900	597 045
1906年	146 935	285 529	70 315	55 296	42 792	600 907
1907年	214 759	305 824	72 115	70 277	45 304	708 273
1908年	182 305	263 269	108 461	83 142	49 231	685 408
1909年	177 782	245 992	91 086	60 778	43 994	619 632
1910年	219 909	233 614	53 141	63 044	63 817	633 525
1911年	251 008	254 361	89 273	85 253	54 285	734 180
1912年	182 148	256 422	52 825	89 900	67 239	648 544
1913年	171 337	220 845	49 062	58 582	47 882	547 708
1914年	194 429	240 837	76 501	61 307	46 221	613 295
1915年	246 259	410 926	49 925	13 238	59 793	771 141
1916年	197 100	30 693	57 464	11 890	33 081	648 228
1917年	95 095	256 651	78 901	10 314	31 311	472 272
1918年	103 317	18 657	15 634	8 712	28 642	174 962
1919年	215 201	23 094	10 514	16 592	23 397	288 798
1920年	77 439	3 204	20 577	5 235	21 357	127 832
1921年	91 260	1 234	9 930	13 855	21 190	136 578
1922年	124 325	5 331	53 698	48 727	34 958	267 039
1923年	206 837	5 510	75 627	91 860	70 852	450 686
1924年	230 919	31 410	22 524	76 576	41 347	402 776
1925年	80 317	115 538	59 453	35 246	45 029	335 583
1926年	113 237	48 255	20 694	53 294	57 047	292 527
1927年	109 267	57 901	11 529	40 341	29 820	248 858
1928年	112 029	52 687	22 410	39 832	42 657	269 615

注：×为估计数。

表三 中国绿茶输往各国比较

（单位：担）

年份	英国	俄国	美国	印度	欧洲大陆诸国	其他国	总计
1879年	52 250	450	122 019	8 244	40	231	183 234
1880年	54 620	—	118 743	11 987	65	3 208	188 623
1881年	×73 965	×129	×147 792	×12 406	×90	×3 682	238 064
1882年	60 055	200	110 393	7 248	76	867	178 839
1883年	64 389	2	110 994	13 393	308	2 032	191 118
1884年	×77 127	×523	×109 391	×14 183	×167	×1 116	202 507
1885年	89 869	1 045	107 789	14 974	26	990	214 693
1886年	60 641	684	115 129	13 900	427	2 149	192 930
1887年	60 573	2	98 958	15 148	181	9 819	184 681
1888年	57 813	663	114 769	25 468	150	10 515	209 378
1889年	53 197	7	107 375	22 559	227	8 961	192 326
1890年	52 516	6	103 286	24 946	824	17 926	199 504
1891年	52 938	13	106 774	30 862	767	15 406	206 760
1892年	50 232	20	98 320	33 504	1 229	5 135	188 440
1893年	46 299	804	139 490	42 520	615	6 409	236 137
1894年	47 388	964	144 313	35 413	605	4 782	233 465
1895年	50 448	2 168	147 548	32 535	617	10 886	244 202
1896年	45 976	4 608	111 042	46 652	1 674	7 047	216 999
1897年	42 802	21 200	111 299	11 414	4 607	9 895	201 217
1898年	×39 967	×41 203	×77 550	×7 589	×3 620	×15 387	×185 316
1899年	36 962	34 728	119 184	9 587	3 348	9 989	213 798
1900年	30 392	34 768	101 442	15 025	4 500	14 298	200 425
1901年	32 490	50 118	86 747	10 029	4 891	5 155	189 430
1902年	36 364	64 377	126 196	10 107	6 456	10 257	253 757
1903年	43 531	74 849	143 907	10 287	12 606	16 440	301 620
1904年	32 199	53 312	123 844	6 757	11 004	14 030	241 146
1905年	36 169	59 580	116 884	8 471	6 829	14 195	242 128
1906年	31 664	59 972	81 307	6 023	13 932	14 017	206 916

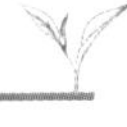

续 表

年份	英国	俄国	美国	印度	欧洲大陆诸国	其他国	总计
1907年	20 012	71 903	129 625	8 559	21 116	13 577	264 792
1908年	17 669	104 941	100 101	11 083	36 093	14 197	284 084
1909年	11 511	76 871	120 225	8 990	47 651	16 430	281 678
1910年	18 679	113 309	92 550	11 255	31 126	29 164	296 083
1911年	2 677	146 795	41 872	24 606	49 992	24 295	290 237
1912年	8 605	68 259	100 747	6 249	79 602	46 695	310 157
1913年	7 249	69 356	94 652	15 484	68 417	22 185	277 343
1914年	18 311	62 681	98 889	15 531	43 092	28 233	266 727
1915年	15 544	88 323	87 747	19 788	57 468	37 456	306 326
1916年	5 882	131 652	64 066	9 871	19 945	22 312	253 728
1917年	16 693	25 727	90 445	31 744	16 485	14 999	196 093
1918年	22 690	2 327	54 964	20 679	24 857	25 193	150 710
1919年	88 899	171	71 931	17 257	55 466	14 987	249 711
1920年	52 337	22	50 617	8 926	27 242	24 780	163 924
1921年	78 543	76	118 372	6 082	17 004	45 539	265 616
1922年	57 430	342	67 173	38 827	36 121	83 095	282 988
1923年	63 800	104	64 973	47 740	25 039	82 974	284 630
1924年	56 118	6 910	55 443	38 495	19 998	105 350	282 314
1925年	53 865	18 361	45 665	29 568	48 108	128 997	324 564
1926年	51 689	44 011	63 781	25 160	42 314	102 542	329 497
1927年	50 632	66 079	60 327	11 338	29 658	115 182	333 216
1928年	49 372	40 155	46 155	8 776	40 591	121 716	306 765

注：×为估计数。

表四　中国砖茶输往各国比较

（单位：担）

年份	俄国	其他国	总计
1879年	274 779	761	275 540
1880年	×232 330×	639	232 969
1881年	×246 821	×677	247 498

续 表

年份	俄国	其他国	总计
1882年	218 526	501	219 027
1883年	218 652	92	218 744
1884年	×244 895	×101	244 996
1885年	279 243	869	280 112
1886年	260 091	1 401	261 492
1887年	329 311	1 970	331 281
1888年	406 834	5 808	412 642
1889年	304 474	5 704	310 178
1890年	292 147	5 011	297 158
1891年	326 859	2 002	328 861
1892年	317 411	5 701	323 112
1893年	379 784	2 577	382 361
1894年	395 506	0	395 506
1895年	478 784	2 608	481 392
1896年	560 865	6 034	566 899
1897年	495 541	62 757	558 298
1898年	×448 219	×50 206	498 425
1899年	412 754	61 272	474 026
1900年	316 532	391	316 923
1901年	283 262	10 260	293 522
1902年	564 511	5 526	570 037
1903年	390 767	227 691	618 458
1904年	310 017	137 668	447 685
1905年	445 964	72 534	518 498
1906年	584 385	2 342	586 727
1907年	600 267	3 959	604 226
1908年	590 534	281	590 815
1909年	584 510	466	584 976
1910年	615 275	1 265	616 540

续 表

年份	俄国	其他国	总计
1911年	416 394	262	416 656
1912年	506 426	35	506 461
1913年	605 938	82	606 020
1914年	583 748	135	583 883
1915年	614 110	208	614 318
1916年	560 172	13	560 185
1917年	443 350	286	443 636
1918年	74 641	519	75 160
1919年	140 527	2 867	143 394
1920年	8 340	3 355	11 695
1921年	23 359	187	23 546
1922年	21 921	695	22 616
1923年	6 450	2 163	8 613
1924年	15 132	4 250	19 382
1925年	140 608	1 309	141 917
1926年	134 378	7 494	141 872
1927年	170 718	2 430	173 148
1928年	256 282	430	256 712

注：×为估计数。

表五　中国他种茶输往各国比较

（单位：担）

年份	英国	俄国	其他国	总计
1879年	5 270	0	0	5 270
1880年	×14 201	×0	×0	14 201
1881年	×15 186	×0	×0	15 186
1882年	7 368	0	0	7 368
1883年	5 938	0	188	6 126
1884年	×4 073	×0	×139	4 212
1885年	15 502	0	3	7 127

续 表

年份	英国	俄国	其他国	总计
1886年	8 502	136	82	8 720
1887年	7 127	0	0	7 127
1888年	3 233	0	0	3 233
1889年	10 371	7 883	19	18 273
1890年	7 353	10 247	5	17 605
1891年	3 377	7 241	154	10 772
1892年	701	9 045	154	9 900
1893年	1 088	10 695	244	12 027
1894年	2 956	12 947	223	16 126
1895年	217	15 822	95	16 134
1896年	129	16 228	169	16 526
1897年	1 152	6 149	476	7 777
1898年	×937	×6 125	×674	7 736
1899年	731	6 140	522	7 393
1900年	91	3 008	503	3 602
1901年	424	8 537	581	9 542
1902年	879	7 144	106	8 129
1903年	422	3 056	4 858	8 336
1904年	5 532	6 156	1 718	13 406
1905年	1 216	10 081	330	11 627
1906年	1	9 295	273	9 569
1907年	21 643	10 721	460	32 824
1908年	8 966	6 289	573	15 828
1909年	1 158	9 944	1 541	12 643
1910年	1 123	12 101	1 428	14 652
1911年	1 356	9 291	2 083	12 730
1912年	2 907	8 583	5 048	16 538
1913年	799	9 828	411	11 038
1914年	14 903	15 450	1 529	31 882

续 表

年份	英国	俄国	其他国	总计
1915年	26 853	31 483	5 234	63 570
1916年	1 842	27 416	6 234	35 492
1917年	1 597	7 925	4 012	13 534
1918年	187	80	3 118	3 385
1919年	6 561	1 442	249	8 252
1920年	2 114	0	281	2 395
1921年	2 377	46	165	2 588
1922年	3 173	0	257	3 430
1923年	27 222	0	30 166	57 388
1924年	38 806	3	22 654	61 463
1925年	6 501	0	24 443	30 944
1926年	30 563	346	44 812	75 721
1927年	46 184	6 294	64 476	116 954
1928年	21 903	7 623	63 404	92 930

注：×为估计数。

由上表观之，红茶的销场，以英国为最，俄国次之，美国再次之。在一八九五年至一九〇三年间，俄虽进居华茶销场的第一位，然有一九〇四年以后的退居第三位；一九〇六年及一九二五年，虽再进为华茶销场的第一位，然又有一九二〇年的退居第三位。英国虽有一八九五年至一九〇三年，及一九〇六年，及一九二五年的退居第二位，但是其输入华茶的数量，尚未有若何的骤减，而不似俄国一九一七年的输入为二十五万六千余石，次年竟降至一万八千石，更有一九二一年的千余石及附近几年的三千余石。所以红茶在英国的销场尚属平稳，不过红茶输往的数量虽不似俄国不能捉摸的骤增骤减，然而，却有逐渐退减之势！

绿茶的销场以美国为最，英国次之，印度再次，俄国则居第四位。在一九〇九年附近的四年，虽进居第一位，然在一八九五年以前，及一九一八年以后的数年间，仅有两石及数十石的输往，所以它没有印度销场的平稳。在一九一九年附近的几年，英国虽也进居中国绿茶销场的第一位，然其数量仅在四万担及八万担间，美国较之却相差无几。

砖茶主要的销场，厥为俄国，不过输往的数量，却有逐渐下减之势！

至于他种茶则以英国、俄国为重要的销场。俄国在一八八八年以前，及一九一八年以后，虽均下于英国，然其中有二十六年均较英国多输入三倍至十余倍，所以输于英、俄两国数量尚相等。

（丁）华茶的品质及世界产茶的概况

华茶产销的状况，上面所述，虽不尽详，但是我们总可以知道其大概了。至于茶的品质，究竟怎样呢？当然是不能说没有探讨的必要。我们知道，中国的茶种本属优良，又加以土质的肥沃，适于栽植，和气温雨露的调和，适于滋长，所以俄人屠卡雪夫说："中国茶种，有特别优良之性，输种中国茶于他邦，无论栽培方法如何精密，欲使其风土驯化，性质不变，则异常艰难。其叶质之鲜嫩，及香味之隽永，尤难企望。"职是之故，中国的茶自开始海外贸易以后，即能博得外人的赏识为唯一的饮品，而居于世界市场上的重要的地位。嗣后，不幸自锡兰、印度、爪哇诸茶出现之后，我国茶类的贸易，即开始退落。再加以他们的政府，锐意改良，精密计划，并竭其财力，组织大规模的茶业机关和种制的场所，指导种植和改良的方法，更以奖励和资助，而减轻其运输费，豁免其出口税，补助其广告费，使其积极向欧亚各国鼓吹、推销，致使我国伟大的茶业，逐年衰落，出口减少。再加我国的茶农，对于种植的知识，大多未曾具备，栽培既不周密，管理更为疏放，而于剪枝、施肥、灌溉、采摘诸事，均未加以深刻的研究，任其叶老枝枯，不施以人工的补加，以致生产日形减缩，品质日渐退化。制造时，亦不计技术之巧拙，墨守陈法，粗制滥造，装潢陈旧，不图改良，常蒙不洁之名，致有滞销之实。所以德国不柏梅商会很干脆的说："德、奥、匈牙利各国，对华茶消费减少的原因很多。其最要者，则为华茶的品质不良，掺合灰土杂物的成分过高。爪哇、苏门答腊、锡兰、印度各种茶的制造，都是根据科学的方法，用机械制成。而中国产茶，都是出于农民及小商的手中，制造既无适当的注意，土质复无肥料的培养，欲求其品质优良，亦戛戛乎难矣。"这就是说我们没有大规模的生产机关，无力利用机器去制造。然采用机器制造的，虽间有数处，为数既少，法犹未合，所以欲与精益求精、突飞猛进的产茶各国以新式机器制茶者相角逐于国际市场，宁不声价日替，趋于落伍？所以在与赛地屡为外人诋毁，致使向居第一位先进国的华茶，而摒为第四位。下列之表，即其证明。

表六　1921—1927年世界各国及地区茶产统计

（单位：千椿特尔）

年份＼国家及地区	南非联邦	尼赛莱	锡兰	中国台湾（日据时期）	印度	日本	爪哇	中国	合计
1921年	4	2	733	106	1 244	337	378	260	3 064
1922年	2	3	779	116	1 414	351	434	348	3 447
1923年	4	5	825	113	1 703	359	488	485	3 982
1924年	4	5	930	124	1 702	358	569	463	4 155
1925年	5	5	952	121	1 649	383	527	504	4 146
1926年	5	6	985	119	1 782	362	629	507	4 395
1927年	5	5	1 030	114	1 774	370	667	506	4 471

由上表观之，世界的产茶国，以印度居第一位，锡兰居第二位，爪哇居第三位，日本居第五位。而中国虽居第四位，然以产量若与印度比较，相差在三分之二以上，即与锡兰比较，亦差二分之一。似此情形，若日本稍加努力，中国即不免退居第五位的危险！

中国茶的衰落，固由于植制之不精，与财力之不足，然对外贸易，又少宣传的工作，和没有健全团体的组织。而仅以少数人的力量，竞争于世界的市场上，自无怪乎失败！而在军阀时代，茶商虽屡请政府予以援助，设法向外推销，然例行虚应，仍然是任其自生自灭，不加维持。嗣后，虽对于茶税稍事减免，以示维护，然此全属治标办法，于事实毫无裨益。以致茶业之衰落，竟成每况愈下之象！瞻念前途，不仅为我国茶业衰退，产业落后的表示，抑且为国计民生的唯一的问题。所以我国政府茶商，值此情况之下，若再不急起直追，迅谋补救，设法整理，以图发展，我敢断言：华茶在国际贸易的地位，势必归诸天然的淘汰！

但是，我们欲图补救，自非有根本补救和改进的方法，始能裨益于实际。然而我们欲讨论此种根本的补救和改良的办法，首先又非从事其过去的实际情形的探讨，和挽近的趋势的观察，以期彻底地明了其衰落的症结，而为我们从事根本补救和改进的张本。

《安徽建设月刊》1930年第10期

中国茶业之概况及改进之方法（续）

公 度

二、华茶贸易之经过及其消长

茶的起源，古籍所载，前略言之。惟出口贸易的原始，实远无可考。在唐时对吐蕃输出，茶已为主要的货品之一，《李肇唐国史补》中载有："当鲁公使西蕃，烹茶帐中，吐蕃王赞普曰：'我此亦有。'遂命出之，指曰：'此寿州者，此舒州者，此顾渚者，此蕲门者，此昌明者，此灉湖者。'……"可知唐时输往的茶类，已为数不少。在宋时，与北方贸易，如契丹、金等，输出品中尤以茶为特别发展，故《金史·食货志》中也载有："泰和五年（西历一二〇五年），尚书省奏茶比岁上下竞啜，农民尤甚，商旅多以丝绢易茶，岁费不下百万。"由此足以证明当时输往北方茶叶之多了。

宋代以后，茶的输出更形增加，以西北为最大的销场。因为当时西人嗜茶，中国尚马，于是便成立茶马交换政策。这种政策，在宋明两代极为盛行，为一种官营茶业贸易的政策，也就是开我国茶业贸易史上的新纪元。直至清代的康雍以后，此种政策始逐渐衰退；至于茶之输出，则反较前增加，其原因却是不限于易马也。

欧人东渐以后，因中外直接通商的关系，茶之贸易遂愈加发达。考华茶第一次之输入英国，据史籍所载，是在康熙三年（西历一六六四年）由东印度公司的经理带华茶二磅一翁士，价值为四磅五先令，贡于英皇。至康熙五年（一六六六年）又有二十二磅十二翁士的华茶输入英国，值英金五十六磅十七先令六便士。此项华茶之输入英国，当不能谓为正式的贸易。及至康熙八年始由东印度公司输往一百四十三磅，次年又输往七十九磅，均由爪哇的斑塔木出口。自此以后，遂逐渐由斑塔木、苏拉德、贡吉姆及印度的玛特拉司等地逐年输往若干。（按：斑塔木的华茶，是向中国贸易的沙轮所购买，而苏拉德的华茶，则购自澳门地区出口的葡萄牙船。）直至康熙二十八年（西历一六八九年）中国始正式由厦门出口一百五十担，直接输往英国。自此始开中国内地与英国茶业直接贸易的新纪元。康熙三十六年（一六九七年）计输往伦敦一千一百桶；三十七年输往三百桶；三十八年输往上等茶叶一千六百担，每担价格二十五两；三十九年亦输往茶叶一千六百担，共价银四千一百零九两；又茶砖三百套箱，值银三百两；四十三年（一七〇四年）由其直接来广州采购一百一十七吨，合计十万零五千磅，其中每磅值一先令者有七万五千磅，值二先令者有三万磅。此时，我国的茶叶已引起外商的注意，输出遂逐渐地增多。故至五十二年（一七一三年）时，英船又来广东采购三十万零四千七百磅；五十六年由伦敦来广州采购两船。故是时茶叶，贸易上的势力，大有取生丝的地位而代之的趋势。惟来源多自安徽、江西、湖南等地，因之路途辽远，颇多阻滞。至康熙五十八年（一七一九年）又由广州输出二千二百八十一箱，一百一十桶，二百另二包；六十年输出二千二百另九箱，二百桶；一九二二年又输出四千五百担，其中有值银三十八两一担的有七百五十担，值银二十七两一担的有二千担，值银三十五两一担的有二百五十担，值银十九两一担的有一千五百担，合计值银十一万九千七百五十两。故在此时期中输往英国的货品，实以茶叶居第一位。同时又输往印度的麻□□□有一千担，每担值银二十七两，共值银二万七千两。一七二三与一七二四年（雍正元年及二年）间，英国计采购华茶一万另四百担，值银二十六万六千二百五十五两。一七二七年，广东茶叶贸易愈较进步，而英船来购者亦日渐加多。因之，茶的价格，亦较前增高。一七三〇年（雍正八年）除输往英国外，更输往波塔难亚计二万五千担；同时东印度公司定购绿茶九千二百担，值银二十一万六千两，红茶二千三百担，值银五万两；是年冬季又订购绿茶六千担，红茶五千担。雍正十二年（一七三四年）东印度公司又采购四千四百二十七担，值银八万八千五百三十六两；同时又输出法国三千三百一十三担；输出丹麦七千另二十四担；输出荷兰四千六百八十一担。一七三六年输出英国、荷兰、法国、丹麦、瑞典等国，均在数千担以上。次年（乾隆二年），输往法国八千五百担，输往荷兰八千三百三十担，输往波特维亚四百二十担，输往瑞典哥孙堡五千担。一七三九年，由东印度公司，输往伦敦六千九百一十四担；一七四一年输往伦敦一万四千另十九担。自此以后，华茶贸易之在欧洲市场中占极重要的地位。

清雍正以后，海禁虽已开放，然外人之贸易，尚仅于广东及福州、泉州等沿边数港，尚未脱离闭关时代的景象。及至五口通商以后，上海、福州、厦门、宁波均同时开放，国外的贸易，遂由此突飞猛进，是以华茶的出口，亦逐年增加。惜在一八六六年以前，海关尚无整个的统计报告，所以全国输出的数目，无从查考。至于一八六六年以后，则可分为四个时期：第一期自一八六六年至一八七九年，可以说是兴盛时期。在此时期中的输出额常在一百万担之间，且系逐年增加。第二期自一

八八〇年至一八八八年，可以说是全盛时期。在此时期中所输出的担数，均在二百万担以上；虽一八八三年的输出较少，然亦在一百九十余万担，为他年所不及；就此期之总值而言，亦均在三千万两以上。第三期自一八八九年至一九一七年，可以说是平稳时期。因此期之输出亦常在一百五十万担至一百八十万担之间，其中虽有一九〇一年及一九一七年之降落，但是，其总量仍在一百万担之间，所以尚可维持旧观，而不十分下落。惟至第四期时，自一九一八年以后，输出额竟减至三十万担，较一九一七年几下落百分之五十。最后两年虽稍有起色，然亦未及百万担；若与输出之全盛时期相较，竟相差二倍有余。所以此期可谓为惨落时期。兹依据海关的统计，列表于下。

表七　中国茶叶输出统计

年份	输出数量/千担	每担价值/关平银	总值/千两关平银
同治五年(1866)	1 192	15.14	20 105
同治六年(1867)	1 331	17.29	34 556
同治七年(1868)	1 475	16.06	33 208
同治八年(1869)	1 528	15.60	29 964
同治九年(1870)	1 381	14.89	30 283
同治十年(1871)	1 680	16.25	43 502
同治十一年(1872)	1 775	17.40	45 819
同治十二年(1873)	1 618	15.26	27 902
同治十三年(1874)	1 735	16.38	20 301
光绪元年(1875)	1 818	14.82	18 950
光绪二年(1876)	1 763	17.56	21 742
光绪三年(1877)	1 909	15.20	20 830
光绪四年(1878)	1 899	16.32	22 013
光绪五年(1879)	1 987	16.74	33 272
光绪六年(1880)	2 097	17.04	35 728
光绪七年(1881)	2 137	15.39	32 890
光绪八年(1882)	2 017	15.53	31 332
光绪九年(1883)	1 897	16.19	32 174
光绪十年(1884)	2 016	14.41	29 055
光绪十一年(1885)	2 129	15.06	32 269

续　表

年份	输出数量/千担	每担价值/关平银	总值/千两关平银
光绪十二年(1886)	2 217	15.11	33 505
光绪十三年(1887)	2 153	13.95	30 041
光绪十四年(1888)	2 167	13.98	30 293
光绪十五年(1889)	1 877	15.05	28 257
光绪十六年(1890)	1 663	16.01	26 663
光绪十七年(1891)	1 750	17.37	31 028
光绪十八年(1892)	1 623	16.01	25 983
光绪十九年(1893)	1 821	16.78	30 559
光绪二十年(1894)	1 862	17.10	31 854
光绪二十一年(1895)	1 866	17.39	32 450
光绪二十二年(1896)	1 713	17.61	30 157
光绪二十三年(1897)	1 532	19.07	29 216
光绪二十四年(1898)	1 539	18.77	28 879
光绪二十五年(1899)	1 631	19.30	31 469
光绪二十六年(1900)	1 384	18.38	25 445
光绪二十七年(1901)	1 158	15.99	18 513
光绪二十八年(1902)	1 519	15.05	22 860
光绪二十九年(1903)	1 677	15.70	26 333
光绪三十年(1904)	1 451	20.81	30 202
光绪三十一年(1905)	1 369	18.58	25 446
光绪三十二年(1906)	1 404	18.96	26 630
光绪三十三年(1907)	1 610	19.71	31 736
光绪三十四年(1908)	1 576	20.86	32 883
宣统元年(1909)	1 498	22.40	33 567
宣统二年(1910)	1 561	23.02	35 931
宣统三年(1911)	1 463	26.21	38 335
民国元年(1912)	1 482	22.80	33 777
民国三年(1914)	1 496	24.37	36 457
民国四年(1915)	1 782	31.17	55 562

年份	输出数量/千担	每担价值/关平银	总值/千两关平银
民国五年(1916)	1 543	28.24	43 560
民国六年(1917)	1 125	25.86	29 108
民国七年(1918)	404	34.80	10 067
民国八年(1919)	690	32.45	22 398
民国九年(1920)	306	29.01	88 873
民国十年(1921)	430	29.29	12 606
民国十一年(1922)	576	29.45	16 966
民国十二年(1923)	801	28.58	22 905
民国十三年(1924)	766	27.58	21 127
民国十四年(1925)	833	26.58	22 146
民国十五年(1926)	639	21.17	26 165
民国十六年(1927)	872	36.25	31 617
民国十七年(1928)	926	40.10	37 134

华茶贸易之经过情形，及其消长的概况，已如上述。至于华茶的销场，前虽分类说明，未能明悉其整个的实际情形。读者若不嫌废词，兹再简略地说明如下。

华茶最大的销场，厥为英国。在一八八〇年以后，销数虽减至一百万担，然也未能退为华茶销场的第一位。其次则为俄国，再次则为美国。嗣后，我们知道，因锡兰、印度茶盛行之故，华茶对英国的输出，则逐渐地减少；而俄国的销场，则逐渐增加，所以在一八九三年时，竟与英国相等。次年以后，更愈渐增加，而超出英国之上，居华茶销场的第一位。此期对英的输出虽逐渐下减，然尚未能退落华茶销场的第二位。自一九一八年以后，华茶对俄的输出，竟由一百万担而骤落至九万五千担，英国又复居华茶销场的第一位，不过数量却逐渐减至十六万担。而华茶对美国的输出，始终没有什么变动，居华茶销场的第三位。试看下表，即可明了。

表八　中国茶类输往各国比较

（单位：担）

年份	英国	俄国	美国	其他国
1879年	1 158 671	474 616	266 953	87 223
1880年	1 456 747	357 325	269 740	13 306

续 表

年份	英国	俄国	美国	其他国
1881年	1 402 299	380 741	337 942	16 490
1882年	1 350 654	386 914	261 284	18 299
1883年	1 308 361	404 478	264 079	10 142
1884年	1 276 228	448 334	273 255	18 400
1885年	1 388 244	432 315	286 744	241 391
1886年	1 279 501	599 177	304 464	34 052
1887年	1 203 900	607 376	274 113	67 581
1889年	1 109 942	675 177	302 071	80 273
1890年	754 958	585 349	268 141	56 948
1891年	768 424	636 407	275 697	69 267
1892年	709 372	541 519	209 876	161 918
1893年	683 744	683 744	342 293	211 050
1894年	681 192	757 293	403 503	20 324
1895年	550 055	919 760	311 500	84 365
1896年	494 866	922 003	226 310	69 662
1897年	367 697	876 251	208 376	79 834
1898年	350 780	941 167	157 160	89 493
1899年	377 860	931 110	218 641	103 364
1900年	350 763	665 686	255 383	112 492
1901年	235 543	593 734	183 567	145 149
1902年	216 925	992 893	294 697	124 696
1903年	269 743	786 873	245 720	375 194
1904年	391 123	424 156	224 478	411 492
1905年	372 202	600 599	179 557	216 940
1906年	200 283	939 181	151 623	113 041
1907年	243 737	988 711	201 740	175 937
1908年	200 132	969 033	208 563	198 408
1909年	190 416	909 317	211 311	187 388
1910年	239 944	974 299	145 691	200 866

续 表

年份	英国	俄国	美国	其他国
1911年	265 592	826 841	131 045	239 325
1912年	191 552	839 690	153 582	296 876
1913年	193 489	905 967	143 714	198 939
1914年	239 593	902 717	175 390	178 098
1915年	288 656	1 162 825	137 672	143 200
1916年	259 516	1 094 933	145 878	42 310
1917年	162 281	713 653	171 641	77 960
1918年	162 754	95 705	72 446	73 314
1919年	343 992	165 334	83 644	97 235
1920年	154 337	11 566	71 595	68 408
1921年	182 768	24 699	127 866	94 995
1922年	257 840	27 594	117 286	173 353
1923年	415 807	12 064	143 360	222 186
1924年	403 400	53 450	79 473	229 612
1925年	206 221	274 517	109 004	243 266
1926年	250 187	226 990	94 799	67 341
1927年	293 016	299 992	88 623	190 545
1928年	183 304	356 747	68 565	317 406

三、中国茶业衰落的原因

中国茶类贸易的衰落，不外内外二因。关于华茶衰落的内因，前略言之，多由于栽植者墨守陈法，不事改良。制造者不精技术，粗制滥造，装潢陈旧，忽于美观；推销者不明宣传，又复作伪，如掺和灰土杂物，均为外人所深忌，更加政府不事提倡，任其自生自灭；不加监督，任商人贪一时之小利，而损及中国茶类贸易的国际信用，以致造成今日江河日下之势！至于外界之影响，当由于日本、印度、锡兰、爪哇等茶之竞争，而使华茶跻于衰落之境地！兹分述之，以明华茶衰落之究竟，藉知日本等茶产销的概况。

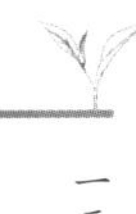

日本全国植茶的面积，在一九二六年，达十一万一千二百五十亩，产茶九百六十六万零六十五贯，输出值日金一千零八十九万六千元，输往美国占百分之八十

三，是夺去我国茶类美国的销场。

印度在一九三五年（道光十五年）始开始植茶，至一八三八年始有卡而卡达的茶叶出现于伦敦的市场；及至一八六〇年（咸丰十年）对伦敦的输出额，已达百万担以上。更加以英国政府实行其殖民地的保护政策，予以充分的提倡和奖励，而引起印民之注意，是至一九二六年时，主要种茶的面积，竟达七十一万三千一百六十一亩之多；而是年的产额达三万六千三百五十万另六千六百磅，输出额占二万九千八百二十七万二千三百八十六磅，一九二七年有三万二千四百三十九万四千六百六十七磅，可见其大有径年向上之势。即在一九二八年，计从四月到十月三十一日止，由北印输出的茶，有二万一千一百九十六万七千七百六十四磅，较之一九二七年同时期输出的二万一千零七十三万零七百七十一磅，也有增加，由南印输出的有二千七百另六万五千三百五十四磅，较之一九二七年同时期输出的更有增加。至于其销场，除伦敦外，输往俄国约占其总输出额百分之四十，美国占十八。是夺我国茶的三大销场。

锡兰是印度半岛两端的一个岛，它的土壤和气候，都很适于茶的种植。所以它自一八七六年（光绪二年）自中国输入茶种开始植茶以后，即努力从事经营，及至一八八〇年，即著称于伦敦市场。因之，其种茶的面积，由十亩而进于四十四万二千另三十四亩之多；而其输出量亦由六十余万磅而进为二万二千七百零九万二千磅。因之，其茶业有此神速的发达，始影响及我国的茶业而陷于绝境！

爪哇是荷属东印度群岛的一部，在一八二六年（道光六年）始开始种植，因政府和人民双方的热忱，经营异常地努力，所以在一九二五年时，竟有二百六十九个公司专理其事。其发达之盛，概可想见矣。嗣后，更因需要日增，种茶的区域，乃渐渐地扩充苏门答腊的南部和其东北部。

总之，此四处茶业的发达，均为华茶的劲敌。居华茶第一位的英国销场，被印度、锡兰夺之于前，而俄美的销场，又复为日本、爪哇侵之于后，致使向居世界市场上第一位的华茶，而退居第四位，良可叹矣！下列之表，即其证明。

表九　世界重要产茶国输出比较

国家／年份	中国	印度	锡兰	日本	爪哇
1896年	228 221 705	150 421 245	110 095 194	42 678 588	7 196 000
1897年	212 879 467	152 344 905	114 460 318	43 636 378	—

年份＼国家	中国	印度	锡兰	日本	爪哇
1898年	215 984 267	158 539 488	122 395 518	39 931 239	—
1899年	224 874 134	177 163 999	129 661 908	40 914 632	—
1900年	196 461 600	192 300 658	149 264 602	38 016 780	16 830 000
1901年	162 130 532	182 594 356	144 275 608	36 218 988	17 643 000
1902年	208 739 333	183 710 921	150 829 707	39 933 079	17 801 000
1903年	224 421 467	209 552 150	149 227 236	45 834 028	22 704 000
1904年	193 860 666	214 300 325	157 929 333	42 550 025	30 034 000
1905年	183 936 800	216 770 366	171 256 702	33 406 284	25 650 156
1906年	187 170 262	236 090 338	171 558 110	31 796 947	27 455 019
1907年	214 962 266	228 187 826	181 126 298	34 204 713	29 286 402
1908年	210 151 466	235 089 126	181 436 718	32 571 150	36 579 941
1909年	199 792 400	250 521 064	189 585 924	35 948 206	36 679 003
1910年	208 106 677	256 438 839	186 925 117	38 873 807	40 639 185
1911年	195 040 400	263 515 774	184 720 534	39 077 074	50 362 607
1912年	197 560 000	61 815 329	186 632 380	35 507 289	61 691 452
1913年	191 534 133	291 715 041	197 719 430	29 540 945	64 938 907
1914年	198 463 200	302 556 697	198 838 946	33 747 990	71 322 504
1915年	237 438 667	340 433 163	214 900 383	39 311 059	101 602 335
1916年	205 520 533	292 593 938	208 090 279	41 461 431	98 006 121
1917年	150 051 999	360 631 933	195 231 592	42 345 974	80 236 200
1918年	53 868 799	326 645 780	180 817 744	41 400 514	61 853 000
1919年	91 583 600	382 023 694	208 560 943	27 799 728	110 792 430
1920年	40 718 667	287 524 697	184 770 231	22 816 015	93 680 400
1921年	57 377 166	317 566 850	161 610 966	16 552 971	67 652 200
1922年	76 807 733	294 700 469	171 807 581	27 100 484	80 713 600
1923年	106 855 600	244 774 111	181 939 731	25 709 400	70 138 400
1924年	101 124 666	348 476 011	204 931 217	22 342 128	105 113 200
1925年	89 000 000	359 700 000	209 500 000	25 231 125	154 500 000

综此三十年观之，在一九〇〇年以前，尚居茶类贸易的第一位；自一九〇一年

以后，第一位则为印度所夺，而退居第二位，在一九〇二年虽得复居第一位的机会，但一九一三年至一九一八年均退居第三位；印度仍居第一位，锡兰居第二位。不幸，第三位仍无力保持，竟于一九一九年为爪哇所夺，而退居第四位。一九二三年虽仍挣回第三位，然至一九二四年以后，仍退为第四位。在此情况之下，吾人若再不急起直追，华茶的贸易，不但有退居末位的危险，甚至归天然淘汰的消灭！

综上所述，中国茶业之衰落，固由于上述各国竞争之影响，然其根本的原因，自不能不归咎于自己。假如我们以前，不稍懈怠，努力经营，改良植制，不贪蝇头小利，将华茶固有之美誉，保持至今，虽不敢言有欣欣向荣之望，亦不致有目前堕落之事实。事已至此，懊恨何及？惟有逝去消极之心，重振旗鼓，努力经营，或有复苏之望！

四、中国茶业改进之方法

中国茶业改进的方法，约分治标与治本两项。治标的方法，不外广事宣传，多开销路，组织团体，公营运销，免除捐税等；而治本的方法，则为培植人材，讲求植采，改良制造，筹设金融机关，实施检验等。兹分述之：

A. 治标方法

（1）广事宣传。宣传之重要，尽人皆知。尤其是经营商业，更可收宣传伟大的效果。例如外货之能畅销于我国市场，莫不赖于宣传之力；即以纸烟一项而言，其所贴之广告，随地多有，可见其宣传之普遍矣。兹为补救茶业起见，亦不妨多制美丽之广告车宣传，以期收事半功倍之效。至于对内亦应有宣传的工作，裨茶农明了提倡品质的重要和传播以培植及采摘的常识。

（2）多辟销路。中国的茶类贸易，在英、美、俄等国既有下落之势，为维持茶业起见，不能不多辟销路，以为补救。至开辟之法，当在一般茶商积极调查世界各处需茶的情形，一方利用广告宣传，则销路的加辟，是一定可以达到的。如非洲的销路于一九一七年之开辟，即其明证。

（3）组织团体。我们知道，欲求事业的发展，必须有健全的组织。当此商战剧烈的时代，如以少数人的力量竞争于世界的商场上，曷克有济？我们今后宜于效法近代的各产茶国，组织茶业联合会，并由政府设置茶务局，保障华茶在国际市场上不受“吃磅”“延期”及“扣息”等损失，期谋交易上的平允。

按：“吃磅”，即华茶售与洋商过磅时，每箱照净重克扣四五磅至六七磅不等。

及恣蚀破箱费用之弊。中国的茶商吃亏太甚。茶栈虽为媒介的机关，亦不能代茶商交涉；因之积弊所届，年甚一年。所谓“延期”，即茶业成交后，故意延迁时日，至三四个月甚至五六个月不与过磅；且过磅后，又迟不交价，遂使茶商对于银息暗中损失甚巨。盖茶商系先向茶栈贷款，然后营售茶叶，每年于茶叶出售后，由茶栈扣还本息；今受洋行苛刻，茶虽售出，而兑价却遥遥无期，致茶商于无形中蒙重大的影响。所谓“扣息”，即此贸易成交后，在以前本有限一星期内过磅，过磅后四日兑款的定章；嗣后改为三星期过磅，后一星期兑款。近年以来，不特过磅久稽时日，而兑价任意迁延，渺无限度，后因茶商与之交涉，于是有九九五扣息之事。洋商方面，以为华商欲谋早日兑价，洋行须扣息银每百两扣去五钱。华商无可奈何，与其受迟不兑价之影响，毋宁受此折扣之小亏，因之日久遂成惯例。吾人若以每年出口的总值计之，其损失亦大矣。

(4) 公营运销。中国茶商资力微薄，运茶出口，须经过无数的手续，而不能径向外商交易，致受洋行的故意延宕，辗转抑勒，操纵其间，而蒙操纵损失！今后宜由茶务局设公运贩卖机关，通盘营运集散，直接放洋，以免除辗转、操纵、剥削之弊。

(5) 免除捐税。华茶制造之成本，虽较其他产茶国为低，然因站途捐税过重，运费太昂，每使成本加重不少。且华茶之输入他国，复受不平等之待遇，例如英国对锡兰、印度茶的输入，每磅征收进口税仅十便士，而华茶每磅则需十二便士，因之华茶失却竞争的能力。至于茶的出口税，在锡兰、爪哇等处，并没有这种名目；日本虽有，而征税额甚微；华茶的出口税，在民国八年时经茶商的呼吁，虽幸为免除，然内地的五成厘税，却是依然存在。即就安徽一省而言，每年茶税在四十八万三千六百元，若以年输出三十万担平均计算，每担应加重成本一元六角余；此尚就正捐而言，其余还有什么附捐、塘工捐、印花捐等名目，实是茶业发展的掣碍。去年十二月间，据报纸所载，财政部为救济茶业起见，拟有豁免内地税的办法，惟迄今尚未见诸实行。是应请当局促其实现，以期华茶贸易之发展。

B. 治本方法

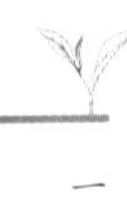

(1) 培植人材。欲图改良茶的制植，当然是需要专门的人材，所以各省宜设专业专科学校（为节省经费计，可附设于农校内；惟产茶的区域，是项专校，则有独设之必要）。聘任专门技术教师，教授栽制和化验各法，对于剪枝施肥、灌溉、采摘以及制造等法，切实研究，以期改良。同时，更应派遣人员，遄赴印度、锡兰、日本等处，实地考察其种制、贸易、需要的状况，并从事于对外联络宣传工作，俾收桑榆之效。

（2）讲求栽采。中国的茶业，以因为副业，所以对于种茶都是任其自生自长，毫不讲求。采茶大多过密，缺乏营养，以致茶枝不易发展而剪，施肥、松土、灌溉等等工作，往往没有顾及。更加以各茶户因生活渐难，工资渐加，而茶价及销量仍复如是，难敷工本，于是，更任茶业粗长，以致色味俱伤。至于采摘之事，多由妇女为之，既不明茶树的生理，但求数量上的加多，常常未及二年的茶树，也任意采摘，致伤茶树的元气，此自为中国茶业根本上的缺点。今后为求补救，政府固应奖励种茶，以资提倡；更应多设茶业试验场，试验茶树的种植及松土、施肥、灌溉、刈草、除虱、采摘等方法，并采集优良的茶种，分发各地乡农，劝令栽种。同时，更应派员调查各茶区域种茶及采摘之情形，以为改良之标准。

（3）改良制法。华茶贸易之衰落，最大原因，当归咎于制造之不良，前已言之，无庸赘述。至今后改良之法，各省应设立制茶改良厂，从事研究烘茶及装潢的方法；并应采购机器，应用科学方法制造，以树楷模，俾茶商茶户有所仿效。

（4）实施检验。华茶品质之低劣，不在茶种之不良，乃在制造之草率和茶商之作伪，是应设立茶叶检验所，励行茶质之检查，以期提高品质，促其改良，挽回华茶对外贸易的信用。同时，对于切实行检验后的茶叶，别其等次，予以证明，以免受外人之抑压垄断。

（5）筹设银行。我国茶商资力之微薄，当为华茶贸易衰落之最大原因，是应筹设茶业银行，低贷放款，以资周转，而通缓急。俾外商无抑勒、操纵之余地，而促进华茶之发展。

总之，欲期华茶前途之发展，固赖政府之奖励、提倡、保护；然茶商茶户之本身，自亦应积极努力，不图绳利，从事改良，始克恢复世界市场上的首席地位，而促进中国茶业前途之发展！

上述各节，不过是荦荦大纲，自不免挂一漏万。然作者志在引玉，故不惜抛块，是深冀海内明达，予以鉴亮。倘有以教之，尤为作者之幸！

《安徽建设月刊》1930年第11期

为茶叶押税不准免缴事致洋庄茶业同业公会函

（十月卅日）

迳启者，前接来函，请即电部将预缴出洋茶叶押税停止执行等情。经据情电呈财政部去后，兹于本月二十八日奉财政部第一一二二四号批示内开，电呈已悉。查改征茶叶押税，俟所运茶叶出洋后，仍将所缴押税立予退还，为时既不甚久，亦未增加茶商负担。乃该茶商等甫得免追欠款，又请免纳押税，肆意要求，殊属非是，须知前为取消保结办法。始准将十八年以前应缴茶税，免予追缴，已属格外体恤。而此事一经定案，尤为政令所关，岂容率请纷更除已于该茶叶公会前此呈请到部时，批令务遵前令照缴押税，毋再渎陈外。据呈前情，合再批仰转知可也等因到会，合行录批函达，即希查照。

《商业月报》1930年第11期

华茶减税可望实现

【上海通信】本市社会局鉴于华茶贸易日见衰落，制茶工人生计顿绝，失业众多，实非国家社会之福，曾拟具救济华茶办法十条，呈由市府转请行政院核办，就中关于减免茶税一项，已经财政部拟有减税办法三种，该局奉令后，已分令上海茶业会馆、上海茶商公所知照，并饬核议具复。兹闻茶业会馆、茶商公所均已拟具意见，先后呈复，该局即据以呈市府，核转行政院采纳施行。

《农业周报》1930年第19期

华茶之生产与贸易及改良之管见

程天绶

（甲）生产与贸易

一、华茶之产地

吾国土质肥沃，气候温和，最适宜于种茶。中部南部温热地带，殆无不产茶者。其种植之隆盛，产额之丰富，以安徽、江西、浙江、江苏、湖北、湖南、福建、四川、广东诸省为最著。此外广西、陕西、贵州、云南、甘肃、河南、山东等省亦皆产之。各省之重要产地如下。

安徽省：婺源、祁门、休宁、歙县、绩溪、黟县、秋浦、六安、建德、凤阳、太平、庐州、颍州及江西之浮梁，与祁门壤地相接，统称祁门茶。六安霍山，统名六安茶。又聚于皖浙交界之屯溪者，曰屯溪茶。徽州之绿茶，祁门之红茶，尤为举世所称。

江西省：德安、瑞昌、浮梁、彭泽、宁都、修水、新建、进贤、奉新、靖安、星子、永修、清江、新喻、赣县、会昌、寻邬、上饶、广丰、弋阳、横峰、崇仁、永丰、遂川、南城、武宁、都昌、安义、新淦、兴国、信丰、安远、玉山、铅山、贵溪、临川、东乡、泰和、南丰、宜春、萍乡、崇义、上高、分宜、南康、吉安、高安、宜丰，以宁州红茶最著名。

浙江省：绍兴（平水镇）、嵊县、上虞、萧山、诸暨、余姚、新昌、杭县、余杭、临安、宁波、温州、处州、湖州、金华、嘉兴，以平水茶最著名。

江苏省：常州、镇江、松江、江宁、扬州、苏州（洞庭碧螺春）。

湖北省：通城、咸宁（柏墩马桥铺）、崇阳（大沙坪）、小沙坪（白霓桥）、蒲圻（羊楼司、羊楼峒）、通山（杨芳林）、阳新（龙港）、宜都、兴山、秭归、长杨、五峰、宜昌、南漳、谷城、均县（太和山）、广济、黄梅、蕲水、恩施、利川、郧县、竹山、宣恩、咸丰、建始、鹤峰、当阳、远安，以羊楼峒茶最著名。

湖南省：临湘（聂家市、白荆桥）、岳阳（云溪、北溪、晋坑）、平江（浯江、

长寿街）、企井、益阳、湘潭、醴陵（张家碑、沩山）、安化（蓝田、硒州）、浏阳（高桥、永丰）、湘阴、湘乡、桃源、常德、新化、石门、长沙、宁乡、茶陵、零陵、祁阳、武冈、衡阳、衡山、郴县、沅江、会同、黔阳、永明、慈利、宝庆，以长寿街、聂家市最著名。

福建省：闽侯（北岭、板洋镇）、崇安（武彝、界西）、建瓯（洋口、水吉）、政和、松溪、建阳、建宁、闽清、邵武、光泽、沙县、永安、顺昌、将乐、尤溪、福鼎、福安、洋浦（白琳）、宁德、罗源、吉田、屏两、安溪、漳平、宁霞、连江（丹洋）、寿宁（东风塘），以武彝茶最著名。

四川省：灌县、安县、茂县、高县、宜宾、屏山、叙永、懋功、开县、滤县、宁远、绥定、龙安、嘉定、雅州、夔州、顺庆、重庆。

广东省：番禺、南海、高要、鹤山、清远、惠阳、连平、紫金。

广西省：梧州（多贤、长行）、平乐、桂林、柳州。

陕西省：紫阳。

贵州省：贵阳、思州、安顺、兴义、都匀、平越、石阡、遵义。

云南省：昭通、普洱。

甘肃省：兰州、巩昌。

河南省：固始、商城、光山、信阳、罗山。

山东省：济宁、莱芜、登州。

以上十六省中，惟山东、河南、陕西、甘肃四省，茶之出产极稀，品质亦劣，几完全供本地居民之消费。其余十二省，则出产丰富，约占全国总产额百分之九十五。

二、华茶之产额

吾国产茶之历史最古，摘茶叶以供饮料，在西历纪元前二千五百年时，创始于吾国，已为世界所公认。迨后渐次传播各国。晋宋以来，饮茶法盛，吴人称为茶茗粥。自陆羽著《茶经》三卷，而茶之效用愈著，改良煎茶法，与卢仝同有茶匠之称，饮茶之风日盛。至元时，茶之产额已达四千万斤以上，遂引起外国人之注意，在西历一六六九年，由英国东印度公司之手，始输出外国。以后产额愈见增加，世界茶之贸易市场，至十八世纪之末叶止，几为吾国所独占。晚近以来，印度、锡兰、日本等，产茶日盛，吾国茶业，遂受影响。然而日本……栽培面积共计二十万英亩，产额一亿万磅；锡兰茶园四十八万英亩，产额二亿万磅；印度茶园六十万英亩，产额三亿万磅；吾国则无确实统计，有之，亦多遗漏，盖吾国之植茶，不过农人一种副业，田畔山边，莫不栽植，类多七零八落，鲜有大规模之茶园者，故面积殊难统计。至于产量，则除输出者外，本地之消费量，并无一定之限度，可以真确推求。兹据《中国实业通志》转载农商部所编之统计表而观，则吾国茶园之面积，及茶之产额，有如下表。

省别	面积/亩	产额/担
安徽	750 119	499 288
江西	1 267 935	208 872
浙江	624 060	256 144
江苏	885 977	327 770
湖北	521 775	417 698
湖南	694 527	2 219 917
福建	122 475	680 000
四川	327 188	2 996
广东	77 227	167 045
广西	77 898	302 174
陕西	2 529	906
贵州	1 645	278 594
云南	—	158 086
甘肃	—	—
河南	—	84
山东	—	—
每年总计	5 353 355	5 519 574

表中数字，揆诸实际，仍多出入。如所举之浙江、福建、广西之产茶额，仅可视为三省之输出量，本地之消费量并未列入。四川之二千九百九十六担亦显然有误。盖该省所产之茶，仅砖茶一项之运销西藏者，其数量已远逾此数也。

有某英人之调查吾国茶业者，于《锡兰观察》(Ceylon Observer) 中发表一文，谓吾国植茶总面积为三百万亩，每年茶之产量为六亿磅。《大英百科全书》(Encyclopedia Britannica) 则谓吾国每人每年消费茶五磅，故以吾国人口额为四亿二千七百万，则国内每年消费茶业二十一亿三千五百万磅，合六百万担。再于此数增加输出之一百五十万担，则总计为七百五十万担，即为吾国茶叶之总产量。然吾国各省各地之人民，生活习惯不同，每人每年之消费量自异，平均以五磅计之，殊无充分之根据也。

…………

据《中国年鉴》（The China Year Book）所载，吾国最近十年来之茶叶输出额（一九一八年至一九二八年）如下表所示。

（单位：担）

年份	红茶	绿茶	砖茶	毛茶	花熏茶	茶片	茶末	茶梗	未列名茶	总数
1918年	174 962	150 710	75 160	201	—	—	3 121	—	63	404 217
1919年	288 798	249 711	143 394	278	—	—	6 534	—	1 440	690 155
1920年	127 832	163 984	11 695	516	—	—	1 879	—	—	305 906
1921年	136 578	267 616	23 546	2 399	—	—	143	—	46	430 328
1922年	267 039	282 988	22 616	818	—	—	2 600	—	12	576 073
1923年	450 686	284 630	8 613	2 264	—	—	55 224	—	—	801 417
1924年	387 064	278 767	19 382	2 031	1 227	9 981	59 351	8 040	92	765 935
1925年	329 455	321 201	141 917	14 428	725	2 227	16 443	6 413	199	833 008
1926年	292 527	329 197	141 872	39 641	2 338	5 317	20 487	7 426	152	838 957
1927年	248 858	333 216	173 148	88 884	1 189	3 985	12 296	10 512	88	872 176
1928年	269 615	306 765	256 712	74 974	1 588	694	2 397	13 285	22	926 052

三、华茶之类别

茶之名目浩繁，分类亦难划一，有由制造方法分别之种类，有由制造时期分别之种类，有由制造地分别之种类，有由产地分别之种类。此外茶叶商店零售茶叶之名称，尤多至不可胜述，类皆随意定名，花样翻新，并无深义，兹将各项分类，一一述之。

（甲）由制造方法分类者。

（一）红茶。红茶多产于湖北、湖南、福建，及安徽之祁门，江西之修水、宁都。形状均齐，汁色红褐透明，味甘者为上品，苦涩而微含臭味者最劣。又细分为工夫、小种、白毫、珠兰、花香、乌龙、包种七类。

（1）工夫茶。因制造最费工夫得名。（2）小种茶。原与工夫茶同类，不过因叶之粗细而分。细者曰工夫，多销英美；粗者曰小种，多销法德。（3）白毫茶。叶

小，而蒙白毛，外观甚美，多销印度。(4) 珠兰茶及 (5) 花香茶，皆以珠兰花、茉莉花等配合而成。惟珠兰制法，将花混合于茶叶中，经过一夜之后，尽去其花；花香茶则杂花于其中而售之。珠兰多销俄国，花香多销英美。(6) 乌龙茶。汁色灰黄，有含香气及不含香气之二种。曩昔畅销美国，近则多销暹罗。(7) 包种茶。以包纸得名，每包约重四两（包种茶不仅限于红茶，即红茶之包种茶中，亦有工夫、小种、乌龙等茶。盖在原产地并无包种之名。惟交易时裹以纸，始有此名耳）。多销英属海峡殖民地。

（二）绿茶。绿茶多产于安徽、浙江及福建、湖北、湖南、江西之一部。安徽、浙江绿茶，多经由芜湖、杭州、温州，集中于上海。福建绿茶，多经三都澳集中于福州。两湖绿茶，多集中于汉口。又细分为数种，大率形圆者为珠，形纤者为雨，介乎纤圆之间者为熙。珠又分大珠、小珠。小珠制法，系用手搓揉，成为圆形之珠；其形状大小不同，有一号、二号、三号之别，即麻珠（小）、宝珠（中）、芝珠（大）三种，俗名蚤目、蚁目、蝇目。大珠制法，与小珠同，其形状略大，亦有一号、二号、三号之别，即珍珠（小）、圆珠（中）、熙珠（大）三种，俗名蝶目、虾目、蛾目。在谷雨节前摘制之茶，普通分为眉雨、蛾雨、蚁雨、芽雨、熙雨五种。熙，即熙春，为春初摘制之茶，因摘茶时期不同，有一号、二号、三号之别，眉熙、正熙、副熙是也。珠茶多产于浙江之绍兴，普通称为平水茶。熙春雨前，多产于徽州，绿茶品质，最佳者为熙春，其中眉熙最良，正熙、副熙次之。次于熙春者，常推小珠，小珠茶形状愈小者愈佳，麻珠最良，宝珠、芝珠次之。次于小珠者为大珠，其中珍珠最良。熙珠最劣。

（三）乌龙茶。乌龙茶之制造，在红绿茶之间。采茶后，如制红茶法使之酸酵。迨酸酵程度稍进，置诸锅中蒸之。使酸酵作用停止，然后揉搓而干燥之者。乌龙茶之主产地为福建延平府下沙县之产为最良。有所谓包种茶者，为乌龙之一种，配合茉莉、秀英、珠兰、黄枝等香花于其中。但产量不多，中国台湾（日据时期）则颇多也。

（四）红砖茶。我国砖茶，起源甚古，宋代宫中贡茶，皆制成团片，附以金箔，描写龙凤文，史称宋元丰间，开西戎马市，以砖茶易马。俄人林土奇谓西伯利亚当十六世纪时有砖茶贸易。据英人摩尔斯所说，则道光三十年，砖茶输入俄国，已达三百三十万磅。同治九年海关报告，出口砖茶凡六万二千八百担。惟昔时制造砖茶，全用人工，其利用机器，乃福州开市通商以后事也。当时福建茶商，购入英国机器，设厂制造，大获厚利，一时开办三厂。光绪元年，福州砖茶出口达六百二十

万磅，五年更增为一千三百七十万磅，是为福州砖茶全盛时期。光绪十七年以后，俄国顾客，咸趋于汉口、九江两埠。于是福州三厂，相继停闭，汉口、九江，斯业转盛。当允许外人设立工厂之《马关条约》未订立以前，汉口已有俄商经营之大砖茶厂。现时汉口一埠，设厂凡四，年出砖茶三四十万担。

全国砖茶制造业，大半在俄商之手。俄商茶厂，资本雄厚，经营得法，华商望尘莫及。自光绪三十二年以来，俄厂绝对谢绝参观，严守秘密，以故各厂产额及茶末掺和之比例，外人莫得而知。砖茶所用之原料大约如下。

（1）红砖茶
- 纯用红茶叶
- 纯用红茶末
  - 纯用中国茶末
  - 掺和锡兰、爪哇茶末

（2）绿砖茶——纯用中国绿茶

（3）小京砖茶
- 纯用中国红茶末
- 纯用锡兰、爪哇茶末

红砖茶使用之茶末，多为制红茶时所遗弃之落叶、碎片、茎梗等物，间有杂以茶根、茶心、茶粉者，统名之曰花香。此外则掺以夏冬所采之三帮茶，碎为细末，以细叶为砖面，花香为砖底，粗末为砖心，加以蒸汽，压成砖块，形式大率长八吋半，宽六吋，各有一定之重量，纯用红茶叶者，每重三十六盎士，纯用茶末者，每重四十盎士。红砖茶性质最佳，块不甚巨，每箱计六十四块、七十二块，或百块不等。视原料之优劣，分为上中下三等。海外销路，向以俄国为第一，俄乱以来，销数渐减。

（五）绿砖茶。绿砖茶之原料，概为茶叶，无混用茶末者，间有杂以带茎之粗叶及小枝等物。其形式有两种，有长一尺宽七吋者。有长八吋二五、宽五吋二五者。价值较红砖茶为廉，海外销路，亦以俄国为多，但由俄商转运蒙古内地营销者亦颇不少。

（六）小京砖茶。此种砖茶之原料，即制红砖茶时筛下之极细粉末。筛茶时分作三等。一等粉末，细如面粉，用制小京砖茶。二、三等粉末较粗，用制红砖茶。制小京砖茶之粉末，不加蒸汽，但装入压榨器，以压力六十吨之水压器，压成砖块，每块重三两六钱，外面裹以锡纸，亦多运往俄国。

（七）茶末。茶末，即碎片、茎梗、茶粉等物，俗名花香。英商选最佳之茶末，不制砖茶，即以之密封于箱中，亦不另加压力，任其自然之形式。运往英、美、澳洲、纽芬纶等处销售，视为廉价之茶。然此种茶末，若运往俄国则不甚合宜。因俄国视同最贵之白毫茶，取税甚重，俄商欲免此重税，则惟有制成砖茶之一法。故砖茶多往俄国，茶末多往欧美，法国、日本次之。大战时英美严行禁酒，茶末销数尤巨。

（八）毛茶。即未烘制之茶叶，由各生产地农家粗制，转输通商口岸后，不另加以精制，即封装出洋者，多运往香港地区及俄国。

（乙）由采制时期分类者。

（一）头帮茶。亦称头春茶，在谷雨前十日前后采摘制造之者。

（二）二帮茶。亦称二春茶，在谷雨后十日前后采摘制造之者。

（三）三帮茶。亦称三春茶，在谷雨后约二十日采摘制造之者。

（四）四帮茶。亦称四春茶，三帮后一月内采制者，亦有同称为三帮茶者。

（丙）由制造地分类者。

在上海市场上所用之名称如次：

（一）路茶。在生产地制造后运来上海者。

（二）毛茶。由生产地运至上海后，在上海制造之者。

（三）株茶。在生产地粗制之，运至上海后，再加工制造之者。

（丁）由生产地分类者。

（A）绿茶。

（一）徽州茶。安徽省徽属六县中，除祁门县产者为红茶外，其余五县所产之绿茶，总称之徽州茶。

（二）屯溪茶。徽州茶之别名，因屯溪为徽州一大市镇，徽州茶多聚散于屯溪，茶号之经营亦颇旺盛，故在商场中有屯溪茶之名。

（三）平水茶。浙江省绍兴属八县产者，于平水镇集散之，故称平水茶。

（B）红茶。

（一）祁门。安徽徽州祁门县产。

（二）武彝。福建建宁县产。

（三）北岭。福建福州县产。

（四）白琳。福建福宁县产。

（五）板洋。福建福宁县产。

（六）洋口。同上产。

（七）界所。福建崇安县产。

（八）宁州。江西南昌县产。

（九）安化。湖南安化县产。

（十）湖南。集于安化之茶均称之。

四、华茶之品质

吾国土质肥美，气候优良，茶之栽植极广。除出产著名之省份外，其余各地，几无不栽培之者，顾出产量有多寡耳。以徽州而论，随处皆山，农家视种茶为副业。山坡平原，固多茶树；即悬崖深壑间，亦所在多有。惟无大规模之茶园，类多到处分散。此盖各省农家普遍之情形，非特徽属如此也。吾国茶之品质极佳，盖以土壤性质，既适宜于茶之栽培。而气温雨露，尤适宜于茶之滋长，且品种纯良，茶树之高低适度。据俄人托卡歇夫氏（Boris P. Torgasheff）所云，中国茶种，有特别优良之性，输种中国茶于他邦，无论栽培方法如何精密。欲使其风土驯化，性质不变，则异常艰难。其叶质之鲜嫩及香味之隽永，尤难企望。观此可见中国茶种之高贵矣。吾国茶之成分，含单宁（Tannin）及茶素（Theine）以及水溶液浸出物（Water Extract）均低，故茶味甘芳而不苦涩。品质居世界第一，诚非虚语。兹将干茶叶之普通化学成分列举于下。

纤维组织(Cellular Tissue)	50%—60%
单宁(Tannin)	12%—18%
水分(Water)	8%—10%
胶质(Gurms)	2%—9%
蛋白质类(Albumin & Casein)	2%—4%
腊质及以太油(Wax & Ether Oils)	0.2%—0.5%
茶素(Theine)	1%—2%

茶之有浓厚苦涩之味，由于含单宁所致。其有奋兴之作用及芬香之气味，则由于茶素及以太油之关系。故茶叶之成分，配合若得其宜，则其滋味甘芳适口。中国茶之滋味特别隽美者，殆天然之配合得其宜耳。兹据培伦氏（Mr. A. Pelens）之分析，将中国宁州所产之工夫茶，与爪哇所产之巴达维亚茶，印度加尔各答所产之帛科茶，互相比较其成分，如下表所示。

茶叶种类 成分	宁州工夫茶	爪哇巴达维亚茶	加尔各答帛科茶
水分	4.575%	4.580%	4.576%
单宁	8.070%	9.740%	9.436%

续　表

成分＼茶叶种类	宁州工夫茶	爪哇巴达维亚茶	加尔各答帛科茶
水溶物	36.050%	42.750%	43.750%
灰分	5.320%	5.050%	5.420%
可溶灰分	4.045%	3.150%	3.520%
茶素	2.500%	2.530%	3.210%

观上表，可知吾国茶所含单宁及茶素，比较各国为最少。故虽英国极力为印度拥护，终亦莫能否认此事。

吾国茶之品质，高贵非常。除茶种优良外，又得土壤之适宜。盖茶之生长，与纬度及高度均有关系。如托卡歇夫氏之说，吾国宜于植茶之点有三：（1）为纯净肥沃之红泥土；（2）种茶地带之地层表土构造适宜；（3）地势有相当之高度。如安徽省之黎山山坡，高出海面三千至四千尺，其上生长最著名之茶是也。据袁伦希君就祁门县最上等茶之所在地，分析土壤之成分如下表所示。

水分	2.410%
燃烧后所失之物质	6.580%
溶于盐酸之物质	80.453%
氧化硅	1.002%
氧化铁	4.480%
氧化铝	6.220%
氧化钙	0.200%
氧化镁	0.221%
氧化钾	0.161%
氧化钠	0.336%
硫酸	0.117%
磷酸	0.203%
炭素	4.330%
淡素	0.135%
腐植质	2.041%

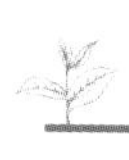

祁门县植茶之土壤，富于有机质及氧化铁，故茶叶品质优良。又吾徽黄山云雾茶之所以最高贵者，则由于地势之高度有以致之。黄山为徽州最高之山，亦中国名

山之一。奇峰插云，高悬瀑布，风景绝幽，作者曾于民国九年夏四月，遨游此山，历千余日。正值新茶制就之时，蒙寺僧优遇，得饱尝云雾茶之滋味。其茶叶尖细丰嫩，开水冲泡，可历三四次而香气滋味依然醇厚。液色微带黄绿，澄清澈底，饮之真觉香沁心脾，精神爽快，为之称赞不置。惜此种云雾茶出产不多，寺僧视为拱璧，欲买少许带归，率皆婉辞不卖。云雾茶之得名，由来已古，因其茶树生长于严隈高处，常受云雾之滋润，茶叶细嫩，香味特别醇厚，故能遐迩驰名也。

五、华茶之贸易

吾国茶业界，不外分为生产者（农户）、茶商（茶号）、土庄栈、茶栈及输出商（洋行）数种，兹分述之。

（一）生产者。产地农户，每届采茶时节，家家率其妇孺，或添雇短工，纷纷采制，工作颇忙，故有"乡村四月闲人少"之谚。制茶均用手工，法颇简单，制出之茶，即所谓毛茶是也。制就后，紧盖封藏，待价而沽。

（二）茶商。各地茶商，于内地开设茶号，独资或合股经营，资本不甚充足，多由茶栈垫款。每年于事前觅定场所，预备器具，雇定茶师以及男女工人。一俟新茶上市，则派出水客，分赴邻近各乡屯向农户收买。价格视茶叶之品质，年岁之状况，银根之灵涩而各有不同。收买多量后，随时运回茶号，由茶师分类制造。重行炒焙、拣选、分筛及分配各种花色。然后盛箱运沪，派人随路押运，到沪后，依其向来主顾，各投茶栈。

（三）土庄栈。其性质与内地茶商之经营相同。惟在沪设厂，收买毛茶，就近赶制，颇能随机应变，捷足先登，惟其出品，类多低级，不及来路货之妥实，亦由茶栈经手卖出。

（四）茶栈。茶栈之性质，系贷资于茶商，收取息银及佣金，并为茶商与洋行之媒介机关也。茶栈聘用通事（翻译员），专与洋行接洽。交易时，先送小样与洋行茶师看定，互议价格，成盘后，发大批比对，签字成交，凡各地运来之茶，必由茶栈经手卖出，茶商不得直接与洋行交易，故茶栈实为贸易上一重要阶级。

（五）输出商。吾国茶叶，均由各洋行收买，运往各国畅销。对于交易，颇多不平等之待遇，操纵苛求，殆难枚举；而吾国茶业界处于无可奈何之地位，局促如辕下之驹，诚吾国国际贸易上之弱点也。

（乙）改良之管见

一、生产上之改良

（A）推广新面积。吾国各省产茶之区，栽植类多散漫，殊少大规模之茶园，诚为憾事。荒圹之土，随处皆是，苟能察其土宜，尽量栽植，则山地与原地之利用，其面积何可以道里计？日本、印度、锡兰、爪哇等地，其在植茶区域内，茶园密布，面积广大，虽为植茶后进之邦，而每年出产丰富，足与吾国竞争于世界之市场，骎骎有驾乎吾国之上。观乎近来吾国茶业之不振，尤易予他邦造成发展之机会，故欲挽回权利，则首先增加生产，推广栽培面积，实为切要之图矣。

（B）改良旧茶园。茶园之历年较多者，茶丛已呈老宿之状态，试往各处之老茶地一观察之，则大丛者有之，小丛者有之，全丛凋毙者有之，半丛枯萎者亦有之。此等不完全之茶丛，徒占地位，而无生机，应行从速整理，一半枯萎之茶丛，应一一掘起，择其可用之部分，互相合并而重植之，或于他处移取其半以补植之。对于全丛凋毙者，则掘去而另于他处移取一丛以补之，一茶园内，必使其茶丛一致，各丛匀布，充满地空缺，如是则管理方便，生产亦多。

又农家每有植茶于田塍者，亦不适宜，因垄亩间此界彼疆，田主不一，阡陌亦难连成一脉，一条长狭之田塍，植丛亦难多数，采摘时东奔西走，不胜其烦，不如觅一整块之茶地，移集塍茶而植于一处，则工作便利矣。

至于将茶丛之老朽者概行近根刈去（台刈，或称截干），待其发出新苗，四五年后，方能成丛，此法虽亦改良茶园之一，但需时甚长，不如上法之经济而且便捷也。

二、制造上之改良

吾国制茶，不特农家初制之毛茶全用人工，即茶号复行精制之时亦然，故日人借此宣传，谓华茶之制法粗放，茶叶之形式不佳，而且足踏手揉等工作，殊欠清洁，而不卫生云云，其实吹毛求疵，言之亦太过甚。平情而论，将来茶产增加，茶业发达，当以采用机器制造为佳，设立大规模之制茶厂，购用机器，研究制法，并谋改良普及之方，何患不能战胜于市场乎。

三、贸易上之改良

吾国茶叶之品质，既为世界第一，产额又甚丰富，诚对外贸易之一特产。在十三世纪以前，吾国为唯一产茶国。十九世纪以前，亦推吾国。日本产茶，爪哇植茶，始于道光六年。印度植茶，始于道光十五年。锡兰植茶，始于光绪二年。曾几何时，印度茶之势力，已凌驾吾国。锡兰、爪哇、日本继起而大肆角逐，我国销路，多被蚕食，年复一年。情势日非，诚不胜今昔之感矣。爰本管见所及，略述改良之点如下。

（A）从对外贸易方面应行治标者。何谓治标，即鉴于洋商贩买华茶时，交易上有种种不平等之习惯，吾国茶商受其苛剥，处于铁蹄下而莫如之何，须由政府为茶商谋保障之方，正式交涉，以谋交易上之平等，此即所谓治标也。其亟应取缔之点如下。

（一）洋行公磅。华茶售与洋商后，过磅时，每箱照净重克扣四五磅至六七磅不等及恣蚀破箱费用之弊，华商吃亏甚大。茶栈虽为媒介机关，亦不能代茶商交涉。积弊所届，年甚一年，民八以前，类皆如此。其后乡友单君，出于义愤，邀集路庄茶商全体，设立路庄茶业事务所，附设公磅局。与洋行交涉，力争交易上之平等，双方争持，闭市历半月之久，结果洋行始将克扣之程度稍减，每箱一律克扣二磅半。以每担茶价姑以平均七十两计之，每担损失约值三两以上。以每年出口额计之，损失之巨，诚属骇人。此须与洋行交涉，请其早日取缔者也。

（二）过磅延期。茶叶成交后，洋行过磅，故意迁延时日，至三四个月甚至五六个月之久。且过磅后，又迟不交银（即茶价），遂使茶商对于银息暗中损失甚巨。盖茶商先向茶栈贷款，然后经营茶业，每年于茶叶出售后，由茶栈扣还本利。今受洋行苛刻，茶虽售出，而兑价遥遥无期，不特茶商感受痛苦，茶栈亦间接受其影响也。此须与之交涉，过磅务请从速，付款不得延迟，并须规定一时期，一限度。

（三）九九五扣息。贸易成交后，在昔本有限一星期内过磅，后四日交银之定章。其后改为三星期过磅，后一星期交银。近来不特过磅久稽时日，交银又任意迁延，渺无限度。华商向之交涉，于是有九九五扣息之事。洋商方面，以为华商欲谋早日兑价，洋行须扣息银。每百两之值，由洋行扣去五钱，华商实得九十九两五钱，此所谓九九五扣息是也。华商无可奈何，与其受迟不交银之影响，毋宁受此扣折之小亏，日久遂成惯例。以每年出口总值计之，其损失盖亦大矣。洋行既不能从早交银，在理当付相当之息银与华商，方合原理，今竟适得其反，宁不可慨，此须与之交涉请其早日取缔者也。

（B）从国内经营方面应行治本者。何谓治本？即对于吾国茶业界经营之散漫，须谋一整理之方是也。查吾国茶业之不振，不在于品质之不良，不在于产额之不多，亦不在于制法之不善。其根本失败之原因，即在于经营方法之散漫，经营之资本薄弱耳。其补救之道，茶号茶栈均各贵乎合并也。

茶号为茶叶之制造场所。由各地茶商独资或集股经营。产茶之地，茶号之多，难计其数；资本大小，至不齐一。其资本稍大，而老于经营者，尚能郑重将事，不惜成本；出品亦颇高贵，运沪后可待善价而后售。其资本短绌，全恃贷款经营者，制造难免草率，因而出品低劣，而又巧立名目，希图鱼目混珠；运沪后，若遇茶市冷落，则难于忍耐。洋商素悉华商心理，故意抑价，而资本短绌者，自不得不贱价以求售；遂令优级之茶，亦受牵累，红绿茶历年失败之原因，即由于此。洋商知吾国茶业界之散漫，用其巨大资本，而协以谋我。在沪办茶，市价由其操纵，例如红绿茶之对俄销路，向由白头洋行（波斯）与新泰洋行竞贩。买卖随时转移，市价有时消长，初亦不受人操纵。奈近来苏俄政府对于华茶之输入，特设机关，即协助会是也。行其统一政策，大批收买，市价遂由其操纵，抑压不堪。以此为鉴，吾国茶商当所警惕，应宜群策群力，以谋集体互助，合并多数茶号而成一大茶号，聚集多数资本而成一大资本。制造力求精良，种类力求纯净，商标牌号，亦须去繁就简。用此兼并政策，自是唯一应付之方。又茶栈为媒介机关，关系重大，其经营亦与茶号同出一病，应宜合并至最少数，则资本雄厚，办事有具体之效。茶叶到沪后，可以驾驭一致，不使有贱价滥卖之弊。诚能如是，吾国茶叶之对外贸易，必能复兴。此谋内部改进之根本办法，亦为目前切要之图。至于增加产额，改良品质及制法等。则筹设试验场、制造厂等，尚待第二步之继续改进也。

《农业周报》1930年第53—55期

请免征出洋华茶押税

【上海通信】市商会为茶商吁请免缴出洋华茶押税，特电财政部文曰：南京财政部钧鉴，据洋庄茶业公会声称，奉部令转口外销华茶预缴押税，请免未准，现沪关已实行征收。并接汉电有洋商大批箱茶运申，未能预缴，遂致停运。茶虽洋商订购，货款未交，仍系华有，因之货款延滞，申汉全体茶商震骇，部令预缴押税，于国税断无损失，应请免其预缴税项，立电总税务司转电申、汉、浔三关停止执行，以纾茶商喘息，至祷，立候电示，上海市商会叩删。

《农业周报》1930年第53—55期

继续限制茶产

【上海通信】英伦来讯云，英国茶商鉴于年来茶业之一蹶不振，茶价一再下跌，茶商大受亏折，其原因实由于产量激增之故。去年印度、爪哇、锡兰茶，虽能议决限制出产，较前减少一千万担，但市面尚未能挽回颓势。是以英茶商特于去冬召集印、锡各国茶商会议，对于继续限制产量一案，业已一致通过云。

《农业周报》1930年第66期

华茶外销有望

【广州通信】去岁年底，吾国出口华茶虽觉比较增加，惟售价低，茶商获利甚微。兹据茶行消息，海外纽约、伦敦各地茶商，目下因华茶售价低廉，拟乘机进货，近日该两地已频电粤、沪探询茶价，纽约茶商已有愿出较高价格之表示，照现在情况观测，在新年后对外畅销，将有增进之希望云。

《农业周报》1930年第67期

茶业行政草案

徐方干

茶为饮料中第一佳品，本为吾国所独有。三十年来，为印度、锡兰、爪哇、日本馋夺殆尽，华茶反居末位。查印、锡、爪、日出产之丰美，其茶种悉购自吾华。各该国之政府，知其为唯一之大利也，出其财，竭其力，以资助之，维护之，宣传之。免其出口税，减其运脚，助其广告费，提倡广设大公司，遂成今日兴旺之象。百分之中，洋茶得占八十，华茶仅有二十。尚幸俄国商人喜购华茶，苟独靠英美，则不绝如缕之生机早绝矣。民国八年冬，北京政府准华茶全免出口税，减经内地厘税之半，以两年为期，时孙宝琦为税务督办。以后屡次展限，以迄于今。十六年复

得国民政府明令，援案免税，仍减厘金之半，乃得勉强支持于风雨飘摇之中，赖此而已。至于培养人材，广告提倡，设立公司等事，今犹未计及，爰将愚见所及，拟成茶业行政草案，以供国人参考焉。

一、茶业政策大纲

甲、宣传

1.巡回演购。选派专员行之。
2.定期演讲。各局场所定期行之。

乙、传习所

1.茶业讲习所。二年为期男女兼收。
2.制茶传习所。六月为期男女兼收。
3.栽培传习所。八月为期男女兼收。
4.短期传习所。三月为期男女兼收。

丙、调查

1.国外调查。选派专员行之。
2.国内调查。各局场所行之。

丁、试验

1.品种。搜集国内外各品种。
2.肥料。三要素数量之多寡。
3.采摘。早中晚时期。
4.病虫害。各种重要病虫害。
5.制造。应用化学机器。

戊、提倡

1.共同栽培。
2.共同贮藏。
3.共同防除。

4.共同制造。

5.共同运输。

6.共同贸易。

巳、奖励

1.发明茶业学术及应用机械者。

2.茶业家著有特殊事业者。

3.借团体或个人能力而改良茶业一切者。

4.茶业团体及讲习所试验场成绩优良者。

5.定期举行展览会奖励出品优良者。

庚、补助

1.设立银行维持经济。

2.私有茶业各项团体。

3.私有茶业改良场。

4.私人外国研究茶业者。

5.发明家。

辛、保护

1.创立欧美茶业运输公司，得以运输便利。

2.设立国外茶务局谋国际贸易优胜。

3.开设各口岸华茶贸易机关得与各国接洽。

壬、监督

1.通商口岸设立出口茶叶检查所。

2.产茶区域应饬令主管政府实行各项监督。

3.输运转运重要厘卡须行检查。

4.着色搀伪潮茶严紧处缔。

癸、教育

1.推广改良国内茶业学校。

2.派赴国外实习茶事专技人员。

3.农业学校注意于茶学。

二、茶业行政组织大纲

依据前列各项政策，应设立下列各项茶业行政机关分别执行俾可划定系统及权限。

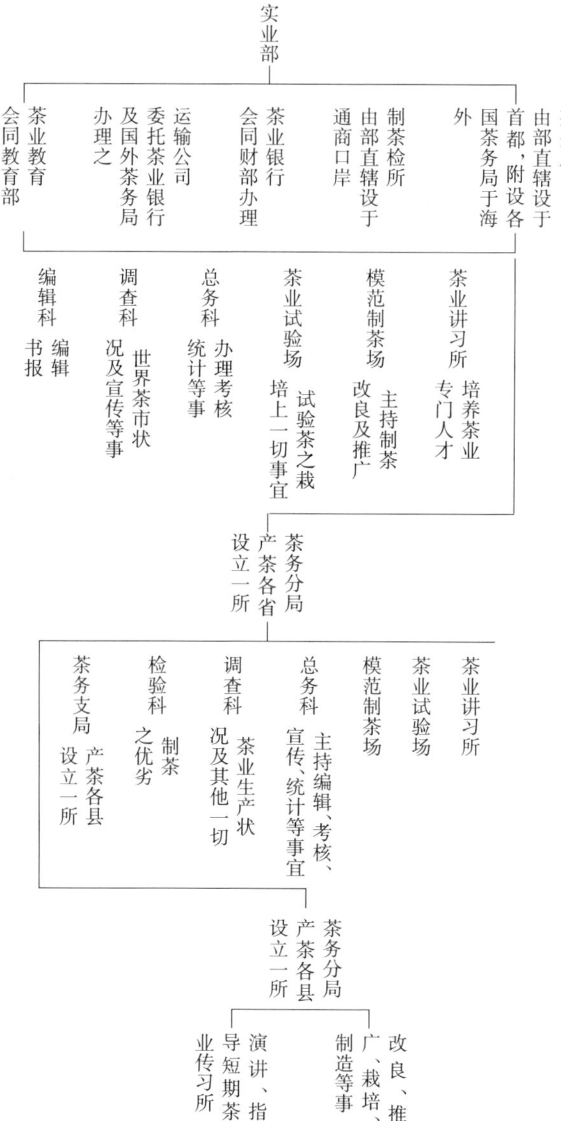

《农业周报》1930年第77—78期

皖属新茶产量将大减

【婺源通信】徽属婺源、祁门、休宁、歙县及秋浦等县，为吾国产茶要区，尤以祁之红茶、婺之绿茶，质属高庄，为英、美、俄、法洋商所重视，年产额总计不下四十万箱，占全国茶产总额十分之四，沪市行情之涨落，洋商选购之进止，均视路庄徽茶衰盛为转移，故徽茶产量之歉丰，为中外茶商所注意。今岁徽属各县产地茶树，因去冬天气奇冷，雨雪过多，茶树被雪久压，枝叶冻伤，发红脱落者，比比皆是。今春寒气久而未解，洲园茶树十分之五，尽被冻萎，此种伤害为三十年来所未有，据山户估计，茶树受此损伤届发育时，远不如近年之勃茁，收成当亦较往年大减，若急加以工人施肥，尽力培壅，充其量亦不过七折收成云。

《农声》1930年第131期

世界茶产近况

英荷种茶者合作减产　去年茶产额供过于求

据荷报载，荷国阿姆斯特丹埠种茶业者最近开会，决议本年（一九二九）在苏门答腊及爪哇两地之茶产额减少百分之十，即约一千二百五十万磅，其故因去年之产额比一九二八年虽只增三百万磅而全额产一万四千二百万磅之巨，若今年再增产，恐有供过于求之势也，印度及锡兰之英国种茶业者于数年前即鉴于茶产过盛，有碍市场，决议减产，一方商请荷兰种茶业者合作而荷兰种茶业者不允，直至去秋双方开会熟商合作互利之法，荷方始表同意，故有此次之决议，查去年全世界产茶约三千八百磅，其中锡兰、印度、爪哇等高等之茶大形减少，而低等茶则有胜余，致市价低落，影响及于良茶，英国种茶业者除以减产为维持市价之方法外，同时提倡扩大茶之用途，尤其在美俄两国鼓吹甚力云。

《农林新报》1930年第205期

华茶大批运俄

自中俄商业回复后，华茶已有数批运俄。昨日又有中俄协助社购办华茶一百数十万元，装船运俄，其中计绿茶一千三百吨，茶砖一千二百吨云。

《农林新报》1930年第220期

华茶在美销场

【广州通讯】茶为我国重要出产品，每年输出以千万计，尤以美国销路为最多。自外人仿种后，华茶输出，因之日见减少。近来日本茶之年产额，殊足惊人。昨据熟悉日本茶商之调查，现在每年可达八千万磅以上，其中输出者逾二千四百万磅。美国方面，占百分之七十七。我国茶叶在美销路，几完全被其占去。日本将来为茶业出口大宗国。我国茶业外销状况，衰落至此，若不大加改良，即将无挽救之望矣。

《农林新报》1930年第220期

一九三一至一九三二

茶一

六月份茶市，由新高价而步跌，销路尚畅。

新茶高货无多，欧庄提高抑次。

新高价仅有零星交易。

市盘跌去四五十两。

交易颇不寂寞。

本月新茶陆续上市，绿茶中，抽芯珍眉，月初最高价开至三百三十两，同时，贡熙高货，亦开一百零二两，均属新高价，但仅有零星交易，旋因市上高货无多，欧庄提高抑次，非廉不进，且珍眉绿茶，法国存底尚丰，新货并不急切需要，而熙春则因俄国协助会未有购办，备蒙影响，市盘乃由高而低，逐步疲跌，与月初最高时相较，竟有四五十两之上落，华茶销路，因华商开价逐步松动，欧庄乘廉购，交易尚不寂寞进。(参阅货价涨落表)

六月份上海茶市(普通市面)

周期＼茶别	珍眉(腊光)		珍眉(绿)		针眉(绿)		秀眉(绿)		熙春(绿)		祁门(红)	
	高	低	高	低	高	低	高	低	高	低	高	低
第一周(一日至七日)	107	130	140	110	80	30	28	24	102	40	300	80
第二周(八日至十四日)	165	115	120	100	70	30	26	22	86	36	220	80
第三周(十五日至二十一日)	160	110	110	96	65	30	26	22	80	32	180	65
第四周(二十二日至二十八日)	150	100	105	90	60	30	25	20	78	32	140	53

注：每百斤以两为单位。

《中行月刊》1931年第1期

茶二

七月份茶市，先平疲，下旬坚畅：因（一）上中两旬，茶市因欧销不畅，售价步疲。（二）下旬，本埠英、法、美、俄、印等庄，纷起搜办，交易甚盛，故市盘由疲转坚，针眉、秀眉等茶，有八九两之涨度。（三）本月华茶销路，以针眉、秀眉销路为最畅，皆由英法等庄购进，宁州茶，俄国协助会曾以廉价购进五千箱，后市沉寂，至珍眉则因法国需要不殷，市呈呆滞，熙春因俄庄不动，印销零星，市盘亦难起色，此外尚有无色大帮茶，美庄搜办四千余箱，售价平平。（参阅货价涨落表）

七月份上海茶市（普通市面）

茶别 周期	珍眉（腊光）		珍眉（绿）		针眉（绿）		秀眉（绿）		熙春（绿）		祁门（红）	
	高	低	高	低	高	低	高	低	高	低	高	低
第一周（上月二十九日至本月五日）	240	110	219	34	77	13	72	15	91	33	125	30
第二周（六日至十二日）	225	54	210	75	68	12	38	18	90	33.5	130	38
第三周（十三日至十九日）	204	100	225	90	77	21	47	16	120	30	130	46
第四周（二十日至二十六日）	225	200	215	51	73	17	32.5	17	90	25	108	45

注：每百斤以两为单位。

《中行月刊》1931年第2期

茶三

八月份茶市俏涨，销路畅旺。

绿茶销路，以珍、针、秀眉为畅，抽芯珍眉尤畅。

绿茶市价高起十余两，祁红见跌。

国内存茶目枯，国外需要方亟，华茶商态度异常坚挺。

本月茶市，始终坚俏，尤以抽芯珍眉为甚，高货市盘曾开至二百五六十两，盖本年茶收折减，而新茶上市后，欧销颇畅，故存底目趋枯薄，益以此后到源目稀，欧庄纷起搜办，因而华茶商态度异常坚挺，绿茶交易，以珍眉、针眉、秀眉等为畅，欧销居多，市价高起十余两，红茶以祁门为畅，宁州次之，英俄等庄，均有购进，但为数不巨，售价亦低落。（参阅货价涨落表）

八月份上海茶市（普通市面）

茶别/周期	珍眉（腊光）		珍眉（绿）		针眉（绿）		秀眉（绿）		熙春（绿）		祁门（红）	
	高	低	高	低	高	低	高	低	高	低	高	低
第一周（上月二十七日至本月二日）	230	45	205	50	63	22.5	30	15.75	93	50	60	30
第二周（三日至九日）	200	62	210	46	65	18.5	77	29	95	29	80	39.5
第三周（十日至十六日）	235	110	170	68	63	18	80	27	86	28	45	30
第四周（十七日至二十三日）	236	50	200	62	65	20	52	27	51	30	62	40
第五周（二十四日至三十日）	190	65	108	78	70	40	80	30	54	30	55	40

注：每百斤以两为单位。

《中行月刊》1931年第3期

茶四

九月份茶市，由畅转清，售价坚稳。

交易……畅……因国外需要发动，摩洛哥存茶渐枯，欧印等庄畅进。

清……因外汇放长，各洋庄观望。

市价坚稳……因华茶存底不丰。

本月洋庄茶市，上半月交易甚为活泼。盖因国外秋销发动，而摩洛哥存底又逐渐枯薄，故欧庄畅进珍、针、秀眉等绿茶，同时俄国协助会亦因鉴于英印各洋庄及华茶商搜买路庄贡熙甚力，市存目枯，乃亦放价购进，及入下半月，各庄以外汇迭长，且值畅进之余，大都观望，故市况步趋沉寂，维售价因存底不丰，尚称稳定。

注：下列市价表之数字低落，非尽由于茶市不佳，乃因高货已稀，市存之品质减低。（参阅货价涨落表）

九月份上海茶市（普通市面）

茶别 / 周期	珍眉（腊光）		珍眉（绿）		针眉（绿）		秀眉（绿）		熙春（绿）		祁门（红）	
	高	低	高	低	高	低	高	低	高	低	高	低
第一周（六月三十一日至九月六日）	250	130	151	31	67	35	48	20	61	41	50	—
第二周（七日至十三日）	230	127	115	62	73	32	55	15.5	55	44	—	—
第三周（十四日至二十日）	151	114	123	95	50	30	54	15	52	41	39.5	33
第四周（二十一日至二十七日）	150	110	118	82	57	32	54	15	53	34	120	—

注：每百斤以两为单位。

《中行月刊》1931年第4期

茶五

十月份茶市，交易清淡，市价日跌。

本埠洋庄茶商，因东省事件严重，态度咸趋观望。

珍眉绿茶，几于完全停顿。

贡熙茶俄庄抑价购进。

红绿茶一致趋跌，茶市一落千丈。

华茶商以手货无多，坚持力较前松懈。

本月洋庄茶市，异常清淡，盖自暴日侵略东省以来，本埠英印等庄，态度顿趋观望，最关重要之珍眉绿茶，几于完全停顿，茶市一落千丈，路庄、土庄绿茶及祁、宁红茶，均一致趋跌，贡熙一项。虽有俄庄搜办，因系抑价购进，故售盘亦低。且目下华茶商以手货无多，坚持力亦较前松懈，茶市前途，殊不易起色。（参阅货价涨落表）

十月份上海茶市（普通市面）

茶别/周期	珍眉（腊光）		珍眉（绿）		针眉（绿）		秀眉（绿）		熙春（绿）		祁门（红）	
	高	低	高	低	高	低	高	低	高	低	高	低
第一周（九月二十八日至十月四日）	—	—	113	66	55	28	32	17	54	17	—	39
第二周（五日至十一日）	123	—	118	95	54	25	35	17	52	26	—	—
第三周（十二日至十八日）	—	—	113	82	54	31	30	18	50	24	120	46
第四周（十九日至二十五日）	—	101	—	62	52	26	28	16	56	24	—	46
第五周（二十六日至三十一日）	140	100	—	—	50	28	36	16	52	27	70	40

注：每百斤以两为单位。

《中行月刊》1931年第5期

安徽屯溪茶产概况

皖省为吾国南部产茶主要区域，屯溪居皖南徽属中心，久成为皖浙赣茶市集中地，二十年前茶叶产额，年仅六七万箱，至民十五年，外销渐启新机，经营洋庄茶叶者，大概有盈无绌，山价亦逐年随之增涨，茶户知植茶为有利可图，莫不努力广种，各地茶产，因之年有增加，故自民十五至十七年，屯埠箱茶出口总数，约在十一万箱以上，计值银五百余万元，前年春遭……焚掠，茶号被毁于火，幸其时多未登场，损失尚不甚大，去年以山价成本过昂，外销疲滞价落，结受亏折，本年又因茶产蚀收，山价有增无已，各号进茶，多未满量，上月中旬，均早收场，无茶可制，虽沪市需要仍殷，奈供者无货可应，大有供不敷求之感。

《中行月刊》1931年第5期

茶六

十一月份茶市，销路呆滞，市价疲跌：因（一）各洋行以海外市面不振，来价奇紧，态度咸取观望。（二）中庄珍眉，因国外市场，受日茶廉价竞售影响，无人顾问，高庄货，下旬略有成交，售价低廉，市盘较前跌落二三十两。（三）针眉销路不畅，仅有欧庄补空交易，价亦疲跌，其余若秀眉、贡熙等绿茶，及祁宁红茶等，需要尤为沉寂。（四）金融奇紧，华茶商志在以货易现金，故售意颇浓，持价亦不若前此之坚。（参阅货价涨落表）

十一月份上海茶市（普通市面）

茶别 周期	珍眉（腊光）		珍眉（绿）		针眉（绿）		秀眉（绿）		熙春（绿）		祁门（红）	
	高	低	高	低	高	低	高	低	高	低	高	低
第一周（一日至七日）	—	—	83	42	46	28	—	—	54	—	—	58
第二周（八日至十四日）	—	—	96	51	52	27	26	15	52	—	—	—
第三周（十五日至二十一日）	—	—	100	—	55	26	26	17	53	39	—	—
第四周（二十二日至二十八日）	—	—	180	59	55	24	—	18	52	26	—	—

注：每百斤以两为单位。

《中行月刊》1931年第6期

汉口出口茶业

红茶

汉口红茶，尽属于湖南、湖北两省所出产者。浙江、安徽等省出产之茶，则概须运中待沽，然后运销出口。其种类名称，则以出产地地名名之，如湖南桃源境出品，则名之桃源茶，安化县出品，为安化茶等。现今两湖出产最丰富之区，首推安化、桃源、宜昌、长寿街各区。英美茶商，喜购桃源、长寿街各路之茶，因其做工细匀，较胜于各处出品（按做工云者，即系外观而言），且合与外国茶打堆之用，俄国则喜购安化等路之茶，因其水味厚润，是故出口红茶，一则注重外观一则趋重茶味。

茶砖

茶砖在汉口所压制者，分为二种，一曰青砖，其原料多数用羊楼峒、羊楼司所出产之老茶叶所制。青砖又有分为汉口压制与羊楼峒压制二种。汉口压制之青砖系用蒸汽压力所制成，每箱计装四十八块，净重约计一百二十斤，羊楼峒所压者，则用人工及水柱与简单之机器所压制成，每箱有装二十七块与三十六块之别，净重由一百二十磅至一百二十五磅。青砖销路，以外蒙古及张家口一带，与接近外蒙古之俄境为最畅。二曰米砖，系用茶末（俗称花香）所制成。目前仅汉口一埠压制。米砖仅有一种，但有各种唛头牌号之别。有全由中国茶末制成者，有用印度、锡兰、渣哗等处所产之洋茶末制成者。每箱计装八十块，约净重一百二十斤之谱。其销路首推俄国。

砖厂

在欧战之前，九江、福州、汉口等处，皆设有砖厂，专制砖茶，营业颇巨。自欧战起后，九江、福州之砖厂，相继停业，其时因俄国内乱频作，销路大为减色，昔前汉口共有新泰、顺丰、阜昌、兴商四厂，除兴商外，其余皆属俄人所设。现今仅有新泰、兴商二厂，继续营业，其余悉皆停业矣。新泰砖厂，每年约产青砖五万箱，米砖五六万箱。欧战前该厂自制自运，至俄推销，迨欧战停后，其所压制者，

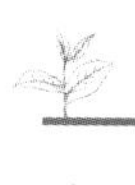

则悉代协助会洋行制压矣，仅取受佣金，及厂地租金而已。至兴商砖厂，每年约产砖茶四五千箱，其米砖类多山西帮茶客所定制者，消耗以天津张家口一带。新泰砖厂，共有压机六架（每架须用工人三班，每班工人，须五六十人，其工资七八角不等），每日可产米砖五百箱，青砖三百箱，该厂已设立有四十余年，机器虽已陈敝，然尚可应用，厂地临江岸，运输便利。兴商全系华人所组织设立者，共有压机四架，每日可产青砖四百余箱，但其厂址，地处偏僻，离市遥远，交通不便，机器交已陈旧，保管不得其法，管理又未周详，是故难与新泰竞争一日之长也。

花香

花香之原料，即系制茶时所剩余之细碎茶末，聚合而成，所以亦称茶末，制造茶砖所必需之原料也。每年消耗约在三四万担之谱，全数几为协助会洋行一家承购，盖砖茶销路，全恃俄庄一路故也。市价在最近年来，每担最低为七两，最高为十八两，多数则在十二三两左右。茶商中专营花香一业者，名曰花香行，其营业方法，先向各路茶客收买茶末，然后掺和合堆，大批出沽，然亦有预向各处产区直接收买运输来汉打堆者，业所者大都采取投机垄断性质，目今汉埠最大花香行，只有利森、正大、郎兴泰三数家而已。

茶栈

汉口专营出口红茶业者，有忠信昌、协慎祥、永泰隆三家。其中以忠信昌营业额为巨，其非惟代客径沽巨量之红茶及花香，且复自行在各区产地，设立茶庄，采办红茶，各庄均派有富于茶业经验之专家，主持一切，又在羊楼峒专办茶砖老茶，所有汉埠新泰砖厂，开压青砖所需之花香、老茶等等原料，皆由该栈所供给，每年营业总额，约占汉市出口红茶十成之七强。其余协慎祥等二栈，完全代客买卖红茶，收取佣金而已。茶帮有公所之组织，凡营出口之茶栈茶庄，悉属之，现有注册会员四十七家，其营业手续，先在产区设庄办茶，向山户选购鲜茶嫩叶，然后精密制成细条，方称茶叶，置于一精美箱中，内有铅皮以防茶之香味走漏，每箱可装百磅弱，山中制茶手续完备后，即须运输来汉，交与著名之茶栈，沽与洋商，茶庄有帮派，分山西、湖南、湖北等帮，以山西帮营业为最巨，多数专做羊楼峒生意。

洋商

洋商在汉专办华茶出口者，有协助会洋行、太平洋行、怡和洋行、协和洋行、天裕洋行、杜德洋行、源泰洋行多家，内中以协助会洋行营业为最巨，每年需办红茶四五万箱，花香三四万担，茶砖四五万箱，其与新泰砖厂开压者，有米砖四五万箱，青砖四五万箱，其余太平洋行各家，每年只办红茶二三万箱而已。

《中行月刊》1931年第6期

茶七

十九年份，茶市状况，可分上半年、下半年两期。上半年间因去年中东问题，俄国协助会停办后，仍无续办消息，市面大为衰落，人心猜疑不定，山内茶客亦取观望态度，而减少其出量，且品质较劣，新货开盘，亦不能得达以前之高价，虽然祁门红茶最好牌子到过二百三十两，但因该货品缺少，价即跌至四十两左右。下半年七月中，自俄国协助会重来设庄采办后，市面虽呈活跃之象，而俄庄认价极低，茶商等初以亏折太巨坚持不售，交易颇为寥落，终以一则无经济后盾，而能久待高价，一则因俄庄为用华茶最大之主顾之故，不得不受其垄断，而忍痛交割焉。岁终茶价祁门红茶跌至二十九两，熙春绿茶跌至二十两，珍眉十六两，秀眉十两，本年间英美各庄，亦因印度、锡兰、爪哇与日本茶之竞争，销路亦甚沉静。总之，本年茶商营业，均一律亏损。

《中行月刊》1931年第7期

茶八

本月份茶市，依然暗淡：（一）海外报价太小。（二）华茶商以现价已跌至最低度，不肯过分迁就成交。（三）茶市已届新陈不接时期，存底缺乏，致时有有行无市之现象。（四）英法等庄，购兴不浓，意图勒价，成交者皆属零星少数。（五）俄国协助会停办甚久，虽于本月下旬复行开办，但亦仅购进少数珍眉绿茶，于市价影响无多。（参阅货价涨落表）

二月份上海茶市（普通市面）

周期＼茶别	珍眉（腊光）		珍眉（绿）		针眉（绿）		秀眉（绿）		熙春（绿）		祁门（红）	
	高	低	高	低	高	低	高	低	高	低	高	低
第一周（七日）	85	75	60	50	25	18	15	10	32	24	35	30
第二周（十四日）	85	75	60	50	25	18	15	10	32	24	35	30
第三周（二十一日）	85	75	60	50	25	18	15	10	32	24	35	30
第四周（二十八日）	85	75	60	50	30	20	15	10	32	24	35	30

注：每百斤以两为单位。

《中行月刊》1931年第9期

茶九

三月份茶市，黯淡无神：（一）因存底缺乏，致欧美需要之货，无以应市。（二）因海外报价，有跌无涨。（三）因我国绿茶销路最大之法属摩洛哥市场，以茶价低廉，茶商均无利可图，致积存珍眉绿茶有七万五千箱之多。（四）因本埠英法俄印等庄，虽略有办动，但皆属零星少数，且开价亦低，于茶市无多影响。（参阅货价涨落表）

三月份上海茶市（普通市面）

周期＼茶别	珍眉（腊光）		珍眉（绿）		针眉（绿）		秀眉（绿）		熙春（绿）		祁门（红）	
	高	低	高	低	高	低	高	低	高	低	高	低
第一周（七日）	85	75	60	50	30	20	15	10	30	25	35	30
第二周（十四日）	85	75	60	50	30	20	15	10	30	25	35	30
第三周（二十一日）	85	75	60	50	30	20	15	10	30	25	35	30
第四周（二十八日）	85	75	60	50	30	20	15	10	30	25	35	30

注：每百斤以两为单位。

《中行月刊》1931年第10期

改进安化茶业之商榷

彭先泽

（甲）安化茶业现状

安化居湖南中部，西界新化溆浦，北接桃源沅陵，东邻宁乡益阳，南连湘乡宝庆，境内跬步皆山，溪渠交错，广无十里之平畴，高有百仞之山峰，山岚宿雾，入午方收，雨量充足，暴风极鲜，气候温和，无严寒暑之苦，资江蜿蜒于北，蓝水（蓝田河）绕流于南，每值茶期，春水濒涨，安茶赖此以帆船运输沪汉，查其产茶之区，以后乡为最，而其集中之点，又在三都之东坪、硒州、黄沙坪诸市及一都之江南市为主，前乡则仅仙溪、蓝田两处而已，而蓝田又以云雾，仙溪以芙蓉两峰所产为最佳，前清选为贡品，闻邻县交界处，亦有植茶者，然无茶号（即茶商）多系由安化茶商设庄收买，品质不佳，非借安化茶名，难获高价，故《安化县志》有云："宁买安化草，不买新化好。"可见安茶之价值矣。

安茶通常以红茶、黑茶为主，红茶销英俄各国，黑茶则销售国内西北一带，此外更有所谓青茶者，安化县城多制之，然产量极少，仅供本地消耗而已，民国六年以来，受欧战影响，红茶滞销，年来渐趋于黑茶之制造，茶叶粗老，品质恶劣，而全恃茶业营生之农民，生计日益困窘矣，产户贫穷，又少团结，故成品售卖，不能不假手于茶商，茶商可分三帮，即西帮、广帮、湘帮是也，西帮为山西、陕西，广帮为广东，其商贾资本雄厚，执安化茶业市场之牛耳，湘帮多临时集股组设，资本薄弱，且皆由重息借贷而来，纯系投机，若同业稍事竞争，或洋商板价，庄货沉滞，则亏折立见，此就红茶言也，至黑茶为西帮之专利，非他人所能染指者也。

（乙）茶商之积弊

安化产茶，纯恃西帮、广帮、湘帮之茶商仲卖，以入于外商之手，其在茶业界，虽处重要地位，而其垄断把持之恶技，固无所不用其极，每值上年，各帮茶商，相率观望，不即进山（即赴茶业商埠之俗称）；茶户穷困，撇不得已，一面呈请政府保护茶商，一面派人分途接客（迎接广帮、西帮之谓），其期望之殷，非可言喻，乃茶商等进山后，大都任情抑价，殊有令人愤慨之处，然此种弊端，乃积习而成，是有待于贤明政府，商诸各茶商，一则为维持安茶计，二则为保护茶商计，妥为设法，渐谋改进者也。

（一）茶商进山，借口安化市镇……未靖，多在汉口将现兑钞，从中取得银水（如现七钞十之例，即现金七百元可兑钞千元），又不经政府备案，擅发角票（即号票），产户售茶，既不能兑收现款，而茶商所发之角票，又不能十足兑钞（每元只能兑九角五六）。

（二）茶户售茶，有所谓九二兑现（所谓现者指钞票而言）。八八兑账，即茶户只能八八计账，其一二之数，充足团防学校及其他公益事业之用。此种费用，全归产户，茶商毫不担负。

（三）购买红茶，有所谓七六扣称，即每百斤之红茶，仅作七十六斤计算，意谓每百斤茶，须扣出水分、拣皮等二十四斤是也。

（四）黑茶每包规定二十五斤，茶号收货，每包逼令二十六斤，更有所谓汪跛子之称者，从中剥削（查汪跛子原系江南茶号经纪，人极险诈，大凡黑茶入号，每包须抽钱二百文，现汪跛子，已成为安化茶业经济界之名词，即吃红戴帽子等之代名词也）。

（五）黑茶就品质上而言，原可久藏，民国十年以前，茶号经纪，大都亲赴产户评价收买，近年来产户日益穷困，黑茶久贮，不能营生，只得挑往市镇，而茶商多有抑价攀秤之举。

（六）收买毛茶，因产户间有不正茶或干燥不充分之茶叶混入，于是茶商借口，故事苛求，有所谓浮扣潮湿之举，其扣出又无确切之标准，任凭掌秤者信口开河。

（七）茶商假饰资本雄厚，加以经纪一味阿谀（乡间对于茶客有公爷之称），如是吸食鸦片，狂嫖阔赌等恶习，以及一切伤风败俗之事传染地方，受害匪鲜。

（丙）安化茶业之危机

经营产业，首重生产，如生产家，对于产业，感受困难，势必感少其生产能力，或品质恶劣，或数量减少，终至于产业全行破产，年来辛勤苦作之安化茶户，其日常生活，谷食者绝少，多米薯混食，或玉蜀黍与米混食（俗称薯米饭或玉米饭），如该年生活欠丰，甚且啮食草根，固无力从事生产力之改良矣。

（一）欧战以还，安茶滞销，于是产户群感植茶不足以维持生活，茶园荒芜，不事耕作，甚且拔弃种株，改种杂粮，是安茶已呈极大之危境。

（二）家境稍裕之产户，一任茶树生长，不加管理，如茶市有望，仅制粗劣红茶，以作副业之收入，甚至任其衰老，迄七八月，再制黑茶，此种制品，既于茶业品质欠佳，复于茶树生育有碍。

（三）茶叶产户，多属贫民，每年收入，求其维持生活，尚虑不足，而茶商自私自利，任意苛索，以致安茶日益危险。

（丁）改进安茶之方针

（A）属于政府者

（一）茶务专员之延揽。

在目前湘省财政盛倡紧缩政策之下，欲求设立农民银行或茶务局，固事实上所不许，然安化茶户率都极贫，加以连年兵燹，茶市萧条，实难复兴，应由县政府延揽茶务专员，隶属总务科，以专责成，其任务如下。

（1）全县茶业方面之建设及实施。

（2）县内茶税之管理及预算案之编制。

（3）省内外及国内外各产茶地及茶市生产与贸易状况之调查与报告。

（4）对于全县茶业输出之检查。

（5）关于县内茶业上纠纷之处理及和解。

（6）其他关于茶业上一切问题。

（二）茶商之取缔。

安化茶户，十分贫弱，而一般资本阶级，又不能为此民众事业之投资，如谋改进茶事者，措置失当，一时杜绝客商，则安化茶业，将起恐慌，故只可于可能范围内，稍加取缔，渐谋改善，其取缔办法如下。

（1）茶业资本金之登记。

茶商进山，须先将其经营资本金额，呈请县政府登记，以免累及产户。

（2）号票之禁止。

茶商不得擅发号票，以紊乱市场经济，如为流转资本计，应由茶商先将该年预发号票之总全额，呈报县政府备案。

（3）扣秤、攀秤、抑价等恶习之涤除。

毛茶不正茶茶包用秤抹尾子等，应请县政府严加取缔，并厘定扣秤标准，交茶商执行，茶商不得私自拟定，从中剥削。

(4)淫风之整饬。

县政府须责成各市镇团防，对于茶市风气，严加整饬，如有故犯，尽可加重处罚，或令其出境。

（三）经纪之责罚。

安化茶业之衰败，虽系茶商自私自利，过事苛求，然经纪之从中欺凌剥削，实一主因，所谓汪跛子戴帽子等名称，无一不出自经纪之伎俩，应请县政府查明舞弊实情，重加处罚，以除蠹贼而靖地方。

（四）营业税之征收。

安化茶商从今年起，应请遵照中央财政部规定，分别征收营业税，以重税收，而加限制。

（五）用捐之研究。

县方为普及教育、整理团防及兴办慈善事业起见，就茶之制品，酌收用捐，此项负担，过去情形，全归茶户，究应如何减轻，或责成茶商分担，应请县政府体恤茶户苦情，设法救济。

（六）杂捐之剔除。

安化茶叶附加杂捐，种类极多，如元钱每串取钱一文至十文，应请县政府一律剔除，如有地方劣绅借故征收者，应请严加责罚。

（七）茶商之保护。

人民饥寒交迫，势必铤而走险，加以……商贾不能安居乐业，应请县政府对于茶商妥为保护。

（八）不正茶之取缔。

茶户因茶园荒芜，产量不多，乃混售不正茶，确与安化茶业影响极大，应请县政府严加取缔。

（九）商标之登记。

商标原系广告性质，如何方能引起买主美感，茶商应精密研究，呈请县政府审核登记。

（十）货品输出之检查。

由茶务专员厘定货品等级标准，将所有输出茶叶，分别检查，至装潢一项，亦可附带规定。

（十一）茶学课程之增授。

县内各级学校，应添设茶学课程，□一般青年学子，对于茶业，早得印象，而

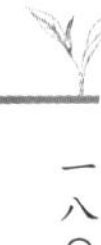

足引取改进茶事之兴趣。

(B)属于茶事试验场者

省立茶事试验场，原由省立茶业学校改办，十年迁于黄沙坪，先后试验，侧重制造，前场长李厚征氏，对于绿茶尤多成绩，现任场长鄄勤先氏，扩充茶园，修葺场舍，其宏筹硕划，实有令人钦敬之处，本年三月，先泽归里专程往访，条陈愚见，均蒙见纳，兹就其要者，缕述如下。

(1)安化茶业之调查。

安化全县产茶，面积若干，产户若干，风土如何，运销及其他农家经济如何，须由试验场制定表式，实地调查，俾得确切之统计。

(2)安化茶商之联络。

茶事试验场，设立黄沙坪，迄兹数载，平日与茶商无相当联络，不仅茶商间情感隔阂，即双方意见，亦无从传达，甚且发生无味之误会，应由试验场，邀集各茶商，组设茶业协进会，共谋改进。

(3)茶校学生之奖进。

原茶业学校学生，先后毕业八班，共百余人，出校以来，对于茶业，既少研究机，对于母校，亦无爱护观念，是有失政府设立茶校，培植茶业专材之初意，现茶校停办，应由试验场，组设茶业研究会，随时邀集茶校学生，讨论茶业上一切问题，并就茶校学生中，考选学识经验兼优者数人，或留场服务（生活费并不在多），或派赴安徽茶事试验场等处实习，其费用，一由试验场在事业费内提出几成，一由私人津贴，一由实习生私自筹措，预算实习一年，至多只需洋二三百元，至其他关于茶业上各项调查，及意见之征求，均可酌给酬劳金，借资奖励。

(4)民众书报阅览室之设置。

茶事试验场门首，现仍悬有“公场重地，闲人免入”等牌示，似与民有不甚接近之表示，此类牌示，应即时撤废，并宜于进门之右侧空室，设民众书报阅览室，规定时间，任民众入室阅览，室内关于该场办法，及世界或国内茶业现状，绘图表解，一面引起阅览人之注意，一面使阅览人了解省款，设立茶事试验场之用意与办法。

(5)茶事试验之报告。

茶事试验场，历年成绩，因未发表，社会人士，颇多误会，如限于经济，不能定期发行刊物，至少亦须于《湖南实业杂志》《湖南建设月刊》，或省内报纸上，分期登载，以观成绩，而明真相。

（6）绿茶之续制。

茶事试验场，用机械所制绿茶，颇受市场欢迎，应继续制造，以求推广，而免机械之损毁，如省库奇绌，不能拨款试制，得由试验场呈请县政府确定办法，集资兴工。

（7）茶叶品评会之举行。

由茶事试验场，于每年定期搜集各地制品，并呈请建设厅及两咨县政府，举行严密之审查，品评优劣，以示奖励，而杜劣茶之滥制。

（8）讲演会之举行。

安化茶户及各茶商，只知墨守陈法，对于栽培制造、贩卖装潢等问题，不求改良，如每年茶期，由茶事试验场派员实地劝导，或举行大规模之化装演讲，尤能引起一般人之觉悟。

（9）民有茶园之示范。

安化后乡茶园，尤以一二三都各镇茶园，现多荒芜，如茶事试验场，能派员依据学理，实地代为肥培整枝，定可更新，示范后，翌年收茶必多，当能引起茶户之信用，而为改良栽培之初步。

（10）广告事业及装潢之研究。

广告为经营商业之要图，安化茶业，如此素少研究，而日本茶业之勃兴，广告一则，奏效特大，茶事试验场，既负改进推广茶事之责，对于广告及旧式装潢，应迎合买主心理，及各地商情，广为宣传。

（C）属于茶商及产户者

安化茶业，日益衰落，一方面端赖贤明政府之奖进，及茶事试验场之研究，他方而则全恃民众之觉悟与奋兴，然安化农村经济，十分穷困，欲求改进，非有茶业专材，并斟酌各地农情，确定改善计划，分期进行不可，愚意民众方面，唯有组织“茶业合作社”实行制造合作，贩卖合作，方能事半功倍，至其组织条例，如何方称完善，自有待地方各父老及热心茶事者共同讨论，先泽未敢擅作高调也。

《修农月刊》1931年第1期

中国茶业贸易之国际观

范师任

一、茶之生产及其分类

在未说到茶之生产以前，对于茶之性质及其历史应该加以相当的叙述。

茶为一种阔叶的灌木，性质耐寒，经冬不凋。每年在雨水节前后发放枝叶，摘其嫩芽焙而干之，泡以开水，可供饮料。所以，总理在《实业计划》第五计划中说："茶为最合卫生最优美之人类饮料，中国实产出之；其种植与制造，为中国最重要工业之一。"

茶虽产出于中国而且已有数千年之历史。但茶之发明，始于何时何人，则殊不得而知。《神农本草经》虽曾云："茶味苦，饮之使人益思少卧，轻身明目。"但《本草经》究竟出现于何朝代，亦殊争执不一。有人说，茶古名为荼，始见于《葩经》，今闽人读茶字之音，尚近于荼，但这说也未见可靠。中国以草药见称于世，茶之首先被人类利用当从其所含之药性始。由药料之茶，经人类无数之尝试体验，认为可以之提神活血，助长消化，虽常饮之，亦无害于身体之健康，故遂利用之为人类日常之饮料。周代虽有掌茶之官，聚茶以供丧事，但此时之茶，系作药料抑为饮料，不得而知。汉司马相如《凡将篇》，将"乌喙、桔梗、芫华、款冬、贝母、木檗、篓芩、芍药、桂漏庐、蜚廉、董菌、藿诧、白芷、白敛菖蒲、芒硝、莞椒、茱萸"等等，俱名之为茶。可见秦汉以前，对于茶之意义，范围至广，凡可供开水泡煮，利用其汁以为料者，俱谓之茶。直至唐代，陆羽著《茶经》三篇，谓"茶者南方之嘉木，一尺二尺乃至数十尺，其树如瓜芦，叶如栀子，花如白蔷薇，实如栟榈，味如丁香。其名一曰茶，二曰槚，三曰蔎，四曰茗，五曰荈。其地上者生烂石，中者生砾壤，下者生黄土。其质野者上，园者次；紫者上，绿者次；笋者上，芽者次。茶之为用，解热渴、凝闷、脑痛、目涩、四支烦、百节不舒聊四五啜，与醍醐甘露抗衡，采不时造不精，杂以卉莽饮之成疾。"茶的性质及其用途始渐普遍，唐代文风甚盛，学者生活除歌唱吟咏外，即以饮茶为消遣。嗣后，民间习以为常，饮茶之风，遂由是遍于全国。唐代封演所著之封氏闻见，记谓："南人好余茶，北人初不多饮用。开元中，泰山露岩寺有降魔师，大兴禅教学，务于不寐，又不多食，皆许其饮茶，人自怀挟到处煮饮，从此转相仿效，遂成风俗。自邹、齐、沧、棣渐至京邑城市，多开店铺，煎茶卖之，不问道俗，投钱取饮。其茶自江淮而来，舟车相继，色泽甚多。"

茶虽经冬不凋，但其种植只宜于土质肥沃、气候温和之地。在春秋战国以前，长江流域以南诸地，非汉族所居，而黄河流域又因气候寒冷，不宜于植茶，故茶之应用直至两汉，始有利用之以为饮料者。及至隋唐，饮茶之风，遂得遍于全国。所以，茶虽产于中国，但中国幅员广大，非遍地可以产茶者，茶之生产实另有其特有之茶业区域。

中国之产茶区域在于南部，即长江及珠江两流域间。长江流域之云南、四川、贵州、湖北、湖南、江西、安徽、江苏，珠江流域之广东、广西以及介于两大流域间之福建、浙江，此十二省中，几于随地皆有茶产。而尤以云南之普洱，湖北之羊楼峒，湖南之安化、长寿街，江西之宁州，安徽之六安、屯溪、徽州、祁门，江苏之苏州，福建之武彝，浙江之平水镇，所产为最有名。此外，山东、河南、陕西、甘肃四省虽亦有茶产，但为数甚少，不足供当地人民之需要，且品质甚劣亦无输出海外之可能。

中国南部虽遍地产茶，但茶业仅为农家之附业，反不如蚕丝业之能专心致志，以事生产者可比植茶之地，多属阡陌陇亩之间或崇山峻岭之地，少有辟成茶园，为极大之经营者。故产茶之面积，及茶产之数量，殊难得一精确之统计。据前北京政府农商部一九一五年以后所编之统计报告，则中国产茶之面积及其数量有如下表。

第一表　中国每年产茶面积及其数量统计

省别	面积/亩	产量/担
湖南	694 527	2 219 917
湖北	521 775	417 698
江西	1 267 905	208 872
安徽	750 119	499 288
江苏	885 977	327 770
浙江	624 060	256 144
福和	122 475	680 000
广东	77 227	167 045
云南	—	158 086

续 表

省别	面积/亩	产量/担
广西	77 898	302 174
四川	327 188	2 996
贵州	1 645	278 594
陕西	2 529	906
河南	—	84
甘肃	—	—
山东	—	—
总计	5 353 325	5 519 574

上表所列的数目显然的是不大精确的：

（一）湖南与湖北、江西、安徽、福建、浙江六省同为中国产茶数量最多之省份，湖南之产额竟比其余五省之多至四倍以至十倍。这很显然的，对于其他五省的茶产统计，尚有遗漏，或竟将本地消费量全未列入，亦未可知。

（二）茶为中国各省日常饮料，农家自己生产，自己消费，此项生产消费诸量无论用如何精密的方法去统计，俱无法得到确实的数目。

（三）中国茶产，有大部分系植于崇山峻岭间，除江浙等省外，余如湖南、江西、福建、四川、贵州、广西等省，产茶区域俱非平原，此项产茶面积殊无法统计，就令统计，也决非按亩之单位所能毕事。所以，茶产面积一项，更难得其精确数目。

（四）四川幅员广大，拥有五千万以上之人口，就令每人每年平均消费茶一斤计，每年产茶数目，亦当在五十万担以上。表中所列之二千九百余担，就仅砖茶一项而言，四川每年所输出于西藏者，亦不止此数。

中国政府之统计既不可靠，私人之统计更毫无可言。那末，要想确实知道中国产茶面积及其数量的真正数目字，殊属不可能。惟一方法，只有从各方面的估计数目去下研究工夫。据英人所著《锡兰观察》（Ceylon Observer）一文中之所估计，谓中国茶园面积为三百万亩，与农商部所统计者少至一倍（农商部所统计之五百三十五万三千三百二十五亩，尚未将云南、河南、甘肃、山东等省之产茶面积包括在内）有奇。该文又谓中国每年之产茶量为六亿磅，约合中国二百一十三万五千担，与农商部所统计者少至二倍（农商部所统计之五百五十一万九千五百七十四担，尚未将甘肃、山东二省所出产者统计在内）了。此外，对于中国茶之消费量及其生产量加以估计的，尚有《大英百科全书》（Encyclopaedia Britannica）之所纪载及国人吴承洛氏之所估计。

第二表　中国每年产茶数量之估计

	大英百科全书之估计	吴承洛氏之估计	备考
每人消费额	178斤	125斤	—
全国消费额	6 000 000担	5 500 000担	全国人口以427 000 000计
全国输出额	1 500 000担	1 500 000担	—
全国茶产总额	7 500 000担	7 000 000担	—

茶之分类方法甚多，有由制造方法分类者，即因制造时茶料配置、技术之设施之不同而分类者，因制造方法而分类之茶，可分为下述四种。

- （一）红茶
  - 工夫茶　以制造最费工夫得名
  - 小种茶　叶较工夫茶为粗
  - 白毫茶　叶面蒙白毛
  - 珠兰茶　以珠兰花配于茶中,隔夜尽去其花
  - 花香茶　以茉莉花混合于茶叶中
  - 乌龙茶　使之酸酵后,置于锅中蒸之
  - 包种茶　以包纸得名,每包约重四两。
- （二）绿茶
  - 形圆者为珠
    - 小珠
      - 麻珠　俗名蚕目
      - 宝珠　俗名蚁目
      - 芝珠　俗名蝇目
    - 大珠
      - 珍珠　俗名蝶目
      - 圆珠　俗名虾目
      - 熙珠　俗名蛾目
  - 形纤者为雨
    - 眉雨
    - 蛾回
    - 蚁雨
    - 芽雨
    - 熙雨
  - 介乎圆纤二者间为熙
    - 眉熙
    - 正熙
    - 副熙

（三）砖茶
- 红砖茶　以红茶叶或红茶末制成
- 绿砖茶　以绿茶叶或绿茶末制成
- 小京砖茶　以制红砖茶时筛下之粉末制成

（四）末制茶
- 茶末　即制后之碎片、茎梗、茶粉等物,俗名花香
- 毛茶　即未烘制之茶叶,直接输出海外

上表所列制造方法之分类，在出口贸易中亦适用之。至因制造地点之不同，所分之类，以上海惯用之名称言之，则有：

（一）路茶：在生产地制造后，运来上海者；

（二）毛茶：由生产地运至上海制造者；

（三）珠茶：在生产地粗制后，运至上海加工制造者。

若由茶之采制时期分类，则可分为下述四类，即：

（一）头帮茶：亦称头春茶，在谷雨前十日前后采摘制造之者；

（二）二帮茶：亦称二春茶，在谷雨后十日前后采摘制造之者；

（三）三帮茶：亦称三春茶，在谷雨后一月前后采摘制造之者；

（四）四帮茶：亦称四春茶，在三帮茶后一月内采摘制造之者。

若由茶之生产地域分类，亦可分为下列两大类：

（一）红茶
- 祁门茶　产于安徽之祁门县及附近区域
- 武彝茶　产于福建崇安县之武彝山及其附近区域
- 北岭茶　产于福建闽侯县之北岭及其附近区域
- 安化茶　产于湖南之安化县及其附近区域
- 宁州茶　产于江西之修水、宁都及其附近区域
- 蒲圻茶　产于湖北之羊楼峒及其附近区域

（二）绿茶
- 徽州茶　产于安徽徽州所属祁门县以外之五县
- 六安茶　产于安徽之六安、霍山等县
- 屯溪茶　产于皖浙交界之屯溪及其附近区域
- 平水茶　产于浙江绍兴所属之八县

二、茶之输出及其传布

茶与丝同为中国所发明，而且同为中国之大宗输出品。茶之效用，显著于唐代；同时，茶之输出，据历史之所记载，也是从唐代始。李肇《唐国史补》卷下

载："常鲁公使西蕃，烹茶帐中，吐蕃王赞普曰：'我亦有此。'遂命出之，以指曰：'此寿州者，此舒州者，此顾渚者，此蕲门者，此昌明者，此沪湖者。'"宋元以后，中国政府采行茶马政策，茶之输出，愈形加多。《金史·食货志四》茶部载："泰和五年（一二〇五年）尚书省奏，茶比岁上下竞啜，农民尤甚，商旅多以丝绢易茶，岁费不下百万。"故茶之输出，至少当有一千二百年以上之历史。在此一千二百年中，其中有一千年，茶之消费仅限于欧亚交界一带之地，即南至印度、安南、暹罗，西自波斯、阿富汗以抵土耳其，西北自高加索以抵波兰东境，以及欧俄南部，北自蒙古以达西伯利亚。直至现在，海运开通，茶之消费遍于全球，但汉口茶业之输出，还是分散于欧亚交界一带之地，其输出情形，如下图之所示。

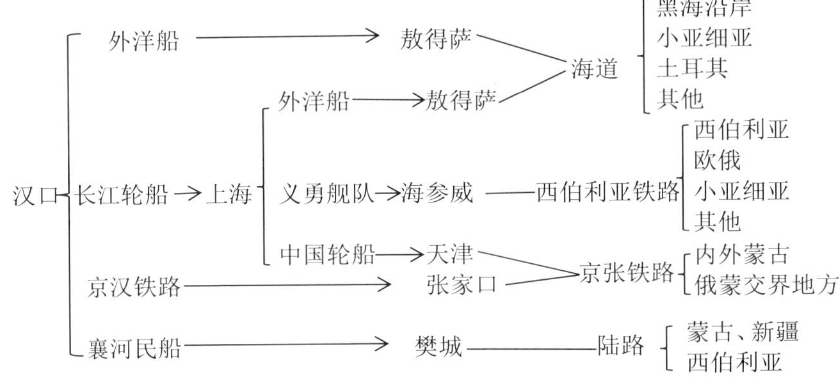

一五一六年葡萄牙人来中国贸易，西欧诸国人士至此时方知有一"茶"字，而中国茶叶遂得沿海道以抵于西欧；一六一〇年以后，欧洲方感着有茶的需要。至于华茶之输入澳洲、美洲更是一五一六年以后的事了。

茶叶之输出，虽有千余年之历史，但茶种之传布则是最近一百年的事。

十九世纪初期，世界茶量消费渐大，而茶之生产又为中国所独占，遂激起茶业贸易战争之导火线。一八三四年，英国鉴于茶业之重要。而其本国又因土质与气候之关系，不能种茶，遂由东印度公司向我国购办茶种，试植于印度，是为茶种向西传布之始。英政府一方面以无代价或价极低廉之土地，供给与农民或制茶公司，使种茶者得无限制的使用土地，以求茶产之增加。他方面，政府以低利或免利之大量资本，供给与农民或制茶公司，使制造者得以购买机器，扩充营业，以求茶业之发展。而另一方面，政府又以租税及海关政策去鼓励印茶之输出，禁止华茶输入英本国及其所有属地，因此，不上五十年的光景，印度柏来玛河沿岸，遂遍植茶树，而成为世界今日之最大植茶场，印度阿萨姆省，成为近世产茶之最大区域。一八九〇年，印度栽茶面积达三十五万英亩，产茶量达一万万磅以上。一九〇四年，印茶输出量已驾凌华茶之上。一九一九年，印茶超出华茶四倍有奇。一九二九年，印茶输出比华茶输出，超出七倍。

英国植茶政策既收效于印度，遂进而移植于锡兰。一八七六年，茶种第一次传布于锡兰，锡兰植茶之动机，一方面羡于印度植茶之成功，而另一方面，即因是地一八七〇年咖啡业之失败，欲于茶业中以补偿其损失。经英政府多方鼓励之结果，一八八六年，锡茶之输出额已达一万五千磅。一八八七年，达一千万磅。一九二六年，更增至二万二千余万磅。一九二九年，输出额达二万四千万磅，超出华茶输出总额六倍有奇。

爪哇种茶虽较早于印、锡，但亦是一八二五年以后的事。一九二九年，爪哇及苏门答腊之茶叶输出额达一万六千万磅，在印度、锡兰之后居世界茶产额之第三位，超出华茶输出额二倍半有奇。

茶种输入日本不知在何年代。明治维新后，日本鉴于印、锡、爪等处茶业日有进步，恐为其所淘汰，励精图治，急起直追。故一八五九年之输出额虽仅为三十六万余磅，但至一八六四年则已增至一百万磅，一八六八年，增至六百七十余万磅，一八九〇年竟达至七千万磅。

除茶叶之输出、茶种之传布外，关于茶叶自生产以至输出这一个过程中，其所经过的程序，亦有研究之必要。必须明了这一步的程序，对于中国茶业的国际贸易，才更加容易释解。

在茶叶输出业的初步过程中，很容易使我们发现与丝业输出同一的过程，这或者是次殖民地工商业所必须经过的命运罢。茶叶自生产以至输出，中间应经过之程序如下。

产地农户每届采茶时节纷纷采制。采制之法仅恃双手，制出之茶谓之毛茶。紧盖封藏，待价而沽。沽之者大都为茶商或土庄栈客。茶商于各地开设茶号，每年于事前觅定场所，预备器具，雇定茶师以及男女工人。一俟新茶上市，即派出水客，分赴邻近各乡村，向农户收买。价格视茶叶之品质、年岁之状况、银根之灵涩，而各有不同，大概均较输出之价低至一倍以至数倍以上。茶商将收买之茶运回茶号，由茶师分类制造，重行炒焙、拣选、分筛及分配各种花色。然后盛箱运至茶栈，惟土庄栈则须俟至输出地后，始在所设之厂，由毛茶加以制造，制竣封箱之后，其转售于输出商，仍须由茶栈经手。茶栈之任务，一方面贷资于茶商，收取利息，而以所购之茶为担保。一方面媒介茶商或土庄栈与洋行交易，而收取佣金。洋行雇有茶师，茶栈雇有翻译员。交易时先由茶栈送小样与洋行茶师看定，互议价格。成盘后发大批比对，签字成交。凡各地运来之茶，必由茶栈经手卖出，茶商不得直接与洋行交易，故茶栈实为茶业贸易上一重要阶段。茶栈虽有媒介之权，但茶栈茶商以及土庄栈俱无输出之权，华茶输出必须经过洋行之手。洋行收买茶叶之后，另行装箱运赴各国茶市，由该国茶商直接售与茶之消费者。洋行对于中国茶商于过磅时，每箱照净重克扣四五磅以至六七磅，过磅后延不交银。交银时，又加以九九五扣息。凡此种种，无非尽其操纵压迫之能事。

所以，中国茶业之输出，姑无论外国对于华茶之进口是否加重入口税，以阻止华茶之发展。就以华茶输出在国内的这一个阶段而言，亦不觉为茶业贸易前途寒心。农户费无数之心血经营，始得将茶叶摘取焙制，其间自有其相当之代价，茶商设号经营，茶师觅工，收买炒焙，又不知费去多少工夫，始得装箱运出输出口岸，其亦自有其相当之代价。经此二重之制造，成本不为不贵，再加以茶栈利息之苛求，佣金之索取，又加以洋行之操纵价格百端剥削，故中国茶业对外贸易之不得发展，实已卜于输出初期这一个过程中。

三、中国茶业国际贸易之启蒙期

中国茶业国际贸易虽肇端于唐代，但史籍之所能稽考者首推宋代之茶马交换政策。《宋史·食货志》谓宋初经理蜀茶，置互市以市番夷之马。一〇七四年（宋神宗熙宁七年）王韶建开湟之策，谓番夷恒以善马至边，所嗜惟茶，故以茶与市，可得良马。一〇八二年（宋元丰五年）阶州有博马卖茶场，以买马司兼领茶场事务。一〇八三年，政府并茶场买马为一司，据《宋史·职官志》之所记载，都大提举茶马司，掌榷茶之利，以佐邦用，凡市马于四夷，率以茶易之。产茶及市马之处，官属得自辟置。一一七七年后，数年中，茶马互市场凡十余处，得马一万二千九百余匹之多，可知茶马互市政策，在宋代是很盛行的。

元代，中国为异族所统治，茶之输出大都由政府以征收形式，运往西北边境。同时，政府所需要之马，可直接由蒙古各地运入中国，不必以茶交易，故茶马政策，在元代史籍中并未多见，但亦不能谓为绝无。元世祖初年，用运使白赓之言，榷成都茶，于京兆、巩昌置局发卖。旋立西蜀、四川监榷江西茶，又置榷茶都转运司于江州，总江、淮、荆、湖、福、广之税。嗣设管茶提举十六所，所收茶课，岁有所增。可知元代茶业亦甚发达，茶马交换之事，势不能免。

明初，中外交通渐繁，商业发达，茶马政策又复盛行。史称，番人以茶为生，无则生病。政府设有茶马市大使副使，掌市马之事。官茶、商茶皆贮边易马，商茶纳税，略如盐制。太祖初令商人于产茶地买茶，纳钱请引，引茶百斤输钱二百，不及一引者曰畸零，别置由帖给之，无由引及茶引者，政府认为私服，有违禁令，加以逮捕。政府又设茶局批验来往之茶，茶与引不符者，认为私茶，罪与私盐同，私茶出境与关隘失察，并论死。洪武初，卖茶之地由宣课司三十取一，一三七一年（洪武四年）政府从户部之请，于陕西、汉中、金州、石泉、汉阴、平利、西乡诸县茶园每十株官取其一。无主茶园，令军士薅采，十取其一，以易番马。又设茶课司于产茶地，规定税额，陕西二万六千斤，四川一百万斤，设茶马司于秦、洮河、雅诸州，行茶之地，五千余里。后又设茶局于永宁、成都、筠连征税。川人以茶易毛布毛绒诸物，以偿茶课，自定课额，立仓收贮，专用以市马。民不敢私采，终至课额屡亏，民多赔纳，乃听民采摘，与番易贷。初番商以马由四川、严川、卫黎州入雅州易茶，茶马司定价，马一匹，茶千八百斤，于碉门茶课司给之后复改贮碉门茶于严州，验马高下，以定茶之多少。一三九七年（洪武三十年），改设秦州茶马司于西宁，一四〇〇年以后，政府为怀柔异邦起见，遽增茶斤，故卖马者日多，而茶日不足碉门茶马司，用茶八万余斤，仅易马七十匹，且多疲损，乃渐申严禁，设洮州茶马司，又设甘肃茶马司，于陕西司虽多设，但茶马交换数额并未见增。

清初，沿明代旧例，茶马政策尚见施行。政府差茶马御史一员，辖陕西五茶马司，规定陕西以茶易马之法：上马给茶十二篦，每篦十斤，合一百二十斤；中马给茶九篦，九十斤；下马给茶七篦，七十斤。一六六一年（顺治十八年），达赖喇嘛及干都台吉于北京胜州互市以马易茶。但自一六六四年以后，茶马政策因海运交通的结果，遂不见盛行。

总而言之，在中国茶业国际贸易的启蒙期中，茶马交易政策，实居其最主要的地位。此种期间经过甚久，自宋至清，凡七百余年，唐代茶马政策虽未见通行，但国内茶之贸易殊为发达。唐德宗时，税天下茶、漆、竹、木，十取其一，以为常平本钱，此为中国自有茶业后，政府税茶之始。嗣复于出茶州县，茶山及国人往来要路以三等定酤，十税其一。穆宗时代，帑藏空虚，复增茶税，每百钱增五十。武宗时代，又增江淮茶税，茶商所过州县，须纳重税，或掠夺舟车，露积雨中，诸道置邸收税，谓之“拓地钱”，茶税甚重，私贩乃起。文宗时代，江淮之茶，每斤复增

税五钱，谓之“剩茶钱”，茶税屡增，茶业贸易之发达，确无疑义。但此仅指国内茶业贸易而言，若言茶业之国际贸易，则当自宋代始。宋代之茶马政策，开中国茶业国际贸易之新纪元，而为中国茶业贸易之一特殊形态。列举而言，茶马政策之特征，可如下所述。

（1）茶业国营。在茶业国际贸易的启蒙期中，最足表现其特征的就是茶叶国营，此种国营的茶业贸易政策在资本主义社会的今日，是很值得我们注意的。自宋至清，凡七百年间，政府一方面委派官吏，设置机关，专司茶业国际之贸易，如宋之茶马司、茶盐提举司，元之茶选使、榷茶都转运司；明之巡茶御史、茶课司、批验所以及清之茶马御史等。他方面，规定茶业对外贸易区域如宋初以原、渭、德顺三郡为限，嗣于熙河、秦凤、戎黎、南平、长宁、阶和等州，渐次辟为茶场区域。明初，以陕西、洮州、河州、西宁四地为限，嗣于四川之成都、重庆、保宁三府及播州，亦渐次辟为茶场区域。清初以北京、胜州为茶场区域。而另一方面，对于茶之输出数量及其价格亦加以相当之限制。明初规定茶一百二十斤值上马一匹，七十斤值中马一匹，五十斤值下马一匹。清初规定茶一百二十斤值上马一匹，茶九十斤值中马一匹，茶七十斤值下马一匹。这种国营实业政策与其谓为在国民经济上着想，毋宁谓为在国家政策上着想。这不仅对茶业贸易如此，对丝业、盐业，亦有同样的国营制度，这是闭关时代国际贸易的特征。

（2）禁止私运。这一个时期的茶业输出，除由国家经营外，同时并禁止人民私运。明代禁止私茶出口尤为严厉。一四五八年（天顺二年），外国僧人夹带私茶出口，政府出示严禁。一四七一年（成化七年），又禁止进贡之回回番人等，在北京及沿途收买私茶。一四九〇年（弘治三年），又禁进贡番僧收买私茶。一五〇五年（弘治十八年），又定贩卖私茶及知情纵容问罪之例，有将私茶潜往边境与贩交易及在国内贩卖与进贡回还夷人者，均治罪。禁止私运的方法，即于边陲各地，设立批验茶引所，除核验性质外，并以批验引，由批验夹带为职务。客商贩到茶货，经过批验所，须依例批验，将引由截角，别无夹带，方许放行。茶叶运至茶场后，依照政府所规定之价格，与番人之马相交换，非经政府许可，不得将茶运出境外。

（3）陆路贸易。启蒙时期中，茶业对外贸易的特征，是陆路贸易。陆路贸易中，又以西北输出为其中心。中华民族移殖之趋势，由西北而向东南，中国东南部既成汉族聚居之地，西北边境遂由异族侵入。同时，异族亦沿此趋势向东南进展，而汉族与西北边境异族接触之机会遂繁。故自周代以来，西北陆路之交通，首先著称于史籍。秦始皇筑万里长城，即为防夷。汉班超、张骞通西域，不过为久经闭塞之交通途径，重行开辟而已。隋代，河西诸郡，为中国国外商业中枢，中外商人麇集其地者四十余国。唐代，置安西都护府于焉耆，西域商人来者益众；中国商人经商于中亚、波斯、印度诸地者亦日多，惟西自欧、非两洲，东至印度，中国商权多操纵于犹太人之手。所以中外陆路贸易在中国古代是很盛行的，由地中海东岸，经中亚细亚、天山南路至中国长江，中外交通频繁。大食国勃兴，中亚陆路贸易更趋发达。宋代，辽、金、夏等国勃兴于中国西北边境，宋代对于异邦以怀柔为政策，虽进贡称臣，亦所不顾。故宋代之茶马交换政策得以发展。明承元代之后，西北交通更加发达。返观海路贸易，唐代日本虽通中国，犹太人虽有由红海经印度洋来中国南海贸易者，但因水路交通器具尚未发达，直至明代凡一千年间，中国航业仍未见有何进步，所以，陆路茶业贸易在清代以前是占很重要的地位的。虽然江浙及福建、广东间有茶马司之设置，但其主要目的无非为便于西北陆路的贸易。

（4）物物交换。启蒙期中，中国茶业国际贸易的第四个特征是物物交换。物物交换在人类原始时代的经济社会中是盛行的。在中国历史中，有物物交换的经济行为，本不算一回什么奇异的事情，但所足称为特征者，即在启蒙期中，中国货币制度业已发达；但中国对外贸易则货币已失其效力。不仅茶业为然，其他各业，情形亦无二致。史称：夏元昊屡遣使至宋，要求互市。夏以羊、马、牛、驼、玉、毡、毯、甘草、蜜腊、麝、脐毛、褐羚、羊角等物输入于宋，易宋之绉、帛、罗、绮、香药、瓷器、漆器、姜桂等物。夏金之间，金以马输入于夏，又以丝帛易夏之珠玉。这一方面，固然由于国际贸易尚未发达，以致国际货币无由成立；他方面则系由于中亚商业，尚在物物交换时期。故中国茶叶输出不得不以马易入，而行其交换程序。

四、中国茶业国际贸易之发展期

自一六六四年（康熙三年），东印度公司经理人带茶二磅一盎斯赴英贡献于英皇起，至一八四二年（道光二十二年）中英缔结《南京条约》开辟五口通商为止，是为中国茶业国际贸易之发展期。在此期中，华茶输出除陆路贸易尚继续进行外，海路贸易亦日渐发展，而成为华茶输出之主要途径。现分别述之如下。

华茶输出陆路贸易，除仍继续原有茶马政策，以茶易取中亚细亚、波斯、阿富汗、尼泊尔及西伯利亚等地之马外，因俄罗斯帝国之勃兴，华俄茶业贸易遂于茶马政策之外，而成为陆路茶业贸易之大宗。一六三八年至一六四〇年，俄国使臣墨索维持（Moso Vite）由中国携茶叶四普得（约合一担以上）至莫斯科发售，是为史籍

所载华茶输入欧洲之始。一六八九年，中俄缔结《尼布楚条约》，规定正式通商之手续后，华茶遂得不断地输入俄境，此项输入初由俄国政府之商人队由蒙古输出继由私人所组织之商人队输出。惟条约规定，须有路票即护照，方准交易。俄人不便，屡请自由贸易。中国政府乃于一六九三年（康熙三十二年）规定俄国商队得三年至北京一次贸易免税，惟每队以二百人为限。一七二九年（雍正五年），中俄缔结《恰克图条约》，华茶输入俄境更为发达。惟自海参威开埠后，陆路贸易始渐衰歇。

自华茶先后输入欧洲以后，西欧人士对于饮茶日渐发达，尤以上流社会为最。有此需要，故华茶遂不得不应此供给，但因当时贸易无详确之统计，自一六六四年以后，华茶之沿海路输出者，数目若干，殊不得而知。据史籍之所能稽考者，清代初期，华茶海路输出之情形，有如下表。

第三表　一七四〇年前华茶之海路输出情形

年次	输往国别	输往茶额	备考
1664年	英国	2磅1盎斯	贡与英皇
1666年	英国	22磅12盎斯	由荷兰运往
1669年	英国	143磅	东印度贸易公司第一次正式输往
1670年	英国	79磅	由爪哇运往
1689年	英国	150担	厦门出口为中英直接贸易之始
1697年	英国	1 100桶	厦门出口
1698年	英国	300桶	厦门出口
1699年	英国	160担	厦门出口
1700年	英国	160担，砖茶300箱	广州出口
1704年	英国	105 000磅	广州出口
1713年	英国	304 710磅	广州出口
1719年	英国	2 281箱，110桶，202包	广州出口
1721年	英国	2 209箱，200桶	广州出口
1722年	英国	4 500	广州出口
1722年	印度	1 000担	广州出口
1723年	英国	10 400担	1724年亦包括在内
1730年	波特维亚	25 000担	厦门、广州出口

续　表

年次	输往国别	输往茶额	备考
1730年	英国	22 500担	珠州出口
1734年	英国	4 427担	厦门、广州出口
1734年	法国	3 313担	广州出口
1734年	丹麦	7 024担	广州出口
1734年	荷兰	4 681担	广州出口
1737年	法国	8 500担	广州出口
1737年	荷兰	8 330担	广州出口
1737年	波特维亚	420担	广州出口
1737年	瑞典	5 000担	广州出口
1739年	英国	6 994担	广州出口
1740年	英国	14 019担	广州出口

在上表一鳞半爪的数目字中，中国茶业国际贸易之海路输出，由二磅一盎斯增至每年输出有达四五万担者，一七三〇年以后，每年茶叶输出多在一万担以上，较诸陆路贸易，数量超过甚多。而且表中所记不过仅就其可以稽考者而言，其偷运或未经记载者尚不在内。华茶国际贸易之发展可以概见，如果再把清代中叶以至一八六六年海关统计报告发表，一百余年中，中国茶业沿海路输出之情形一看，茶业国际贸易之发展，更将使我们惊异。下表之所列示，系根据东印度公司对华贸易史之所统计，盖在海关统计报告尚未发表以前……之中国，除此以外，殊难得经济上之任何统计资料。

第四表　一七四〇后华茶之海路输出情形

（单位：担）

年次	东印度公司	英国	法国	美国	其他欧洲各国	总计
1741年	13 345	—	9 450	—	14 950	37 745
1750年	21 543	—	14 944	—	34 355	70 842
1775年	21 918	2 143	18 662	—	77 502	120 225
1776年	41 820	731	42 893	—	77 425	162 869
1777年	49 972	949	27 332	—	72 279	150 532
1778年	40 245	2 740	15 776	—	69 003	127 764

续 表

年次	东印度公司	英国	法国	美国	其他欧洲各国	总计
1779年	23 621	1 533	—	—	85 004	110 158
1780年	69 445	1 639	—	—	85 559	156 643
1781年	63 489	597	—	—	55 393	119 479
1782年	21 342	—	—	—	—	21 342
1783年	92 130	614	31 735	—	85 376	209 855
1784年	86 383	4 351	37 206	3 024	63 701	194 665
1785年	103 834	5 113	3 500	—	104 370	216 817
1786年	157 116	175	2 867	8 864	72 074	241 096
1787年	161 204	423	12 967	5 632	86 669	266 895
1788年	141 218	3 687	2 191	8 916	71 868	227 880
1789年	129 847	727	2 207	23 199	51 599	207 579
1790年	159 595	2 519	3 316	5 575	13 871	194 876
1791年	49 754	474	5 880	13 974	27 358	97 440
1792年	12 893	1 078	11 555	11 538	44 514	81 578
1793年	148 250	681	—	14 115	24 972	188 018
1794年	167 672	1 797	—	10 887	30 911	211 267
1795年	112 840	1 814	—	21 147	20 830	156 631
1796年	212 422	1 202	—	25 848	78 875	318 347
1797年	184 653	1 296	—	23 356	20 356	229 661
1798年	93 771	2 284	—	42 555	32 394	171 004
1799年	157 526	4 023	—	42 488	11 828	215 865
1800年	223 493	6 965	—	35 620	30 060	296 138
1801年	221 255	782	—	40 879	1 291	264 207
1802年	207 921	1 083	2 652	36 323	36 054	284 033
1803年	244 664	2 245	—	17 788	15 999	280 696
1804年	213 800	5 942	—	54 902	24 891	299 535
1805年	179 040	3 454	—	87 771	13 571	283 836
1806年	183 364	4 019	—	65 779	8 209	261 371
1807年	138 368	1 830	—	58 770	—	198 968

续 表

年次	东印度公司	英国	法国	美国	其他欧洲各国	总计
1808年	152 313	5 080	—	8 128	—	165 521
1809年	185 258	3 265	—	73 028	—	261 551
1810年	203 723	6 021	—	21 643	—	231 387
1811年	256 361	3 635	—	26 778	—	286 774
1812年	274 175	972	—	10 556	—	285 703
1813年	238 774	3 187	—	7 133	—	249 094
1814年	249 199	2 408	—	—	—	251 607
1815年	303 874	10 138	—	53 040	15 842	382 894
1816年	274 914	2 177	—	—	—	277 091
1817年	160 692	18 696	—	169 143	—	348 531
1818年	158 141	13 156	—	—	—	171 297
1819年	213 882	12 249	—	16 447	—	242 578
1820年	214 095	30 388	—	40 253	—	284 736
1821年	208 192	9 220	—	63 159	—	280 571
1822年	218 327	15 913	—	84 778	—	319 018
1823年	223 213	17 588	—	76 142	—	316 943
1824年	215 229	17 489	—	103 061	—	335 779
1825年	209 180	19 229	—	96 162	—	324 571
1826年	307 088	22 434	—	64 321	—	393 843
1827年	249 905	16 070	—	78 807	—	344 782
1828年	226 687	24 968	—	73 883	—	325 538
1829年	230 061	22 298	—	66 204	—	318 563
1830年	26 573	20 614	—	54 386	4 000	105 573
1831年	237 517	23 971	—	83 876	—	345 364
1832年	248 000	21 863	—	—	134 457	404 320
1833年	229 270	29 031	—	—	—	258 301

上表所述系根据东印度公司一方面之记载，其沿海道自海参威以抵俄国，自厦门以至日本，自广州以抵南洋群岛及澳大利亚等地之华茶输出数量尚不在内，同时偷运出境，或由中国沙船运往者，亦未列入，所以在这一个时期中，华茶的国际贸

易是很发达的。这时的贸易，我们也可以归纳出几个特征。

（1）贸易自由以货币为贸易之媒介。中国茶业国际贸易在这一个期间中，与前一个时期最不相同，而且最足表示其特征的就是茶叶输出已享有相对的自由。同时，物物交换之茶业贸易政策一变而为以货币为交换之媒介，在此种情况中，外国得以货币向中国购取茶叶，由海道或陆路运往各该国，供人民之消费，中国政府仅于茶之输出时，抽取若干之税。同时，茶之输出数量及输出地点，政府并不加以限制，故输出茶额遂得突飞长进，由发展期而至于勃兴期，由勃兴期而抵于全盛期。一八〇五年至一八一五年间，美国运至广东价值二千二百七十余万元之现金，即为购买华茶之用。当时茶价每担自二十两以至四十两，平均以三十两计之，每年华茶所易取之现金，亦当在六百万两以上。

（2）茶业输出占出口货中之第一位。在茶马交换时期，茶之输出为数虽大，但其供给情形与马之需要率为正比例。国外之马辄供政府之用，与民间无涉，故该时期，茶业国际贸易额之多寡，与国民经济无多大关系。换言之，即在茶业国际贸易之启蒙期中，茶之输出为数仍属有限。但至茶业贸易之发展期中，情形却大有不同了。十八世纪后半期以后，每年华茶输出总额，至少当在五十万担以上，每担平均以值海关两三十两计，每年输出茶值达一千五百万两以上。以当时中国国际贸易之情形观之，此种数目是很大的。所以，自十九世纪初期以后，茶即代替了丝之地位而享有输出品之第一位，占出口总值百分之六十以上。这是茶业国际贸易脱离茶马政策后之第二个特征。

（3）航业进步，沿海各埠成为华茶之输出地。在陆路贸易时期，交通器具尚未发达，茶业输出仅恃人力或兽力以为转运之工具，就令政府不禁止私运，茶之输出为数也甚有限，但自欧洲产业革命而后，轮船铁路相继发达。欧亚交通顿增便利。中国茶业贸易之发达，亦随之而蒸蒸日上。只要生产有余，运输方面毫不感着困难。所以，自海运开通以后，海路茶业之输出，占输出总额之大半，使华茶在十八九两世纪中，得独占国际茶市场，而遍布其势力于世界各国。同时沿海各埠，尤以厦门、广州为最，遂成为华茶之输出地点。

（4）伦敦成为华茶在欧分布之中心。十八九两世纪为英国独霸海权之时代，而东印度公司实为完成英帝国主义控制东亚经济命脉之工具。西葡两国，虽先后独霸海权，而且同为打破中国闭关政策之急先锋，但西葡二国影响于中国商业的发展是很微小的。因为当时资本主义的羽翼并未完成，西葡二国海运虽得发展，但在经济政治上，并未得到成功。只有英国独霸海权时代，正当产业革命之后，凭借其伟大

之交通势力，自殖民地及次殖民地，以低廉之价格购入大宗原料输入国内，以培养其产业革命后，工业上伟大之基础。同时，并以制出之货物，运输于各国，以维持其资本帝国主义之生命。故华丝与华茶，在十八九两世纪中遂得以伦敦为集散之中心，所有华茶华丝销售于各国者，大都由英国之东印度公司，自印度或自中国运往伦敦，再由伦敦以更高之价格，分运于各国，供欧美人士之消费。虽然英国素来对于华茶认为是一种奢侈品，征以甚重之税，使消茶□最大量之非洲各国，转而购法国、丹麦、瑞典、荷兰等公司之茶，但东印度公司对于茶业之贸易，仍不少歇，而且自十九世纪以后，法国、丹麦、瑞典、荷兰，华茶输入几似绝迹。虽然一七八〇年法国政府厉行保护政策，严禁华茶入口，且焚毁来华贸易之船，以致影响于华茶之输入甚大。但实际上东印度公司及英国所输入之华茶反日见增加，足以抵法、瑞等国所输入者有余。随后，美国自一七八四年后，华茶已直接输由太平洋岸输入，不再经过伦敦境，而且输美之数，亦日见增加。但伦敦直至十九世纪初期，仍为华茶分散欧洲之中心。

五、中国茶业国际贸易之勃兴期

自一六六四至一八四二年茶业国际贸易的发展期中，茶业贸易虽有蓬蓬勃勃的气象，但为数仍极有限，每年平均不过数十万担。以世界人口之众，以中国茶产之多，这种贸易的数量是很渺小的。而且，政府对茶业输出，虽不加以任何之苛例，但整个的国家仍是闭关自守，外国商船所能入口的只是广州、厦门等几个大口岸，而广州、厦门又并非中国茶产之集中地。虽然在十九世纪初期，湖南、湖北、江西等省的茶叶，有不少转注于广州、厦门者，但以运输的艰难，时日的延滞，此种贸易也决难得到相当的进展，所以，中国茶业国际贸易之进一步的发达，实有赖于中外通商藩篱之撤废，换言之，即必须在中外商人自由互市，不受政府法令之干涉，无理之妨阻，茶业国际贸易始得十分的发展。所以，五口通商在中国的国际贸易上是很值得注意的。同时，在中国的茶业贸易，也因此达到一个新的时期。因此，不妨把一八四二年五口通商后至一八七九年列为华茶国际贸易之勃兴期。在此期中的前二十余年中，对于茶的输出，虽然得不到相当的统计，但自一八六六年海关报告册开始发表后，于茶之输出量则有如下之统计。

第五表　勃兴期中华茶输出数量统计

（单位：担）

年次	担数	年次	担数
1866年	1 192 138	1867年	1 330 974
1868年	1 475 310	1869年	1 528 249
1870年	1 380 998	1871年	1 679 643
1872年	1 774 663	1873年	1 617 763
1874年	1 735 379	1875年	1 818 387
1876年	1 762 887	1877年	1 909 088
1878年	1 898 956	1879年	1 987 463

从上面的统计中去观察茶业的输出，大致是增加的。一八六六年输出数量不过一百一十九万担，但至一八七九年则已增至一百九十八万担，在此十四年中，茶之输出，增加至百分之七十有奇。在茶业国际贸易的发展期中，茶叶输出最高数目为四十万担，自该最高数目出现之一八三二年，以至一八六六年，为期不过三十四年，在此三十四年中，茶叶输出由四十万担达至一百一十九万担几增至三倍。此种增加速率很容易使我们知道在华茶国际贸易的勃兴期中，茶业的发展是愈见进步的。再从该期茶叶输出的价值上说，也能够看出华茶输出增加的趋势，及其在中国出口货物上所占地位之重要。

第六表　勃兴期中华茶输出价值统计

（单位：千两）

年次	1867年	1870年	1878年
海关两	34 556	30 283	32 013
与出口总值百分比	60.0%	54.8%	57.7%

观上表可知，在勃兴期中，茶之输出值达出口总值百分之五十以上。

如果要想明了华茶之输出量中何种茶类占输出之主要成分，那不能不用百分比来分析。

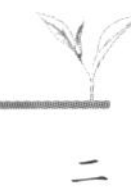

第七表　勃兴期中各种茶类出口之百分比

年次	红茶	绿茶	砖茶及其他	合计
1869年	77.48%	15.11%	5.41%	98%

续　表

年次	红茶	绿茶	砖茶及其他	合计
1870年	78.72%	16.47%	4.81%	100%
1871年	81.13%	13.85%	5.02%	100%
1872年	80.02%	14.45%	5.52%	99.99%
1873年	78.77%	14.55%	6.68%	100%
1874年	83.22%	12.26%	4.51%	99.99%
1875年	79.21%	11.56%	9.32%	100.09%
1876年	80.29%	10.56%	8.45%	99.3%
1877年	81.32%	10.34%	8.34%	100%
1878年	79.92%	9.01%	10.98%	99.91%
1879年	76.65%	9.22%	14.13%	100%

上表在表示茶业贸易的进展中，红茶地位是比较稳固的，砖茶的百分比日渐扩大，但绿茶的百分比则日渐缩小。这足证明，绿茶在勃兴期中销路是不大佳的；反之，即砖茶及其他种茶销路日见扩大。若再从各别的指数观察，而以一八七一为基数，去考查各种茶类的增加率，那末，在勃兴期中的最后九年内，各种茶类之指数有如下表。

第八表　勃兴期中各种茶类指数表(以输出数量计)

年次	红茶	绿茶	砖茶及其他	合计
1871年	100%	100%	100%	100%
1872年	104.2%	110.3%	161.1%	105.6%
1873年	93.5%	101.2%	128.1%	96.3%
1874年	105.9%	91.4%	92.7%	103.3%
1875年	105.5%	90.4%	100.8%	108.3%
1876年	103.8%	81.5%	188.1%	104.9%
1877年	113.9%	84.8%	188.6%	113.7%
1878年	111.3%	74.2%	247.0%	113.5%
1879年	111.7%	78.7%	332.7%	118.3%

在茶业国际贸易的勃兴期中，我们可以把捉到下述的几个特征：

(1) 华茶在国际贸易上仍居独占地位。爪哇植茶始于一八二六年，印度植茶始

于一八三五年，锡兰植茶始于一八七六年。在一八七九年，锡兰茶尚未产出，固不待言，就爪哇、日本的茶，已仅足供给各该本国之用。日本在十九世纪末，尚有中国茶师驻于该国，日本茶业之不发达，于此可以概见。印度茶在一八三八年虽已出现于伦敦市场，一八六〇年印度输往伦敦之茶，虽已达百万磅，但在一八八〇年以前，印度输出于伦敦之茶尚不及一千万磅。除印度、锡兰、爪哇、日本以外，世界上产茶之国绝无仅有，所以在一八八〇年以前，全世界茶之消费，中国供给其百分之九十六，可谓独占国际茶市了。

（2）茶叶出口价值超过全国出口总值之一半。在此期以前，茶叶输出，虽已代替了丝业输出之地位，而享有全国出口贸易之第一位。但因为出口价值无统计可以稽考，茶叶出口价值与全国出口总值之关系若何，殊不得而知。但至一八六四年以后，此种关系从海关报告册中就可以检查出来了。一八六六年，全国输出总额为五千万海关两，茶之输出几达三千万海关两，占出口总额百分之六十。一八六七年，全国输出总额为五千二百万两，茶之输出达三千四百万两，占出口总额百分之六十五。一八七〇年，全国输出总额为五千五百万两，茶之输出达三千万两，占出口总额百分之五十五。一八七八年，全国输出总额为六千五百万两，茶之输出达三千四百万两，占出口总额百分之五十一。所以在勃兴期中，茶叶输出价值占全国输出总额之一半。

（3）红茶稳定，绿茶减少，砖茶增加。一八六九年，茶之输出总额为一百五十余万担，但至一八七九年，则输出总额已增为一百九十余万担。在此十年中，红茶亦由一百二十余万担增至一百五十余万担，为同一速度的增加。至于砖茶则由六万担增至二十八万担，十年中增加四倍有半。但绿茶则自二十三万担减至十八万担，与茶之出口总额增加之一般情形适成反比例。主要的原因就是红茶出产额多国际人士耳目，首先所接触者多为红茶，自以为红茶为惟一佳品，欲于茶类具一种鉴别力，在茶叶消费甫告发达的初期，当然为不可能。且绿茶价格，较红茶为贵，故其输出在勃兴期中自然趋于减少。至于砖茶，因是期中俄国对于茶之需要，日增不已，故砖茶之输出遂得以高飞突进。

（4）茶之价格大致稳定。勃兴期中，各种茶类装运出口之价格有如下表。

第九表　勃兴期中各种茶类之出口价格（每担平均价值海关两）

年次	红茶	绿茶	砖茶
1862年	22.00	29.00	—

续 表

年次	红茶	绿茶	砖茶
1863年	24.00	30.00	80.00
1864年	26.49	38.50	—
1865年	27.42	36.81	6.20
1866年	26.00	33.00	8.01
1867年	30.53	33.95	10.99
1868年	24.84	36.91	10.00
1869年	23.05	34.78	12.45
1870年	20.61	35.26	8.01
1871年	22.39	39.04	9.00
1872年	24.62	40.07	10.00
1873年	25.59	24.42	9.75
1874年	21.60	22.20	11.92
1875年	20.67	23.61	11.82
1876年	21.31	24.47	11.82
1877年	17.49	21.96	11.90
1878年	17.88	19.80	6.97
1879年	18.07	23.52	5.05

在茶业国际贸易之启蒙期中，茶马交换，茶之价格决之于马之优劣，马之价格多少，殊难估定。在发达期中，茶之价格已渐能为国际货币所决定，一六六六年，输入英国之茶，每磅约值英金二磅半，合广东两七两半；一七〇〇年，运往英国之上好茶，每担值银二十五两，茶砖每套箱值银一两；一七二二年，运往印度之茶每担值二十七两，运往伦敦之茶，则其价格可分为下表所列数种。

第十表　一七二二年华茶之出口价格

种类	Congo	Pohea	Poakoe	Bing	Singloe
担数/担	500	2 000	250	250	1 500
每担价格/广东两	38	27	38	35	19

一七二七年，红茶出口价格，每担二十六两，绿茶每担二十四两。但一七三〇年红茶输出价格则为十七两及十五两，绿茶输出价格为十六两及十五两。所以，在距今一百年以前，华茶价格自七两半以至三十八两不等，涨落至不平均。但在勃兴

期中，各种茶类价格虽不免仍有涨落，但大体是稳定的，直至最后数年，茶价始渐有低落之趋势。

六、中国茶业国际贸易之全盛期

中国茶业国际贸易，自一〇七四年王韶建开湟之策，三司干当公事李杞经画卖茶于秦凤熙河博马始，以至一八七一年为止，在此八百余年中，经过三个重要的阶段，自陆路运输以至海陆并输，始得有一八八〇年以后之发展。一八八〇年至一八八九年中，实为中国茶业国际贸易之全盛期。在此期中各种茶类之出口额及其总出口额有如下表。

第十一表　全盛期中华茶输出之统计

（单位：担）

年次	红茶	绿茶	砖茶及其他	合计
1880年	1 661 325	188 623	247 170	2 097 118
1881年	1 636 724	238 064	262 684	2 137 472
1882年	1 611 917	178 839	226 395	2 017 151
1883年	1 571 092	191 116	225 116	1 987 324
1884年	1 574 450	202 556	249 212	2 026 218
1885年	1 618 397	214 693	495 661	2 328 751
1886年	1 654 053	192 931	370 312	2 217 296
1887年	1 629 805	184 682	261 610	2 076 097
1888年	1 542 200	209 377	415 975	2 167 552

在茶业国际贸易的全盛期中，可以找出几个特征如下。

（1）输出数额每年在二百万担以上，而以汉口、上海为输出中心。在全盛期的九年中，除一八八三年外，每年茶之输出额皆在二百万担以上。此种数目占全世界消费总量百分之八十以上。此时，印、锡茶虽已上市，而且与华茶为剧烈的竞争，以致世界茶市场已非由中国独占，但中国茶市足以左右世界茶业市场，这是可以断言的。同时，中国茶之输出地点并不限于厦门、广州，而大多数集中于上海、汉口。汉口为陆路贸易之主要市场，上海为海路贸易之主要市场。故茶业之发展，实与帝国主义分割上海有关。

（2）茶价低落，茶已失其在出口总值中之地位。全盛期中，茶之输出量，既已

增加，依理茶之出口价值在全国出口总值中应继续维持其占一半以上之地位，但结果，则殊得其反。一八八六年，全国出口总额为七千七百万两，但茶之输出值则仅三千四百万两，占出口总值百分之四十三。一八八七年，全国出口总额为八千六百万两，但茶之输出值则仅三千万两，已低落至占出口总值百分之三十五。自此以后，茶在全国出口总值上之地位，遂成江河日下，未可挽救。其原因一方面，固然由于帝国主义经济侵略的结果，使中国原料不断输出，增加出口贸易之数额。另一方面，则系由于茶价之逐渐低落，使全盛期中茶输出额虽已增至顶点，但茶价总值反日见低落。兹将茶价低落情形列表示之于下。

第十二表　全盛期中茶价之低落(每担平均价值海关两)

年次	1880年	1881年	1882年	1883年	1884年	1885年	1886年	1887年	1888年
红茶	17.64	16.01	16.05	17.15	14.80	16.39	16.74	15.13	15.39
绿茶	22.25	21.45	22.87	20.42	21.75	19.41	18.41	16.49	19.52
砖茶	9.15	5.93	5.95	6.86	6.05	5.40	6.41	6.98	5.95

在全盛期中的九年中，固足以观察出茶价低落之趋势。若以此九年的茶价与二百年前的茶价相比较，则茶价之低落更为显著。在此二百年中物价不知已增高至若干倍，但茶价则反不如昔，这就是国际茶业不振的主要原因。

（3）绿茶稳定，红茶减少，砖茶增加。砖茶多销于俄，中俄茶业贸易，日渐发展。故自一八六九年以来，砖茶输出数目，由六万余担增至四十一万余担，二十年中已增至七倍。绿茶多输于美，一八七九年后，中美茶业贸易亦渐发展，故绿茶输出亦见增加。红茶多输于英，一八七九年以前，印度茶虽继续输英，但英国茶市仍由华茶居主要地位，故华茶输出得因世界对茶需要量之增加而告发达。但自一八八〇年后，印茶在伦敦之势力日渐发达，而锡茶又继印茶之后输入于英，华茶遂不得不渐受排斥，而红茶之输出遂日见减少。

（4）英国仍为华茶之主要市场。一八八〇年至一八八八年中，华茶在英国虽不断受印茶、锡茶之排斥，但华茶在国际上之市场仍以英国为主。换言之，即在世界茶业贸易竞争之初期中，华茶在国际市场上仍是一个最初的胜利者。惟其如此，故在全盛期中，茶价特别低廉，亦惟其如此，华茶之输出，遂达到每年二百万担之高度。华茶在全盛期中，输出之国别如下。

第十三表　全盛期中华茶输出之国别及其数量

（单位：担）

年次 国家	1880年	1881年	1882年	1883年	1884年	1885年	1886年	1887年	1888年
英国	1 456 747	1 402 299	1 350 654	1 308 361	1 276 228	1 388 244	1 279 501	1 206 942	1 109 942
俄国	357 325	380 714	386 914	404 478	448 334	432 315	599 177	607 376	675 177
美国	269 740	337 942	261 284	254 079	273 255	286 744	304 464	274 113	302 071
其他各国	12 306	16 517	16 299	20 406	18 401	21 448	34 153	67 648	80 262

一八八〇年，华茶输出二百万担，英占一百四十五万担，居华茶输出总额百分之七十五。一八八八年，华茶输英数量受印、锡茶之影响，九年中骤由一百四十五万担减至一百一十万担，但仍居是年华茶出口总额——二百一十六万担——百分之五十二以上，所以在全盛期中，英国仍为华茶国际贸易之主要市场。

七、中国茶业国际贸易之衰落期

物极必反，盛极必衰这虽是运命论者的话，不足为信，但按之人类社会经济上供给与需要的关系，这种论断，往往成为实在的事实。因为经济现象循环不息，实为人类生存之先决条件。而一切的经济现象，有盛就必有衰，因此中国的茶业国际贸易亦不能例外。

中国茶业国际贸易衰落之第一年是一八八九年，这年的茶产输出额由二百一十万担降至一百八十七万担，较上年低落百分之十二。至一八九二年，竟低落至一百六十余万担，较一八八八年低落百分之三十。一八九三年虽略有起色，输出总额得增至一百八十余万担，但一八九七年又低至一百五十余万担，一九〇一年竟低至一百一十五万担，一九〇三年虽又恢复至一百六十七万担之旧观，但自此又有低落。一九一五年为二十世纪中华茶输出额最高之期，计达一百七十八万担，但次年即低落。一九二〇年茶输出额之低落为十九世纪以来所未有，全年仅达三十万担。一九二一年以后，虽历年渐有增加，但至一九二八年为止，华茶每年输出总额仍不及一百万担。兹为明了茶业国际贸易衰落期中之输出状况起见，特列表于下，以资参证。

第十四表　衰落期中华茶输出之统计

年次	红茶	绿茶	砖茶及其他	合计
1889年	1 356 518	192 324	328 489	1 877 331
1890年	1 150 678	199 504	315 214	1 665 396
1891年	1 203 473	206 762	339 799	1 750 034
1892年	1 101 229	188 440	333 012	1 622 681
1893年	1 190 206	236 237	384 388	1 810 831
1894年	1 217 215	233 465	411 632	1 862 312
1895年	1 123 952	244 202	497 526	1 865 680
1896年	912 417	216 999	583 425	1 712 841
1897年	764 915	201 168	566 075	1 532 158
1898年	847 133	185 306	505 161	1 537 600
1899年	935 578	213 798	481 419	1 630 795
1900年	863 374	200 425	320 525	1 384 324
1901年	665 499	189 430	303 064	1 157 993
1902年	687 288	253 757	578 166	1 519 211
1903年	749 116	301 620	606 794	1 657 530
1904年	749 002	241 146	461 101	1 451 249
1905年	567 045	242 128	530 125	1 339 298
1906年	600 907	206 925	596 296	1 404 128
1907年	708 273	264 802	637 050	1 610 267
1908年	685 408	284 085	631 192	1 600 685
1909年	619 632	281 679	797 132	1 698 443
1910年	633 525	296 083	631 192	1 560 800
1911年	734 180	299 237	631 366	1 664 783
1912年	648 544	310 157	522 999	1 481 700
1913年	542 105	277 343	622 661	1 442 109
1914年	613 296	266 738	615 765	1 495 799
1915年	771 141	306 324	674 176	1 751 641
1916年	648 228	298 728	569 008	1 515 964
1917年	472 272	196 093	449 253	1 117 618

续 表

年次	红茶	绿茶	砖茶及其他	合计
1918年	174 962	150 710	78 585	404 257
1919年	288 798	249 711	151 546	590 055
1920年	127 832	163 984	14 090	305 906
1921年	136 578	267 616	23 591	427 785
1922年	267 039	282 988	22 616	572 643
1923年	450 686	284 630	66 001	801 317
1924年	402 776	282 314	70 795	755 885
1925年	329 455	321 201	183 352	834 008
1926年	292 527	329 197	217 593	839 317
1927年	248 858	333 216	295 102	877 176
1928年	269 615	306 765	349 641	926 021

在这衰落期中，对于中国的茶业国际贸易也可以找出几个特征。

（1）茶业输出为一般的低落。在一八八九年至一九二八年的四十年中，茶之输出衰落实为一般之情形。虽其间时有涨落，但大体是低落的。此种低落之原因厥为国际市场之被剥夺。市场被剥夺，国外销路停滞，输出就行减少，输出减少，茶价低落，而茶之生产亦受影响。国际市场被剥夺之原因有二：一为经济上的原因，一为政治上的原因。经济的原因厥惟世界各产茶国茶产量之增加，使中国不得不减少其输出。该期中世界产茶国输出之数量有如下表。

第十五表　衰落期中世界产茶输出国数量之比较

（单位：千磅）

国别 年份	中国	印度	锡兰	日本	其他各国	合计
1890年	250 000	115 000	49 000	70 000	9 900	493 900
1900年	184 500	176 300	149 000	61 000	18 000	588 800
1913年	166 000	291 700	197 400	58 000	68 400	781 500
1919年	92 000	371 500	208 000	64 000	114 000	849 500
1926年	144 776	349 264	227 092	46 000	144 000	911 132

在衰落期之初期，即一八九〇年，华茶输出额尚居全世界输出总额百分之五十，但一九〇〇年，低至占百分之三十。一九一三年，低至占百分之二十一。一九

一九年，低至仅占百分之一十，不及印度输出额四分之一，不及锡兰输出额二分之一，而其他各国所输出者反多于中国。一九二六年，华茶输出虽略有增加，但也仅占全世界输出总额百分之十六。各国茶产增加，而茶之消费有限，故中国茶业国际贸易遂不得不告衰落。

关于政治的原因，英国方面，在一八八〇年以前，英国不仅为华茶之消费者，而且为华茶之转运者。但自印度、锡兰之茶产增加后，英国即以关税政策禁止华茶的继续输入（华茶每磅课一先令，印、锡茶只课十便士），而保护印、锡茶叶（印、锡茶出口免税）的进口。不仅英本国如此，即其属地亦然。英国属地，占全世界土地面积四分之一，此偌大之区域，皆在排斥华茶之列，故华茶贸易遂不得不告衰落。美国方面，一方面受日本之反宣传，华茶地位为日茶所夺；他方面，美国亦以关税政策去阻止华茶的输入，奖励其属地茶之输出，故美国市场亦被剥夺。俄国方面，因一九一七年政变的影响，华俄交易久告断绝，故华茶输俄亦日见减少。至于今日，俄国政局虽告平定，但因受苏俄国营实业之影响，中俄茶业贸易仍无进步。

（2）英俄两国输充为华茶主要市场。一八八九年华茶对英输出虽骤减少，但直至一八九二年，英国仍为华茶输出之主要市场。一八九三年，华茶输英输俄俱为六十八万三千七百四十四担，输其他各国增为十余万担。一八九四年对俄输出增为七十五万七千二百九十三担，对英输出减为八十一万八千一百九十二担，俄遂一跃而新成为华茶之主要市场。美虽增加为四十万三千五百零三担，但始终居华茶市场之第三位。此种形势维持至二十余年之久，一九一五年，对俄输出竟增一百一十六万二千八百四十二担，对英输出竟减至三十五万零二百零四担。但至一九一八年，苏俄因革命之后，元气大伤，华茶输俄遂减至九万五千七百零五担。同时，输英减为十六万二千七百五十四担，输美亦减为七万二千四百四十六担。至此，英又跃为华茶输出之主要市场。一九二〇年对俄输出低至一万一千五百六十六担，俄遂落为华茶市场第三位。一九二五年，华茶对俄输出由五万三千四百五十担跃至十七万四千五百一十七担，对英输出由四十万三千四百担低至四万七千九百五十二担，俄又一跃而居华茶之主要市场。一九二八年，华茶输俄三十五万六千七百四十七担，输英六万一千一百三十四担，输美七万六千零九十四担，输其他各国四十三万三千零四十七担。故除其他各国之合计外，俄为现今华茶国际贸易之第一大市场，美次之，英又次之。

（3）茶价有相当的提高。一八八九年红茶每担之平均价格为十六点二三两，绿茶为十九点八五两，砖茶为七点一二两。但至一八九七年，红茶增为二十二点四一

两，绿茶增为二十九点八四两，砖茶增为十点五七两。一九一一年，红茶增至二十九点一五两，绿茶增至三十六点零七两，砖茶增至十四点二一两。一九一五年，红茶增为四十一点三一两，绿茶增为五十一点九六两，砖茶增为二十二点七二两。一九一六年以后，茶价虽略有减低，但较诸全盛期，每担茶价格则增加甚多了。

（4）茶出口值在出口总值中不占重要地位。茶价虽已增高，但茶之出口值因出口量之减少而告减少，其与出口总量之关系如下。

第十六表　欧战后华茶输出价值与出口总值之比

（单位：千海关两）

年次	茶输出值	与出口总值之百分比
1915年	55 563	13.3%
1916年	43 560	9.0%
1917年	29 107	6.3%
1918年	14 067	2.9%
1919年	22 398	3.6%
1920年	8 873	1.6%
1921年	12 606	2.1%
1922年	13 966	2.6%
1923年	22 905	3.0%
1924年	21 127	2.7%
1925年	22 146	2.9%
1926年	26 165	3.0%
1927年	31 617	3.4%
1928年	37 154	3.7%

观上表，茶输出值在此五十年中，由占出口总值百分之五十七点七者低落至占百分之一点六，由第一位落至第八位（一九二六年，豆及豆饼占出口第一位，生丝第二位，豆油、桐油第三位，蛋第四位，丝货第五位，棉花第六位，煤第七位，茶第八位），不可谓非茶业贸易之惨落了。

八、中国茶业国际贸易之现状

为易于明了中国茶业国际贸易之现状起见，对于茶叶输出地点及其经营机关不可不先为研究。

全国茶叶最大之聚散市场，首推汉口、九江、上海、福州四埠，杭州、宁波、厦门、广州、芜湖次之。

（1）汉口。汉口居长江中心，湖北、湖南、江西及安徽一部分之茶，聚集于此。每年茶市，自四五月起至八九月止，该地茶叶以红茶为最多，绿茶最少。每年输出占全国输出总额百分之四十以上。茶栈四十余家，组有茶业公所。茶业洋行共十八家，其国别如下。

中国：兴商公司（自造砖茶，运销蒙古、西伯利亚一带）。

俄国：顺丰洋行、新泰洋行、阜昌洋行、源泰洋行、百昌洋行（制砖茶者多）。

英国：天祥洋行、宝顺洋行、怡和洋行、复泰洋行。

法国：公兴洋行、立兴洋行。

德国：美最时洋行、协和洋行、杜德洋行、柯化威洋行。

美国：慎昌洋行、美时洋行。

砖茶产于汉口，汉口之砖茶工厂如下表。

第十七表　汉口之砖茶工厂

名称	顺丰砖茶厂	新泰砖茶厂	阜昌茶厂	兴商茶厂
国籍	俄国	俄国	俄国	华商
一日生产力/担	768	384	256	256
年产额/担	276 480	138 240	92 160	92 160

顺丰、新泰两砖茶厂皆在九江设有分厂，顺丰年产一百四十五担，新泰年产二百五十六担。又福州亦设有华商之致合砖茶厂，资本十五万元，年产一万二千担。

（2）上海。上海位长江下游，吸收长江各省及浙江之茶，惟皆转运输出，其贸易额不及汉口。上海徽茶居多，茶栈多属安徽帮。洋行共有二十四家，其国别如下。

英国：履泰、公安、天祥、锦隆、利泰、协和、仁记、华昌、义记、高易、元芳、华记、壳件、新旗、昌同、宝元、怡和、天裕。

印度：广泰、美昌、美大、源大、益大、老沙逊、八巴。

美国：美时、惠利、慎昌、协隆、威厘、富林。

土耳其：祥利。

日本：三井。

（3）九江。九江为江西及安徽祁门、婺源、六安茶之聚散场。有茶栈十余家，红茶多运汉口，绿茶运上海。

(4) 福州。除厦门外，福建全省之茶皆集于此，茶栈九十余家，分为五帮：（一）平帮，多平津人，专销北方及蒙古一带；（二）天津帮，多福建籍者；（三）毛茶帮；（四）广潮汕帮，专销南洋；（五）洋茶帮，与洋商交易，洋行销南洋一带者有日本丸一洋行；销欧美者有：英国：协和、大兴、太古、天祥、乾记、太平、兴隆、德兴、义和。英德：裕昌。德国：禅臣、德和。

(5) 广州。多产红茶，吸收两广及湘南、赣南一带之茶，输出各国。

(6) 芜湖。多产绿茶，吸收赣东、浙西、鄂南一带之茶，由京沪铁路运至上海。

(7) 杭州。多产绿茶，吸收浙东一带之茶，由杭运沪。

(8) 宁波。由上海茶栈派人收买，亦以绿茶为最多。

(9) 厦门。多产红茶，与国外通商最早，现今茶产多运销于南洋一带。

其次，关于各种茶输出之口岸，及输往之国别及地区，亦有值得研究者。红茶多由汉口、九江、上海、三都澳、福州、厦门、广州、九龙、江门等埠输往于香港地区、澳门地区、安南、暹罗、新嘉坡、爪哇、印度、土耳其、波斯、埃及、英国、丹麦、德、荷、比、法、意、俄、朝鲜、日本、菲律滨、加拿大、南北美、澳洲、南非洲等地，绿茶多由九江、上海、苏州、杭州、宁波三都澳、福州输往于香港地区、安南、暹罗、新嘉坡、印度、土、波、埃、英、法、俄、朝鲜、日本、加拿大、美利坚等国。红砖茶自汉口、九江、福州输出，绿砖茶及小京砖茶自汉口、九江输出，而同输往于俄国。茶末自汉口、九江、杭州、宁波输往于香港地区及英、美二国。

至于要明了华茶输出于各国，各国对于华茶之接受情形若何，以及华茶在各国与其他产茶国之关系若何，不能不先研究销纳华茶数量最大之俄、美、英、澳四国最近数年来对于华茶叶之消费量及其茶产总输入。

（一）俄国。自俄国恢复为华茶之主要市场后，华茶输俄又行增加。一九二五年，华茶输俄仅十七万余担，一九二六年达二十三万担，一九二七年，达三十万担，一九二八年，达三十六万担。但一九二九年以后，又复逐渐减少。兹将一九二八年与一九二九年，世界茶市对俄输入之统计，比较于下，以见华茶在俄地位之动摇。

第十八表　世界茶市对俄之输出

（单位：磅）

年份＼国别	中国	爪哇	锡兰	印度	日本	总计
1928年	14 803 501	—	4 547 639	—	1 431 851	20 782 991
1929年	10 780 474	1 040 549	2 983 380	254 450	3 312 382	18 371 235

距今三十年以前，俄国茶市整个的为华茶所垄断。十月革命后，俄国对茶之需要虽已减少，但日本、印度、锡兰之茶，从无侵入俄国之华茶市场者。可是，一九二九年以后，情形就大不相同了。是年，华茶输俄由一千五百万磅低落至一千一百万磅。日茶输俄由一百万磅增加至三百万磅。爪哇、印度，一九二八年无茶输俄，一九二九年亦有输出，而且为数甚大。是年，俄对茶需要虽已由二千万磅减至一千八百万磅。但除锡兰外，其他各国茶反因之而增加。华茶在俄地位之动摇，这是最明显的事实。华茶输俄减少之原因，一方面固然由于苏俄国营实业，直接收买，市价任其操纵，大批购定，而迟迟其过磅及兑银，华商小本，难受利息之赔折，以致输出者少。他方面亦系由于各国茶产增加，华茶便因国内不宁，以致生产减少之故。

（二）美国。一九二五年，华茶输美九万六千担，一九二六年，减为九万五千担，一九二七年，减为八万九千担，一九二八年，减为七万六千担。兹将一九二八年下半年及一九二九年下半年，世界茶市对美国之输出列表于下。

第十九表　世界茶市对美之输出

（单位：磅）

年份＼国家及地区	日本	中国台湾（日据时期）	锡兰	印度	爪哇	中国	其他	总计
1928年下半年	14 215 943	4 528 692	13 891 677	10 786 694	3 456 692	2 852 642	3 469 701	53 202 041
1929年下半年	11 511 970	4 221 275	13 894 077	8 787 931	3 667 797	2 477 748	2 869 422	47 430 220

近来美国茶之供给者，可知以日本为主，锡兰、印度亦属重要，中国则微乎其微者。一九二九年，世界茶市对美之输出，虽较一九二八年为少，但锡兰、爪哇之

茶，则反有增加。可知中国茶业在美国之贸易现状，实有不堪言状者。

（三）英国。一九二五年以后，华茶输英未见增加，反有低落之趋势。一九二六年，华茶输英为十万担。一九二七年，低落为八万八千担，一九二八年，更低落为六万一千担。华茶在英国之势力，至于现在，实已微乎其微了。一九二八年及一九二九年英国茶叶之输入统计可资佐证。

第二十表　世界茶市对英之输出

（单位：磅）

国别 年份	印度	锡兰	中国	爪哇	总计
1928年	44 746 000	7 931 000	1 717 000	3 957 000	58 351 000
1929年	44 500 000	7 625 000	1 000 000	3 375 000	56 500 000

英国对于茶的需要亦日渐减少，而尤以中国对英减率为最大。所以，华茶对于英国现在的市场也已告失望了。

（四）澳洲。除俄、美、英外，现在销纳华茶较多的，要算是澳洲了。一九二七年以后，每年一月至四月，澳洲茶之入口有如下表。

第二十一表　世界茶市对澳之输出

（单位：磅）

国别 年份	印度	锡兰	中国	爪哇	其他各国
1927年	878 754	5 168 055	508 487	7 826 592	161 797
1928年	1 743 478	6 377 795	407 682	8 694 472	74 509
1929年	—	8 814 407	612 827	5 009 205	67 907

一九二九年华茶对澳输出虽略有增加，但这个增加的数目是微乎其微的。所以在今日，华茶的国际市场是很衰落的。

国际市场衰落，是目前中国茶业贸易现象的特征。这一方面，固然由于华茶之输出，受帝国主义经济势力之操纵，华商不能直接输茶于国外，茶业洋行为茶业生产者与消费者作上一重障碍，而操纵茶价于其间。他方面，茶价须受茶商茶栈以及洋行多方之抽削，自生产以至消费，价格腾贵不知多至几倍。而另一方面，在生产上，中国又无大宗茶园，茶多植于田畔，费时耗力，莫此为甚。在制造上，纯恃手工，资日本以反宣传，谓华茶不合卫生，而事实上，华茶因非机器所制，外观上殊欠雅观。基此数因，故华茶在生产上、制造上以及贸易上均不能发达。最近各地的茶产及贸易消息殊足为华茶前途抱无穷之悲观。

“去年（一九二九年）洋庄茶业，红绿茶均不见佳，其主要原因，实受俄庄中途停办之影响……俄庄停办……高庄珍眉祁茶暴跌六七十两，贡熙亦跌四十两，其余亦一律趋跌，华茶商因之大受亏折。茶号方面，婺源损失稍轻，茶栈经营，虽比较稳健，然于放款上，前既受祁门、屯溪之匪灾，后因茶市之暴落，其结果多数均遭亏折云。”

一九三〇年初，美国禁止有色茶入口，越南对于华茶抽收巨额入口税，故茶市甚为沉寂。一九三〇年，美国旧金山总领事对于工商部之呈报，有云：“我国国货在此者，以茶叶及桐油为大宗，以茶一项而言，日见呆滞，本埠各地，以及来往我国之轮船，都改用印度茶叶，中国产品，日以衰落。”

据日使馆商务官公署统计，一九三〇年度，俄商已向日本制茶公司订立购茶定单者，计有富士商社、静冈贸易公司等约四百二十万磅。此外，九州、嬉野等处尚有俄商定货十万余磅，查一九二九年，日本茶叶对俄输出，最多数仅为三百三十万磅，一年之中，突然增多一百万余磅。此皆为华茶之原有销路，而新被日茶夺去。是以华茶打击之大，实足使人惊骇不置。

据茶商消息，一九三〇年十月对俄输出不及一九二九年同期间输出四分之一，汉口及上海等处，销茶仅二十万箱。因为中俄交易虽已回复，但俄国销路已为他国所夺，以致华茶贸易未能发展。

据可靠方面消息，俄国□茶栈关近来（一九三〇年十一月）在海参威埠办进日本茶为数不下九万担，扯价约合华银每担二十五两，其间谈判之结果，最要条件，厥惟宽限付款时间一年，此举于华茶销路大受打击。

华茶既受重大之打击，目前华茶国际贸易之衰落，可不待言，所以，上海茶叶同业会的宣言中有云：

“中国茶叶本为天然特产，吾徽所产尤优，香味之妙甲于全球，惜经营是业者无团结心，不能直接运销外洋，以致一败再败，至于今日已为不可收拾之势。……俄人知我熙春一项，别无销路，助长其操纵之心，所以协助会任意抑价，初时高庄熙春尚有八十九十两，中庄亦有五十余至六十外。……近来开办竟杀出二十余两之价。……其他英法诸国，任意杀价，甚至过磅无期，收银迟滞，借破欠而敲诈，比比皆然；本无故而拖延，在在俱是……交通阻梗，产茶区域，荡析离居。制茶资料，未由转动。明年（一九三一年）能否营业，乃一绝大问题……一面宣传产茶各区改做毛峰、雨前、烘青以销本国店庄，明年（一九三一年）预备停办洋庄，徐俟机会；一面虽请政府另筹救济之法，政府若无法救济，自非辍业不可……”

这是一篇痛哭流泪的陈言，中国茶业国际贸易之现状及其前途可以概见了。

九、国际茶业前途之危机

在分析了中国茶业国际贸易之历史及其现状以后，我们不胜为中国茶业前途抱无穷的隐忧。但是这隐忧不仅中国茶业如此，就是世界各国茶业也陷于这相同的运命中。目前，在国际茶业市场上，很明显地表现了一个供给超需要的危机，这危机一日不去，国际茶业市场无法振兴。中国茶业的对外贸易也无法恢复原状。所以，在这里，我们有检查国际茶业贸易的危机及其发生原因之必要。

依据罗马国际农业协会所发行之《世界农业公报》所载，自一九二八年之七月一日起，至一九二九年之六月三十日止，除中国外，世界各国茶叶输出额有如下表。

第二十二表　世界各国茶叶输出统计

（单位：千磅）

国别	输出额
锡兰	239 939
印度	358 601
爪哇及苏门答腊	160 468
日本	25 336
比利时	15
爱尔兰自由邦	112
法国	53
大不列颠及北爱尔兰	90 648
荷兰	26
美国	456
印度支那	1 631
叙利亚及黎巴嫩	46
阿尔及利亚	31
南非联邦	269

续表

国别	输出额
澳大利亚	1 396
新西兰	104
总计	879 131

据上表，全世界茶产输出总额，一九二八年至一九二九年度共为八万七千九百余万磅，一八九〇年华茶输出总额为二万五千万磅，一九二六年为一万四千五百万磅，一九二八年至一九二九年度虽然减少，姑列为一万二千一百万磅，是每年全世界茶输出额共为十万万磅。上表所列各国之输出，虽不无转运及复出口者，但印度、锡兰、爪哇、苏门答腊、日本及中国等产茶国之输出，则可称为茶之净输出，不含有输运及复出口成分。此种净输出，就令茶产不会年年增加，但每年全世界茶输出额，亦在九万万磅以上。此九万万磅以上之茶皆消费于印、锡、爪、苏、日、华等国以外之世界各国。但世界各国是否有销纳这每年九万万磅茶叶之可能呢？那不可不先研究各国对于茶之消费量。

第二十三表　世界各国每人每年之茶叶平均消费量

（单位：俄磅）

国别	每人消费量
大不列颠	6.7
荷兰	1.8
美国	1.3
俄国	1.2
波斯	1.0
丹麦	0.4
比利时	0.3
瑞士	0.2
德国	0.1
瑞典	0.1
土耳其	0.09
罗马尼亚	0.07
法国	0.07

续 表

国别	每人消费量
奥大利亚	0.06
布加利亚	0.04
西班牙	0.02
门的内哥罗	0.01

上表所列示茶叶消费量很显然的是不大确实的。俄国都市人民，每人每年需茶四俄磅，但乡村人民则仅零点四磅。西伯利亚、中亚细亚及土耳其斯坦……人民，对于茶之嗜好皆甚深，且有以茶为食料之历史的习惯。对于茶之消费量，每人每年当在四俄磅以上。又非洲土人，对于茶之嗜好亦颇深，且浸成华茶之主要市场。但上表对于非洲人民之茶消费量并无统计。上表所述各国人民之平均消费量为每年零点五俄磅。此种数目固然嫌其太少，今姑以每人每年平均消费茶一英磅计，全世界人类若共为十六万万，那末，全世界每年茶之消费额应共为十六万万磅。现在全世界茶之净输出仅为九万万磅。除以之供给人类茶之消费外，全世界尚有茶七万万磅之需要。换言之，即各产茶国除供给每年原有输出额九万万磅外，尚可再继续供给七万万磅。茶之销路既大，输出自多，生产方面，不特不觉过剩且感不足。是国际茶业前途，不特无危机而且有兴盛之趋势了。

但我们所应注意的，就是全世界九万万磅的茶，输出额仅是输出量而非生产量。印度、锡兰、爪哇、苏门答腊、日本以及中国等产茶国茶叶之消费量并未列入此九万万磅净输出之内。全世界人口，中国占四万万，印度占三万万，爪哇、锡兰、苏门答腊、日本共约占一万万。所以，实际上，消费上述九万万磅净输出的茶叶的，仅是中国、印度等国以外的八万万人类。八万万人消费九万万磅的茶叶，依每人一磅的消费数量计，每年应有一万万磅的茶叶剩余。所以，就令每年的茶产数目不增加。世界的茶叶还是生产过于消费。而且，事实上，茶产的增加是必然的趋势，除受意外的影响外，茶产额决不会减少。过去五十年中，印、锡茶输出数量的增加，在前面已经说过了。爪哇、日本茶的输出，亦逐渐有增加的趋势。这种增加虽然仅仅是华茶输出减少的一种反映，换言之，虽然印、锡、日、爪茶系因代替华茶的国际市场而增加，但等到华茶的原有地位填满为止，世界上是无法再找第二个市场的。在这里就发生了资本主义本身的矛盾。各产茶国以大宗输出为目的，盲目地增加茶产，直至所产出之茶不能输出为止。但世界茶之消费量是有限的，因为茶的功用只是一种饮料，而且等于一种奢侈品的饮料，人类任何奢侈对于茶的消费是有一定的限制的，而且茶是一种富有刺激性的饮料，不宜于世界人类之全体。八万万的人中，至少有一万万不乐于或不宜于饮茶的。所以，各产茶国尽管尽量生产，但仅可达到一定的数目——如假定茶八万万磅——为止，此一定的数目，与人类对于茶之需要适相符合。若超过此数目，则茶之生产为过剩，茶之输出，势必停滞。若尚未达到此数目，茶之需要尚称迫切，茶之输出必继续进行，而且日渐兴盛。

茶之供给与需要不相适应，其原因是由于世界茶之消费量不增加，而茶之生产量增加，其结果就是茶价低落。一八八〇年至一八八八年之华茶输出价，较之一七二二年之输出价，其值低落三分之一。若依人口增加物价腾贵之趋势以观一八八〇年以后之世界茶价，较之一七二二年之茶价，实已低落至二倍有余。自一七二二年以至今日，二百余年中，一般物价之指数，至少增加三倍以上，但一九三〇年华茶之输出价，平均仅为二十五两，较之一七二二年之平均三十两者，尚低至五两有余。换言之，即世界之茶价在最过五十年内，不特不随物价之增加而增加，反因物价之增加而告低落。世界茶叶之供给超过需要之情形，可概见了。此种情形在茶叶消费量最大之英国亦可见之。

欧洲大战告终以后，世界产茶国茶产之增加率，虽因输出停滞而告迟缓；但茶之生产及其输出，大致还是增加的。一九二三年至一九二九年，英国茶之主要出产地，其增加情形有如下（表中一九二九年为估计数，北印度之数为生产额）。

第二十四表　英国茶业主要生产地之输英统计

（单位：百万磅）

生产地＼年次	1923年	1924年	1925年	1926年	1927年	1928年	1929年
北印度	327	328	313	340	336	341	375
锡兰	183	204	209	216	227	236	245~350
爪哇及苏门答腊	106	123	112	136	145	154	160

上述数年中，印、锡、爪茶，虽不能像一九〇〇年以前那样的猛进，但因茶产地之继续生产，输出额还是增加的。但英国茶之消费量殊不能随印、锡、爪茶生产量之增加而告增加。欧战以前，英国是以转运茶业出口著称的，每年由英国复出口者达一万四千万磅，但一九二九年已减低为四千万磅，是英国茶之输入增加，而各国消费反因之减少。所以，欧战以后，伦敦茶货停滞于市，堆积如山。茶货销路停

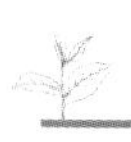

滞之结果就是茶之市价日趋低落。一九三〇年伦敦每磅茶价非特不如大战前，且不及十九世纪之末叶者。姑就北印度言，印茶每磅平均市价，一九二九年十一月末为一先令零六三，较是年九月跌去一便士，较一九二八年之同期间跌去三便士三四。以全体论，一九二九年十一月二十一日止，一星期平均市价一先令二便士六五，较一九二八年同期间之一先令四便士七二，约跌落两便士以上。不仅印度如此，其他若锡兰、爪哇，情形莫不相同。据该业专门家之推算，最近市场中交易之茶约有八成，售出均在原价之下。

茶之市价不及原价，实为国际贸易前途之最大危机。市价何以不及原价，则以市价之逐年低落故。市价何以逐年低落，则以供给超过需要。故此种超过之情势，虽以人工之能力，使其逐渐减少，但因科学发达，农业进步，生产力是逐年增加的。茶之生产，有其茶园，茶园之面积是很广大的。茶之培植须费五六年以上之功夫，茶之消费增加虽已停止，但茶之生产增加，断难一时加以停止。而且，因茶业市场竞争之激烈，谁也不愿减低其生产，继中国之后，落伍于国际市场之外。

因此，不仅中国之上海茶叶同业会宣言，茶叶市价低于茶产原价，茶业无法经营，主张放弃国际市场，而仅从国内推销。就是英国伦敦之印度茶业协会，也有同样的感觉，而身受着同样的痛苦。一九二九年，印度二大茶叶生产团体，对于世界茶叶生产超过需要之情势，加以补救而订结契约，其方式如下。

（一）某茶园所出之茶在一九二六、一九二七、一九二八年中，平均售价在每磅一先令五便士以下者，则对于该数年之每年平均产额应减少其百分之十五。

（二）某茶园所出之茶在同上之年度中，平均售价在每磅一先令七便士，而不在一先令五便士之下者，应减少百分之十。

（三）某茶园所出之茶，在同上之年度中，平均售价在每磅一先令七便士以上者，应减少百分之五。

上述之提议，伦敦之锡兰茶业协会亦表示同意，而且于一九二九年即按照施行。其结果，锡兰该年度中之茶产额，减少一千五百至一千六百万磅，同一标准，北印度之茶产额，亦可减少三千五百万磅，南印度之茶产额，可减少七百万磅，爪哇及苏门答腊可减少二千万磅。若全世界各产茶国依此标准，则世界产茶额共可减少一万万磅以上。

此种汰劣留良的减低茶产方式，是补救近代国际茶业市场的一种治标方法。一方面可因此尽量改良茶产，使人类饮料得日趋于优美化；一方面可以减去一万万磅之过剩生产，使茶之生产量与消费量适相符合。但此种方式在资本主义的今日是很难实行的。因为在为生产而生产的社会中，茶业的生产量受经济条件的限制，谁也不愿减低其生产额以示落伍。所以，国际茶业贸易前途的危机还继续存在着，除非茶之消费量受意外的增加，茶之生产费减低至最小限度，而茶之供给与需要又是在同一的函数中。

国际茶业贸易的危机同时即是中国茶业对外贸易的危机，所以，中国茶业对外贸易之恢复，尚有赖于国际茶业贸易危机之挽救，这一点是中国茶商业者所不能一刻忘记的。

一九三一年二月一日于南京

《社会杂志》1931年第3期

华茶对外贸易畅销

印、锡、爪哇为最。

吾国茶叶每年对外运销，为数甚巨，但近年来为日茶搀夺，以致对外运销一落千丈。昨据茶商消息，美国纽约茶市，年来因日茶产额激增，供过于求，独茶味不及华茶之美，故市面至为混乱。自本年元旦后，我国茶叶对外销路，市面突呈变化，尤以印、锡、爪哇等埠为最佳云。

《农事双月刊》1931年第4期

调查浙江、安徽两省茶业报告书

吾国土质肥沃，气候温和，最适宜于种茶。中部、南部温热地带殆有无不产茶者，其种植之隆盛、产额之丰富，其中以安徽、江西、浙江、江苏、湖北、湖南、福建、四川、广东诸省为最著，此外如广西、陕西、贵州、云南、甘肃、河南、山东等诸省亦皆生产。此次奉令实地调查所得兹谨分款呈之。

一、浙江、安徽两省之产地（附江苏）

安徽省：婺源、祁门、休宁、歙县、绩溪、黟县、秋浦、六安、建德、凤阳、太平、庐州、颍州及江西之浮梁与祁门壤地相接，统称祁门茶、六安茶，霍山统名六安茶，又聚中于皖浙交界之屯溪者，曰屯溪茶，徽州之绿茶、祁门之红茶尤为举世所称。

浙江省：绍兴（平水镇）、嵊县、上虞、萧山、诸暨、余姚、新昌、杭县、余杭、临安、宁波、温州、处州、湖州、金华、嘉兴以平水茶最著名。

江苏省：常州、镇江、松江、江宁、扬州、苏州（洞庭碧螺春）。

二、浙江、安徽两省之产额及面积（附江苏）

吾国产茶之历史最古，摘茶叶以供饮料，在西历纪元前二五〇〇年时创始于吾国，已为世界公认，迨后渐次传播各国。而吾国茶叶之产额最多者为湖南、福建、安徽、湖北四省，面积最宽者江西、安徽、湖南、浙江、江苏五省，兹浙江安徽两省茶园之面积及茶之产额列表如下。

浙江、安徽两省茶园之面积及茶之产额表

省别	面积/亩	产额/担
安徽	750 119	499 288
浙江	624 060	256 144

江苏省有调查之必要，因为吾国茶业重要产地并上海为茶业对外贸易第一市场，而实业部所设商品检验局于此，故有调查之价值。江苏茶园之面积八十八万五千九百七十七亩，产额仅可视输出量，本地之消费量并未列入，盖此三省者私人组合生产无定茶叶店过多，不易得本地真确消耗量也。

三、浙江、安徽两省茶之种类（即名称）

茶之名目浩繁，分类亦难划一，有由制造方法分别之种类，有由制造时期分别之种类，有由制造地分别之种类，有由产地分别之种类。此外，茶叶商店零售茶叶之名称尤多至不可胜述，类皆随意定名，花样翻新，并无深义，兹将各项分类略述之：

由制造方法分类者：

红茶。红茶多产于湖北、湖南、福建及安徽之祁门，然以安徽之祁门茶为最著，江西之修水、宁都形状均齐、计色红褐透明、味甘者为上品。苦涩而微含臭味者最劣，又细分为七种：1.工夫茶因制造最费工夫得名条线细紧；2.小种茶原与工夫茶同类，不过因叶之粗细而分，细者曰工夫，多销英美，粗者曰小种茶，多销法德；3.白毫茶叶小面蒙白毛，外观甚美，多销印度；4.珠兰茶；5.花香茶皆以珠兰花、茉莉花等配合而成，惟珠兰制法将花混和于茶叶中，经过一夜之后，尽去其花花香，茶则杂花于其中而售之，珠兰多销俄国，花香多销英美；6.乌龙茶汁色灰黄，有含香气及不含香气二种，曩昔畅销美国，近则多销暹罗；7.包种茶以包纸得名，每包约重四两，包种茶不仅限于红茶，即红茶之包种茶中亦有工夫、小种、乌龙等茶，盖在原产地，并无包种之名，惟交易时裹以纸始有此名，其多销英属海峡殖民地。

绿茶。绿茶多产于安徽、浙江及福建、湖北、湖南、江西之一部，安徽、浙江绿茶多经由芜湖、杭州、温州集中于上海第一茶市，福建绿茶多经三都澳集中于福州第二茶市，两湖绿茶多集中于汉口第三茶市。又细分为数种大率，形圆者为珠，形纤者为雨，介乎纤圆之间者为熙。珠又分大珠、小珠，小珠制法系用手搓揉成圆形之珠，其形状大小不同，有一号二号三号之别，小者为宝珠，中平为芝珠，大者为蚕目、蚁目、蝇目三种俗名，大珠制法与小珠同，其形状略大，亦有一号至三号之别，即珍珠（小）、圆珠（中）、熙珠（大）三种，俗名蝶目、虾目、蛾目。在谷雨节前摘制之茶普通分为眉雨、蛾雨、蚁雨、芽雨、熙雨五种。熙即熙春，为春初摘制之茶，因摘茶时期不同有一号二号三号之别，眉熙、正熙、副熙是也。珠茶多产于浙江之绍兴，普通称为平水茶，熙春雨前多产于徽州。绿茶品质最佳者为熙春，其中眉熙最良，正熙、副熙次之，于熙春者为小珠，小珠茶形状愈小者愈佳，麻珠最良，宝珠、芝珠次之，于小珠者为大珠，其中珍珠最良，熙珠最劣。

以上绿茶、红茶二项究其显著便于调查，记录者而记之，并为两省对外贸出口大宗，其他如乌龙茶、红砖茶、绿砖茶、小京砖茶、茶末、毛茶等制造方法之分类非短时间所能记载也。

由采制时间分类者：

1.头帮茶，亦称头春茶，在谷雨前十日前后采摘制造之者。

2.二帮茶，亦称二春茶，在谷雨后十日前后采摘制造之者。

3.三帮茶，亦称三春茶，在谷雨后约二十日前后采摘制造之者。

4.四帮茶，亦称四春茶，三帮后一月内采制者，亦有同称为三帮茶。

由制造地分类者：

在上海市场上所用之名称如次。

1.路茶，在生产地制造后运来上海者。

2.毛茶，由生产地运至上海，在上海制造之者。

3.珠茶，在生产地粗制之，运至上海后再加工制造之者。

由生产地分类者：

绿茶：

1.徽州茶，安徽省徽州六县中除祁门县产者为红茶外，其五县所产之绿茶总称之徽州茶。

2.屯溪茶，徽州茶之别名，因屯溪为徽州大市镇，徽州茶多聚散于屯溪茶号，经营亦颇望盛，故在商场中有屯溪茶之名。

3.平水茶，浙江省绍兴属之八县，产者于平水镇集散之，故称平水茶。

红茶：祁门，安徽省徽州祁门县所产。

四、浙江、安徽两省茶之品质

浙江、安徽两省土质肥美，气候优良，茶之栽植极广，除出产著名之地方外，其余各地方几无不栽培之者，第出产量有多少耳？以安徽之徽州而言之，随处皆山农家视种茶为副业，山坡平原固多茶树，即悬崖深壑间亦所在多有，惟无大规模之茶园类，多到处分散，盖农家普遍之情形，非特徽州如此也。又如浙之龙井及绍兴所属之八县产地仅有私人组合较多耳，如杭州之汪裕泰、同裕泰、恒益协记等。而两省茶之品质极佳者，盖土壤性质适宜培栽，气温雨露茶之滋长尤为适宜，且品种纯良，茶场之管理适当与纬度为高度均有关系。川茶之不及浙皖，其异之点因浙皖其叶质之鲜嫩及香味之隽永非川茶之可比也，并茶之成分含单宁及茶素以及水液浸出物均低，故川茶又不及浙皖茶味甘芳而不苦涩也。据实业部商品检验局茶业检验部检验化学成分如下：纤维组织50%至60%，单宁0.2%至0.5%，水分8%至16%，胶质2%至9%，蛋白质类2%至4%，腊质及太油0.2%至0.5%，茶素1%至2%。又如安徽祁门县植茶之土壤富于有机质及氧化铁，故叶品质优良，又徽州之黄山为此州之最高之山，奇峰插云，故得名云雾茶。其叶尖细丰嫩，开水冲泡可历三四次而香气滋味依然醇厚，亦是高于川茶品质之特点也。

五、浙江安徽两省茶之贸易

两省茶之生产者即农户茶商（茶号）土庄栈、茶栈及输出商（洋行）数种是也，兹分陈之：

生产者。产地农户每届采茶时节家家率其妇孺或添雇短工纷纷采制，工作颇忙，故有“乡村四月闲人少”之谚语。制茶均用手工法，颇简单，制出之茶即所谓毛茶是也，如四川之西路茶略同，制就后紧盖收藏待价而沽。

茶商。各地茶商于内地开设茶号，独资经营资本不甚充足，多由茶栈垫款，每年于事前觅定场所，预备器具，雇定茶师以及男女工人，一俟新茶上市，则派出水茶（即交涉者或收买者）亦可言小茶商，分赴邻近各乡村向农户收买，价格视茶叶之品质、年岁之状况、银根之灵涩而各省不同，收买多量后随时运回茶号，由茶师分类制造，重行炒焙、拣选、分筛及分配各种花色，然后盛箱运沪或九江，派人随路押运到沪（九江）之后，依其向来主顾各投茶栈，又由茶栈改用精造商标及包装完竣后，呈请实业部商品检验局检验，及格准予出口再行运至各国营业。

土庄栈。其性质与内地茶商之经营相同，惟在沪设厂收买毛茶就近赶制，颇能随机应变、捷足先登，惟具出品类多羼杂着色茶图一时之利，故成品低级及来路货之妥实亦由茶栈经手买出或洋商承买，多畅销俄国。

茶栈。茶栈之性质系贷资于茶商收取息银及佣金并为茶商与洋行之媒介关系也。茶栈聘用通司（翻译生）专与洋行接洽交易时，先送小样与洋行茶师看定互议价格，成盘后发大批比对签字成交。凡各地运来之茶必由茶栈经手卖出，茶商不得直接与洋行交易，故茶栈实为贸易上一重要阶级。

输出商。全国茶叶均由各洋行收买运往各国畅销，对于交易颇多不平等之待遇，操纵苛求殆难枚举，而两省茶叶更无可奈何，诚国际贸易上之弱点也。

六、上海市之茶业状况

上海为我国四大茶市之一及全国商场中心，而华茶一项向为我国出口之大宗，三十年前之出口总数曾三亿万之巨，国计民生利赖匪细查，茶之生产固在内地各省，但销售国外者则十之八九集中于上海，故上海已成为茶业销售及聚散地也，盖其中有外国茶由上海转出口者，可见上海在茶业所居之地位矣。而上海茶业贸易可分为本庄与洋庄二大类，本庄又分茶行与茶叶店二种，茶行即将茶客运来之毛茶介绍于土庄店以及天津、烟台、广东等处之茶帮，而抽取百分之四佣金，所谓中间人也，茶叶店不过供给市民之需用及附近乡镇之批发而已，对于国外贸易无甚关系。洋庄茶则出口之商品对于国际贸易关系甚重，其贸易之盛衰影响于国家之经济、国民之生计甚大，兹将经营状况略陈于后。

洋庄之供给货品者为土庄茶栈及路庄二种，土庄茶厂乃将由内地运来之毛茶在上海设厂加以精制，使成箱茶售于洋商者也，上海土庄茶厂以民国十八年为最多，盖因十七年茶市骤然转旺，土庄获利颇厚，一般商人见而垂涎纷纷逐鹿，故十八年土庄茶厂竟自七十二家增至一百零八家，不料茶市受十七年过旺之反响忽然低落，当年停闭者颇多，至二十年仅存六十八家矣。本年因各地水灾影响，茶市冷落，各厂除少数勉力撑持或代客拼推车色外，余多已停工矣，至其出口额往年约八九万箱，十九年仅五万九千余箱，二十年之结果又将大为减色。土庄之所以江河日下者，原因固甚复杂，而于原料过于粗劣、着色太重致失外人之信仰实其主要原因，故其营业犹不及路庄远矣。

路庄茶及由内地茶商于产茶区采办毛茶就地制成，洋庄箱茶运沪销售者也。路庄茶为上海出口洋庄茶之大宗，近年来受印、锡、日本诸国竞争之影响，出口额因之大减，如徽州绿茶以前每年约三十五万箱以上，近年来减至三十一二万箱；祁门及宁州等处红茶于二十年前达一百三十万箱，今年不过三十万箱而已。

土庄及路庄茶不能直接售与洋商，其居介绍者为茶栈，茶栈之营业乃代客买卖之性质，将土庄或路庄茶介绍于洋行，向茶客抽取百分之二之佣金，当茶客缺乏资本时可贷以相当之资金以资周转，其利率为月利一分五厘，由此可观茶客与洋行交易有茶栈从中介绍固较为便利，但其操纵交易权致茶客受亏者颇多。近年来上海茶栈无甚增减，最近计十九家，其中以徽广两帮为最多，平水帮次之，杂帮甚少，其营业亦以徽广两帮较为发达，盖以徽州为产茶最著之区，粤又商情较为熟悉故耳。

购茶洋行乃海外洋商在沪设庄采办茶叶者也，洋行之自行采办而自运自销者甚少，多半受各该茶商委托代为采办，运交委托之原商在洋商方面仅抽百分之三之佣金而已。上海购茶洋行于五年约有四十家，现因俄国协助会成立含有独占性，致白头洋行在俄及其附近之销路大阻，故白头行因之减少，最近上海购茶洋行仅存二十九家矣，其中正式洋行十六家，白头十三家，而正式行中华商仅一华茶公司而已，其他华商虽间有办茶出口者而为数极微且非正式。可见华茶对外贸易权均为洋商操纵而华商无可左右，故洋行之九九五扣茶楼镑费吃镑打包修箱种种花费不一而足。此外，抑压兹价、延期付款弊端甚多，我国茶商亏损甚巨，此盖因我国茶业对外贸易组织不健全之故也。由此观之，据实地调查所得，华茶前途甚属危险，全国茶业之救济与改良实急不容缓也。

七、改良之管见

吾川茶业一项占全国出产区之一，近年来邛、雅、岷、灌等著名产地多为土商所经营，不知改良制法，场所散漫，资本短拙，经营制造难免草率且又无具体之组合力，因之川茶不振，额产不多，此为根本失败之原因。其补救之道：土商农户茶号凡从事茶业者贵乎合作，并宜由政府为茶商农户谋保障之方。此外，设立大规模制茶场，特聘高等技师改良品质及制造法，在产茶各县设立茶务局，在省会设立省立模范茶业试验场附检验局，使政府与人民合作，庶吾川茶业前途可望一线之曙光。所有以上调查情形，以时间、路费之限制本不周到，不过奉派以后经五阅月之时间虽所得不多，理合缮呈用作钧厅之采择。

四川省建设厅特派浙江、安徽两省茶业调查员刘孝先生谨呈。

《四川省建设公报》1931年第5期

安徽省立茶业试验场——民国二十年之施业方案

茶业试验场长　陈序鹏

一、关于场务之整理

本场设立，历有年所，中因政局变革，迭经改组停办，场务中断，两载于兹；现在奉令恢复，对于场务设施，均应积极整理，兹将场务整理方案计划列下，以为进行之准则。

(1) 房屋之修葺与布置。本场房屋，建于民国四年，自十七年秋停办以来，房屋无人负责保管，因之所有屋瓦门、窗户扇、玻璃、墙壁、茅屋、茅亭、地板、楹柱，经风雨之打击，及私人之窃取，颓败残缺，不堪入目，非大加修葺，难期完整。序鹏接管后，除将应行修葺各项，招工估计，造具清册，另案呈报外，兹为作业便利起见，将原有房屋，略事布置，计楼房三十二间，楼下暂分为职员住室，勤务住室，工人住室，植茶用具室，礼堂会客室；楼上分陈列室、办公室、筛分室、风扇室、萎凋室、标本室、装潢室、拣别室、制茶用具室；平房七间，分为传达室、釜焙室、笼焙室、炒菁室、厨房。布置既定，并将房舍门额钉立标牌，以清眉目，兹将房屋应行修葺事项，开列于下。

A.装修门、窗户扇、玻璃、扭扣；

B.重建门楼及围墙；

C.油漆天棚楹柱；

D.翻检全部屋瓦；

E.重装廊房地板；

F.补葺仅存茅亭。

（2）用具之添置。查本场于十八、十九两年停办期间，原有用具，除私人窃取驻军损失外；今所接收者，仅残余不整少数零乱之用具而已。今为求敷用起见，拟择要添置下列各件。

A.陈列用具；

B.普通用具；

C.植茶用具；

D.制茶用具；

F.厨房用具。

（3）章则之拟订。查本场停办两载，原有章则，均已无存，当兹恢复伊始，若无一定规章，则权限不清，作事多有不便。兹拟制订各项章则，则工作时，自无淆乱旷废之虞。除另文呈报外，兹将所拟章则名称列后。

A.本场实测全图；

B.本场试验地区划图；

C.安徽产茶县份一览图；

D.安徽省各县茶叶生产一览表；

E.本场组织系统图；

F.本场职员履历表；

G.本场年中行事一览表；

H.祁门茶行茶商一览表。

二、关于茶园之整理

本场自停办以来，茶园久未开挖，所有茶丛，多被杂草掩蔽，侵蚀养分，妨碍发育，若不即时整理，则茶树亏损日甚，春茶收入，势必绝望，此茶园整理，极应从速着手者也。兹将茶园整理事项，分类说明于下。

（1）园地之区划。本场为全省茶业唯一之机关，凡园地之区划，宜以科学化艺术化支配，以故关于园地之区划，诚有研究价值，兹拟将本场园地，就其地势性质，划分如后：

A.高山区；

B.低山区；

C.平地区；

D.苗圃区。

（2）剪枝。茶至五六年后，枝叶茂密，光线不透，空气不通，易生病虫等害，本场拟于本年采叶后，将茶丛不见日光之细弱枯枝，概行剪去，其发育不良之挺生老枝，亦应同时修剪。此法一可整理树势，二可预防病虫害，并可增加生叶收量，诚最经济之方法也。

（3）耕耘。欲栽培之精良，必先因其利益而研究其方法，则耕耘尚矣。按茶树为深根植物，其主根常深入土中，枝根亦分散四方，因年内行几次之摘叶，是以不得不促根部之发达；既因耕耘而切断其旧根，以使新根吸肥之面积扩大，又可改良土壤，促肥料之分解，并防止杂草之繁茂，保持其适量之水分。故本场对于耕耘一事，尤当特别注意。

（4）施肥。地力有限，生物无涯，一物栽培过久，必致养分歉乏，收获减少；故栽培茶树，须用肥料为之补助，始能发育繁茂。考茶树所需养分，以窒素为主，因其为叶类植物也。然磷酸加里，亦为茶树所必需，磷酸有关红茶之香气，绿茶之水色香味，加里则为茶树成长中所不可缺之要素。故本场今后培植茶树，对于肥料之施用，亦视为要图。

三、关于茶树栽培试验

我国虽为产茶祖国，然自周秦以来，数千余年，栽培方法，未尝变更，仅恃天然之长养，殊少人工之改良，以故未能与日、印之利用科学者相抗衡。本场负改良茶业推广专责，关于茶树栽培试验事项，分类列后；一俟试验结果，再行编印小册，散发各地，以资指示，而期达到普遍改良目的。

（1）品种试验。考茶事情况，各地不同，茶种强弱，各地亦异，如茶种不取严格之选择，断难获品种改良之效果。本场拟于下年度征集各省县暨国外著名产地之优良茶种，辟定茶区苗圃，从事试验，结果优良者，分散各处，随同印刷成绩概况，以作改良之张本。

（2）繁殖试验。本试验专就播种苗圃而言，分下列四项。

A.条播区；

B.压条区；

C.插木区；

D.接木区。

(3) 肥料试验。茶需养分，窒素为多，磷酸加里，亦关重要，前已言及，欲求学理明确，自必待于试验，兹将此种试验，分下列二种。

A.三要素试验区。

甲，完全区；乙，无窒素区；丙，无磷酸区；丁，无加里区；戊，窒素区；己，磷酸区；庚，加里区；辛，无肥区。

B.施肥量试验。

(4) 剪枝试验。剪枝向有一定方式，何者为宜，大概视太阳光线之强弱、地势之平坦高低以为断。本场茶丛，从未剪枝一次，以致枯枝蔓叶，触目皆是，既少收入，又碍美观，兹拟仿日本剪枝新法，分下列各区，分别试验。

A.浅刈区；

B.深刈区；

C.山形刈区；

D.平刈区；

E.南倾刈区。

(5) 耕耘试验。按茶树耕耘，利益之大，前已言之，既有深浅之别，亦有季候之分，因时制宜，不容轻忽。本场茶丛，荒废已久，亟宜从事耕耘，以利茶树生育。兹将耕耘要件举之于后。

A.次数；

B.时期；

C.深度；

D.位置。

四、关于茶叶制造之改良

茶质之优劣，于制法之精粗，大有关系。本场制茶试验，系就场内所种茶树，用新法采择，参照学理，试制红茶、绿茶两种，借资研究。凡关于红茶之萎凋、搓揉、发酵、焙烘，绿茶之炒青、搓揉、炒烙等项，所需时间温度，均应悉心研究，详为记载，务求适当标准。兹就茶叶制造改良之点，分述于下。

(1) 绿茶制法之改良。生叶摘采后，即行制造，实为制造中之第一要件，因为如此，可使香味佳良；然一般茶户制茶习惯，常日间摘茶，夜间始行制造，甚至将所采得之生叶，常堆积于普通室内，往往生叶起酸化而酦酵，水色带红，香味亦差。本场将来制造绿茶，第一步改良者，摘采后即行制造，并将未能制完生叶，铺置竹簟上，一方注意于室内之深度光线，以不使生叶酸化酦酵为佳。第二步改良者，炒菁改用蒸菁，拟将生菁在水锅上之蒸笼内，经过短时间之蒸气，使生叶失其弹性，保持其绿色，不至于制造中再起酸化而使挥发特有之香味，然后再着手制造。

（2）红茶制法之改良。红茶制造，揉捻、酦酵、干燥为最重要手续。普通园户，揉捻向用脚力行之，间有用手力者；然皆不能使茶质充分压出，且不均匀，故形状水色香味，均欠佳良；至用脚力揉捻，尤于卫生不宜，外人时有烦言，而与我竞争者，尤借辞宣传以中伤之。本场试验红茶揉捻改良者，在机械未办到前，首以废除脚揉，改用手揉，保持清洁。至于酦酵，普通园户，多借日光热力，如遇阴雨，不得日光酦酵时，遂不得不停止制造。本场拟改于室内设酦酵室，晴雨均宜。再至干燥，普通园户，红茶向无充分干燥，即在酦酵后，利用日光作一度之干燥，所谓毛茶是也。此后即售之于茶庄。如在此时期内，日光干燥不充分，则常再起酸酵或生霉变质者，时有所闻。本场拟于入手制造时，即使十分干燥，或用干燥器，以免上项弊害。此皆本场改良红茶制造预拟之点也。

（3）制茶器具之创制与仿造。我国制茶，沿用旧法，器具手术，既甚笨拙，尤于卫生有碍。加以近来生活程度日高，劳动工资，有增无已，设制茶器具，不加改良，则我国茶叶永无起色之望。本场除拟计划购备机械制造，减轻人工外；更于本年度将旧有制茶器具，参用新法，从事仿造，兹将其重要者列举于下。

A.萎凋架；

B.揉捻床；

C.蒸菁笼；

D.拣茶台；

E.酦酵桶；

F.干燥器。

五、关于茶业调查与征集

欲图茶业之改良，必先经调查入手。本场现拟先从本省着手，欲再推及全国，以为改良茶业依据。兹将其要项分别述之于下。

（1）茶树品种之调查。我国产茶省份，占全国三分之二，各地品种不同。即以皖省论，六霍之绿茶，祁秋之红茶，品质优美，早已驰誉海外。本场既负全省茶业改良之责，关于茶树品种，调查征集，分别试验，以资推广，自当视为要图。现拟自本年度就场之附近县份调查入手，以次推及各处。

（2）茶叶生产消费贩卖之调查。茶叶为皖省产制最富之区，究竟茶叶生产消费贩卖情形如何，向无统计可考，以致每年产量与输出量之增减，营业之盛衰，真相素皆不明，一般茶商，尤属茫然。本场为本省茶业领导机关，负有重大使命，兹拟分别认真调查，以求得知确实情况；并制备表格，分送各地茶业公会，随时填明，以期周到，而免遗漏。

（3）茶叶成品商标装璜等之征集与陈列。征集茶叶成品商标装璜陈列，事为实物学上之参考，与研究之资料，犹之授生物学不可少标本模型，理化学不可少仪器药品也。然标本模型仪器，可以购之于市场，经济充足，立行齐备，而关于各地茶叶成品商标装潢之征集，固须经济充足，尤非经长时间之调查与征集，不能完备。本场拟于秋季时广事征集，俾便陈列而供研究。

六、关于茶叶之推广

皖省产茶，素负盛名，惟因植法不讲，生产逐年减少，采制不良，价值渐次低落，影响所及，大有关于国计民生。本场以改良茶业为职责，拟以研究所得，推及民间，以收普遍之效。兹将推广范围举之于次：

（1）刊物之宣传。刊物之宣传，为推广茶业最切要事件，本场将拟编印以下改良茶业浅说，广事宣传，俾业茶者知所取法。

A.茶树栽培改良法；

B.茶树制造改良法；

C.茶树病虫害防除法；

D.制茶用具之改良与机械之使用法。

（2）推广优良种苗。茶为国际贸易大宗输出品，只以种制墨守陈规，未能锐意求精，以致大好利权，为日、印、锡、爪所攘夺。本场为提倡茶业挽回利权起见，除宣传改良种制新法外，现拟辟定地点，培植优良种苗，劝人领种，以期推广。

（3）举行茶叶品评会。征集种子，研究品种，改良学上固属要图，而改良所得结果之推广，则尤为重要。盖仅致力于研究品种，虽得学术之实验，究于茶户实际上裨益甚少；即有所得，亦属盲听盲从，决不能因此而能生效。本场除种子征集外，拟于茶季后，征集各地茶叶成品，开一茶业品评会，将各地出品，由大会审查评定，确保品质优美，堪为模范者，分别给奖，借以引起竞争心，且以增进茶户改良茶叶之兴趣。

（4）合作社之提倡。茶之业务，纷纭复繁，殊非一手一足之力也。故欲推广销路，必须联合各茶商，组织茶业合作社，集中资本，群策群力，共谋进行，以期一致改良，而谋全力对外，将出产成茶，直接贩运于各销售国，庶免奸商之垄断，与市侩之操纵，裨益茶务，确实不少，提倡引导，责在本场。

（5）附设茶农夜校。茶之改良栽培制造，必须有相当之学识技能，始能适应需要者之心理，而与他国相竞争。至灌输此项之才识，拟由本场附设茶农夜校，招收附近茶农，授以栽培制造等重要知识和方法，使能分别运用，而图茶业振兴。

（6）茶业讲习会。目前华茶一落千丈，一般业茶者犹在梦中，问以失败原因，茫然弗晓，尚有自夸制造得法，訾外人不识货之谬说。本场将根据此等情形，除于茶农夜校外，并拟组织短期之茶业讲习会，招集附近茶户及专业茶商者，一方讲解现今华茶在国际市场之地位，一方说明华茶何以失败之原因，究应如何挽救，如何更张，如何应适潮流趋势，如何能与敌方争衡，均使充分讲习，俾能临事策应，实亦振导茶业之要务也。

《安徽建设月刊》1931年第5期

扶助丝茶海外贸易案

理由

查我国丝茶，向居国际贸易重要地位。近年以来，海外丝茶销路，为日、意、印、锡所夺，以致此项出口，日渐衰微。去年华丝输美总数，只当日丝输美总数五分之一，价值相差，竟达三万万金元之巨。华茶销额，近来贸易地位，降列第五，其情由固甚复杂，而我国商人缺乏宣传能力，使外人对于华茶华丝，观念淡薄，及我国商人，不能直接对外贸易，致外国市场商情，均不明了。进口出口，尽为洋商操纵把持；与夫技术未能改善，信誉未能提高，均为最大原因，今欲加以救济，须用国家力量，按其需要之情形，予以实际之扶助，庶使丝茶海外贸易可以复兴，兹拟具办法四条，当否敬请公决！

办法

一、由国家设立海外丝茶宣传机关，发行各种丝茶宣传刊物，将其牌号样品印入外人脑际，以为推销之先锋。其费用由丝茶商人分担；并由政府酌予津贴，遇外国开博览会展览会时，须即利用时机，努力宣传工作；倘能组织团体，将出品携赴各国开会陈列，尤为有效。

二、由国家设立海外丝茶贸易所，选派具有中西学术及丝茶业经验者，分驻东西各国，调查丝茶产销状况，与汇兑伸缩，舟车转运情形，以及如何便利，如何省费之种种方法，随时报告于本国丝茶业团体，俾国内商人得随时明了海外商情市价，直接对外贸易。并聘请对于丝茶事业富有经验之丝茶师，品评优劣，按照海外市情，随时定价，举盘销售。其有愿委托代为推销者，亦即由贸易所负代为推销之责任。

三、我国丝茶运入欧美各国，外人每以重税限制进口，应请政府确定保护，并奖励丝茶海外贸易办法，与各国改订商约，予以平等待遇。其出口税及内地一切杂税，则应概予免除；并措拨专款，以充救济丝茶业基金之用。

四、设立丝茶业研究所，招收丝茶产区内优秀子弟，对于丝茶研究，有特殊兴趣者入所研究，除延聘专家授以最新改良种制方法外；并令分赴东西各国之出产丝茶地方，实地参观，毕业后，分派各丝茶产区实施指导，以谋技术之改良。此在项特技人才办法，尚未规定以前，则各地丝茶种制有需技术指导之时，由部省先予以人才之供给，使种制一经改良，则商品信誉程度，自日见提高矣！

《浙江省建设月刊》1931年第6—7期

华茶对俄贸易观

俞健行

茶为中国最大之出口货，而世界消费唯一之供给也。购买华茶之大主顾，当首推俄国，其他英、美、法、德等国次之。盖俄国为输入华茶重要国家，开始贸易远在十七世纪以前。中俄订立《恰克图条约》后，华茶输俄渐多，俄人饮茶之风亦渐

普及。虽其间经太平军运动，贸易有如停顿。至同治末年，交易又复旧观。西伯利亚铁路告成，输俄华茶尤极盛一时之盛。清光绪三十三年（一九〇七年），俄国输入各国茶叶数量，华茶竟占百分之八十以上，一九〇九年亦尚占百分之七十，在俄市场地位均在印、锡、爪、日之上。自一九一一年以来，印、锡茶输俄激增，华茶销路渐为彼所侵夺，地位亦日降。一九一一年迄今，印、锡茶销俄约占百分之六十八，华茶仅占百分之三十二。一九一八年俄发生革命，华茶输入大形减少。一九二三年五月，中俄协定成立，运俄华茶骤增至五万三千四百五十五担。一九二四年又增至二十七万四千五百一十七担。一九二六年更增至三十万零九百九十二担，较之一九二二年约增二十余倍。兹将最近十七年来纪录箱茶输俄数额列表如下。

年次	红茶输俄数额/担	绿茶输俄数额/担
民国元年	256 422	68 259
民国二年	220 845	69 358
民国三年	240 837	62 681
民国四年	401 926	88 323
民国五年	330 693	131 652
民国六年	256 651	25 727
民国七年	18 657	2 327
民国八年	23 094	171
民国九年	32 042	22
民国十年	1 234	76
民国十一年	5 331	342
民国十二年	5 510	104
民国十三年	31 410	6 910
民国十四年	115 538	18 361
民国十五年	48 255	44 011
民国十六年	57 901	66 079
民国十七年	52 687	40 155

上表所示全为红绿箱茶之一部，至茶砖一种，销俄数量亦甚巨，其贸易之中心为汉口，此项茶砖均由俄商设厂自制运输本国。苏俄革命发生后销路骤减。一九二五年北伐军占领武汉，俄来华者咸以巨金采办华茶，销路又复兴盛。两湖所产租红茶及香片几全部销于俄庄。自一九一六年，从中国输往俄国茶砖数量表示如下。

年份	数量/基罗格兰姆
1916年	33 880 192
1917年	26 839 978
1918年	4 547 100
1919年	8 675 337
1920年	707 547
1921年	1 427 553
1922年	1 368 266
1923年	521 086
1924年	1 172 611
1925年	8 585 978
1926年	8 583 256

观上表可知，华茶对俄贸易前途非无进展之希望，惟我国业茶商人目光短浅，制植售三者均无团结精神，随时共谋扩张之策，徒抱过奢之希望，心坐待主顾之光临，外商之乘隙侵夺销场不问也，故……沪汉俄庄协助会停办华茶，日茶商遂伺此良机，在俄市场努力兜售，对华茶布以种种不利之宣传，结果收效甚大，去年输俄日茶激增至六百万磅以上。兹将一九二五年至一九三〇年日茶输俄数量表示如下。

年份	日茶输俄数量/磅
1925年	337 622
1926年	401 864
1927年	1 006 200
1928年	1 431 851
1929年	3 312 385
1930年	6 154 785

日茶销俄既收如是之宏效，宜其茶叶原质，当能深邀俄人士之欢迎乐饮，是又不然前年日茶商曾运茶叶一批至俄销售，俄人老于饮茶者，均嫌质味之恶劣，谓不如华茶远甚。谈盘未成交者，悉退约改办华茶。兼之日本金解禁后，金贵银贱，日、印、锡、爪茶价倍增，华茶按银算值，比较廉宜。在此金贵银贱之际，日茶似难与华茶争长，故在华俄协会停闭，仍委英商锦隆洋行代理。去年六月，莫斯科协助社又恢复，上海分社开始办茶，惟以经济上关系，坚抱非廉不购之新略，对市盘

异常苛抑，年来英、美、法、德各庄，对红绿高庄顶货，咸提高价，择优搜办，选剩次货，均视俄为唯一出路，其中尤以贡熙绿茶，宁州、两湖红茶片末为俄专销大宗。本年新茶上市，英、美、法庄对婺祁高庄仍抬价搜办如前，该社亦坚持故态，首存观望。近鉴宁州红茶市价步低，又出开始动办，虽一日谈成五千箱之巨额，而作价只扯三十八九两，彼固得计轩然，而茶商受挫深矣，长此以往，吾知华茶命运，不待外人同业之谋夺，而自归于沦胥补救之法。

1. 提早采茶，改良制法。

2. 减轻成本，毋自倾轧。

3. 坚持市场，勿急贱沽。

4. 厚集资本，运外销售。

5. 请发债券，救济号户。

上举五项仅就简要而言，至详细办法，当俟异日详论，处兹继者竞争之下，愿吾茶商团结起来，共拯此垂危将绝之对俄贸易，好自为之，有厚望焉。

《钱业月报》1931年第9期

英美两国人对于茶的嗜好

由茶的进口数量，可以看出英美两国人士嗜茶的程度不同。美国一个人每年平均下来消费茶的数量，约四分之三磅，其数量可算很小了，并且美国人消耗的数量还每年有逐渐减少之势。英国则不然，英国人每人每年消耗的数量要十二倍美国人消耗的数量。即就加拿大而论，每人每年亦有四磅之多。比起美国人来也有四五倍之多了。

《东方杂志》1931年第12期

一九三〇年世界之茶业概况

一九三〇年度（以下称本年），茶业界之重要特征，因印度、锡兰实行生产限制，以减少过剩之存货，然此目的仍未达到，而市价仍跌落未已，锡兰市场平均约

跌去六分，故用广告宣传以为挽回补救之策。

伦敦存货。一九二九年杪，伦敦保税仓库中存货为二亿六千万磅。本年杪为二亿六千二百万磅。可见减少存货之计划完全失败，市价亦只见其跌落，茶业界颇觉不。

市价。本年上半期，生产限制问题议论颇多。至二月始决采用减产一成半案，以一九二九年生产额为标准，故市价略见转好，然三月以后，除以期节上关系及品质优良者外，大概仍极疲软。全年度地方市场，星期贩卖平均市价，为印金七角五分，较前年跌去六分，较再前年跌去一角，为过去九年间之最低市价。本年高地产茶平均市价九角六分，前年为一卢比一分，中地产茶平均六角九分，较前年跌去七分。低地产茶一九二九年度为七角，遂暴跌至六角，结果本年最终两次竞卖市价为六角六分，实为本年中平均最低市价，若前年则仅五角九分。

输出。本年锡兰船装出红茶，较前年减少约九百万磅。本年锡兰红茶输出额为二亿四千零九十一万二千九百八十四磅（一九二九年度二亿五千零二十五万八千四百六十六磅）。绿茶为二百一十九万四千四百九十磅（一九二九年度一百二十六万四千六百五十一磅）。地方市场供给额前年度为一亿三千二百五十七万零八百九十磅，本年度则为一亿一千九百七十一万一千八百一十五磅。锡兰绿茶之输出增加为俄国四十九万四千八百八十磅，美国四十万零一百一十磅，坎拿大二万六千零八十九磅，印度十二万七千三百六十二磅，惟输出至我国者减少一千八百磅，除苏门答腊外，产茶重要国家输出均见减少，此乃实行限制生产计划之结果，四月实施该案之协定为英属印度三千二百万磅，锡兰一千一百万磅，荷属东印度一千万磅。就全体观之，茶业之销沉较其他产业尚不至十分深刻，不可谓非斯界之幸，然亦有未可乐观者，盖前年之巨额存货尚未消化，且概为中地及低地产茶，故市场转好目前尚难希冀。印度、锡兰对澳洲输出大减，而爪哇茶之输入澳洲反见进展，品质虽较前两者稍劣，然在澳洲已受欢迎，侵及锡兰茶之领域矣。

存货及市价。至下半期后，存货减少之倾向益加显著，此为生产限制之结果。四月杪，伦敦存货二亿三千五百万磅，较前年同期增加一千四百万磅，六月后更增至二千四百万磅，七月始减少为一千八百万磅，八月又增至二千四百万磅，九、十、十一、十二四个月中，各减少二千一百万磅、一千四百万磅、七百万磅、二百万磅。

伦敦市场中之锡兰茶价较其他地方产茶常高，一九二九年度伦敦市场中之锡兰茶为一先令七便士零二，北部印度茶为一先令三便士七二，本年锡兰茶平均市价为一先令六便士六一，最近两年间伦敦平均市价如下。

年份 \ 生产国别	北部印度	南部印度	锡兰	爪哇	苏门答腊	南耶撒兰
1930年	一先令二便士六九	一先令二便士五二	一先令六便士六一	十便士二二	十一便士二二	九便士四零
1929年	一先令三便士七二	一先令三便士三五	一先令七便士零二	一先令零便士零五	一先令一便士八八	一先令零便士二九

伦敦存货额。英国自茶进口税废除以来，存货额颇难详悉，本年伦敦存货额如下（欲知全英国存货，只须将下记伦敦存货额通常加一成）。

年份 \ 月份	1月	2月	3月	4月	5月	6月	7月	8月	9月	10月	11月	12月
1930年	267	265	249	235	215	209	201	215	323	235	243	262
1929年	—	—	—	221	197	185	183	191	202	221	236	260

生产。南印度生产因十二月份产量尚未发表，莫由详悉，然至本年十一月为止之输出额为三千三百二十五万零九百零六磅，前年为三千六百九十一万二千零九十七磅，再前年为三千三百八十万七千四百三十五磅。北印度生产估计较上年减少四千二百五十万磅，约为三亿二千七百五十万磅。锡兰输出为二亿四千一百万磅，较上年之二亿五千零五百万磅，约减少七百万磅。爪哇输出上年为一亿三千六百五十万磅，本年减少至一亿三千五百万磅。苏门答腊输出额仅有十月为止之数字，然较前年似有增加。十一月杪，本年输出额二千零五百万磅，上年总额约为二千零五百万磅，而十一月杪总计为十七亿三千三百三十万磅。

锡兰茶输出国别。本年锡兰茶之输出已稍减退，对英减少二百七十万零五百磅，对俄减一百万磅，对新西兰减一百五十万磅，对埃及减二百二十五万磅，对意拉克减一百五十万磅，对维多利亚减五十万磅，对坎拿大及纽芳兰减八十万磅，其略增者仅西澳洲约一百万磅，菲洲二十五万磅，南澳洲仅五十万磅，即减少总额为一千四百万磅，增加总额仅三百万磅。

市价。古伦布本年最初之开盘行情，平均为六角八分，较上年同期开盘行情之八角九分，跌去两角一分，市场略有动摇，稍见高价，二月后到过八角，三月四日又至九角，以后即行回跌，六月后渐高，七月一日自六角八分回高至七角，其后又略低至十一月止。仅盘旋于七八角之间，而本年最终之收盘行情为六角六分，全年市价尚称平。顺如上年杪之五角九分最低价，亦从未见过，上年之平均价格为八角

一分，故高地产茶较上年低五分，中地产茶低七分，低地产茶低一角，其相差程度以低地茶为最甚，全平均市价较上年度跌去六分。据伦敦竞卖场所报，上等品大概市价甚好，中等品、下等品价格皆不甚佳。

（单位：磅）

红茶		
1928年	1929年	1930年
234 890 761	250 430 570	140 912 984

（单位：磅）

绿茶		
1928年	1929年	1930年
1 828 623	1 157 442	2 194 490

锡兰输出类别。据海关报告，最近三年间之锡兰茶输出统计如下。

锡兰茶/卢比	199 740 286	204 251 653	80 388 290	1 570 720	942 432	1 650 461
平均市价/分	85	81	75	86	81	76

红茶输出国别。据古伦布商会调查，上年及本年锡兰红茶输出国别统计如下。

（单位：磅）

年份 国别	1930年	1929年
英国	152 809 014	155 567 175
奥匈国	9 045	4 218
比利时	61 314	60 924
法兰西	973 032	1 189 645
德意志	667 694	533 095
荷兰	285 724	357 843
丹麦	114 581	134 866
义大利	304 165	409 040
西班牙	7 640	10 084
挪威	56 132	57 262
瑞典	117 213	96 917
欧罗巴土耳其	183 448	227 813

续 表

国别 \ 年份	1930年	1929年
亚细亚土耳其	133 860	199 611
坎拿大及纽芳兰	6 953 931	7 792 863
其他各国(美洲)	1 754 945	1 615 631
埃及	5 461 419	7 749 393
菲洲	13 135 709	12 400 534
麦特羿斯格尔	45 360	58 955
印度	1 992 213	1 916 623
海峡殖民地	1 449 190	1 605 775
中国	396 887	435 275
菲律宾群岛	42 766	44 787
日本	490 690	47 517
马尔泰	188 490	243 788
其他各国(欧洲)	818 976	835 542
西澳洲	1 526 676	603 086
南澳州	1 597 611	1 128 382
维多利亚	6 119 213	6 645 956
新南威尔士	11 197 447	13 521 044
昆士兰	1 122 252	744 041
其他各国(澳洲)	15 815	10 015
新西兰	7 884 604	9 530 314
美国	16 017 833	16 259 297
麻里梯斯	363 777	337 710
意拉克	2 201 722	3 853 727
其他各国(亚洲)	718 877	693 088
共计	237 219 265	246 921 836

红茶输入增加国别。

（单位：磅）

国别	输入额
奥匈国	5 185
比国	390
德国	134 599
瑞典	20 296
西澳洲	923 590
南澳洲	469 229
昆士兰	378 211
其他澳洲各国	5 800
其他美洲各国	139 314
菲洲	735 175
印度	75 585
日本	19 173
麻里梯斯	26 067
其他亚洲各国	25 789
共计	2 958 403

红茶输入减少国别。

（单位：磅）

国别	输入额
英国	2 758 161
法国	216 612
荷兰	72 119
丹麦	20 285
义大利	105 875
俄罗斯	1 016 006
西班牙	2 444
挪威	1 130
欧洲土耳其	44 365
亚洲土耳其	65 751

续　表

国别	输入额
马尔泰	55 288
其他欧洲各国	16 566
维多利亚	526 743
新南威尔士	2 323 597
新西兰	1 645 710
美国	241 464
坎拿大及纽芳兰	838 932
埃及	2 287 974
麦特舜斯格尔	13 595
海峡殖民地	156 585
中国	38 388
菲律宾群岛	2 021
意拉克	1 652 005
共计	14 101 616

据喀尔喀札茶经纪人公会调查，北印度茶生产额如下。

（单位：百万磅）

年份 / 月份	1930年	1929年
4月至5月	32.25	37.75
6月	45.00	45.00
7月	51.75	61.75
8月	62.25	71.50
9月	52.75	62.00
10月	50.00	55.00
11月	25.00	30.25
12月	8.50	7.25
共计	327.50	370.50

一九三〇年十一月杪止之南印度茶输出额如下。

（单位：磅）

月份＼年份	1930—1931年	1929—1930年	1928—1929年
4月	2 973 867	3 966 403	3 893 957
4—5月间	8 009 201	9 145 031	7 929 832
4—6月间	12 368 312	13 558 059	13 006 233
4—7月间	13 109 116	19 794 053	16 936 369
4—8月间	22 178 583	24 731 070	22 587 189
4—9月间	25 132 656	28 546 599	27 065 354
4—10月间	29 600 704	32 319 157	3 063 679
4—11月间	33 250 906	36 912 097	33 807 435
12月份不明			

一九三〇年十一月杪现在，苏门答腊岛茶输出统计如下。

（单位：磅）

月份＼年份	1930年	1929年	1928年
1—3月	5 884 918	4 691 306	4 306 751
4—6月	6 160 599	6 084 439	4 882 321
7—9月	4 850 528	5 595 869	5 231 175
10—11月	3 615 790	4 064 680	2 883 236
总计	20 511 835	20 436 294	17 303 483
12月份不详			

本年爪哇茶输出额如下。

（单位：百万磅）

月份＼年份	1930年	1929年	1928年
1—3月	37.25	35.75	33.75
4—6月	34.50	37.00	33.50
7—9月	26.50	27.75	28.25
10—12月	36.75	36.00	38.50
总计	135.00	136.50	134.00

爪哇输出额中，一百五十万磅之输出减少，由土人产茶四分之一得以填补，故土人产茶之增加，事实上于限制生产不免有减少效力之感。此土人产茶之买卖，皆经亚剌伯人或中国人之手，故茶园常有失去茶生产额统制之结果，惟荷属印度本身颇能施行生产限制。

将来之推测，闻锡兰、印度、荷属东印度各同业已得协定之一九三一年生产限制案如下。

甲、一九二六年、一九二七年、一九二八年度以伦敦市价每磅一便士五先令以上贩卖其制品之茶园，当为一九二九年度产额百分之八十八。

乙、以一先令五便士至一先令七便士售出之茶园，当为一九二九年度产额百分之九十二。

丙、以一先令七便士至一先令九便士售出之茶园，当为百分之九十六。

丁、以一先令九便士以上售出之茶园，当为百分之九十七又半。

关于未成熟茶之限制分配，一九二五年种植地生产额当为一九二五年成熟茶之八成，一九二六年度种植地当为六成，一九二七至一九二八年当为四成，皆用该限制案所决定之限制率，对于成熟茶产额每一英亩四百磅以下之茶园及购进茶叶毫无何等之限制。因方达采摘期之幼年茶园，及购进茶叶并未加以何等限制，故荷属东印度一九三一年输出较一九二九年度估计约可增收一千二百万磅。苟全然不加以限制，则一亿九千万磅之生产甚易，若是则本年之限制毫无实效，本年茶业之地位，颇觉危险，锡兰地方市价或再见四角二分之低价，亦未可知，然将来之推测，亦有可以乐观者，试述之于后。

（一）存货虽未见十分减少，然亦不至见增加之倾向。

（二）饮料茶渐为一般人所注意，依人口增加之比例，而消费亦日见其增加。

不仅此也，苟能于茶广告上加以注意，则消费尚大有增加，故今日斯业最大之急务，实在市场之扩张及新市场之开辟，试观饮茶之习惯，已成为大众化，且南印度已见实行。一九三〇至一九三一年间经费之分配七十五万卢比中有五十五万卢比，为市场开拓费，约二十万卢比为铁道方面之费用。后者与麦特拉斯及南孟哈拉泰铁道中，对于下等旅客之茶贩卖及其监督改善等皆有关联。若在饮茶普及倾向极大之今日，茶消费反趋减少，则其责任实在同业对于生产品之贩卖，未能有充分适当之办法，可断言也。

《工商半月刊》1931年第15期

英国之制茶业

一九二九年中制茶市价，仍有渐跌趋势。因滞货及生产之增加，一时颇难有转好之望。于是印度、锡兰、爪哇及苏门答腊之生产团体代表者聚集一堂，共商对策。故其结果有限制制茶之协定。一九三〇年初，限制制茶总额为五千七百五十万磅。该计划实行后，印度减产至四千六百五十万磅，锡兰减至一千一百万磅，惟爪哇及苏门答腊，因不能限制土人生产故产额仍未减少。生产虽已实行限制而供给仍为过剩，故英本国与东印度制茶业者，业经交换意见。本年仍拟继续限制，惟尚未至实现之期耳。过去十年间，英属印度及锡兰之制茶产额实有增之势，如下表。

国家	年度	面积/英亩	生产额/千磅
印度	1920年	704 059	345 339
	1929年	788 842	432 997
锡兰	1920年	404 500	184 846
	1930年	467 000	241 427

从前英国之产茶地，几限于印度、锡兰。近年新栽培地，有东阿非利加之开尼亚、犹根大、那萨兰等。开尼亚之栽培面积约七千英亩中四千英亩，于一九三〇年底已能摘叶，开尼亚之茶栽培地域为克何由及虐里撒两地。后者土壤尤称适宜，最近数年间，已见长足之进步。即一九二六年以来，发展颇为显著，已设有大规模之制茶工厂，可称为极有望之产业，犹根大之栽培面积，仅有三百五十英亩，成绩颇为良好，惟品质恶劣。一九三〇年有二千磅之制茶，始现于伦敦市场，然绝少输出之望，仅足应国内之需求而已。那萨兰之制茶额，自一九二〇年之四十九万六千磅至一九二九年已增加至一百七十五万五千磅。一九三〇年伦敦市场有一万四千九百五十二包，每包平均买卖价格十二便士二九，合每磅九便士四零。那萨兰之土壤，亦似锡兰、印度，将来颇有希望。又农务部在马来半岛，试验栽培，因气候顺适，成绩颇佳。试验场面积，一九三〇年底已扩张至一千五百九十三英亩。

《工商半月刊》1931年第16期

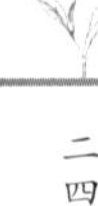

民国十九年度之丝茶贸易观（续）

仲　廉

茶类贸易

去年华茶输出总额共达六十九万四千余担，较前年度约减少二十五万三千余担。就价值而言，约达二千六百二十八万三千八百余两。在输出品中，由前年度之第五位降至十二位。自民国十二年以来，华茶输出数额殆以去年为最少。查去年华茶输出减少之原因，计有数种。

（一）美国禁止有色华茶进口。

（二）华茶在俄销路被夺。

（三）摩洛哥茶市疲滞。

前年运销美国之路庄、平水各项大帮绿茶，经美政府化验含有白色杂质禁止输入。故去年华茶输出激减，此亦为主要原因之一。查华茶出口销售于俄者每年为数颇巨。自中俄邦交破裂以后，中俄贸易，无形停顿。日商乃利用机会，以全力竞争，将华茶在俄原有地位，大半争夺而去。据日人方面之调查，去年间（截至七月止）俄商向日本公司订立购茶定单者，计有富士商社、静冈贸易公司等约四百二十万磅，此外，九州、嬉野等处尚有俄商定货十余万磅。查前年度日茶对俄输出最多数额仅为三百三十余万磅，乃去年一年间突然增加一百余万磅，此皆华茶原有销路，而新被日华侵夺而去者。去年华茶打击之大，于此可见一斑。此外摩洛哥茶市疲滞，亦为华茶输出激减之原因。盖我国绿茶向以法国、摩洛哥销路为最大，是以该处茶市之畅滞，关系华茶前途甚巨。去年三四月间，摩洛哥茶市异常疲滞，其原因由于存底过多，供过于求。且前年收买之珍眉、针眉等绿茶价格太高，颇难销售，茶商大都亏本，故去年华茶销路因之激减也。兹就近十年来华茶输出数列表比较如下。

年次＼茶名	红茶	绿茶	砖茶	其他	合计
民国十年	136 578	267 616	23 546	2 588	430 328
民国十一年	267 039	282 988	22 616	3 430	576 073
民国十二年	450 686	284 630	8 613	57 498	801 427
民国十三年	387 064	278 767	19 382	61 453	746 666
民国十四年	329 455	321 201	141 917	30 944	823 517
民国十五年	292 527	329 197	141 872	75 721	839 317
民国十六年	248 858	333 216	173 148	116 954	872 176
民国十七年	269 615	306 765	256 712	92 930	926 022
民国十八年	294 563	350 055	242 677	60 435	947 730
民国十九年	215 079	249 779	182 386	46 804	694 048

上表所列去年度各种华茶输出额均较前年度为减少。自民国十二年以来，华茶对外输出，实以去年度为最少，其中以绿茶输出额为最少，较前年度计减少十余万担。其次为红茶，计减少八万余担。砖茶亦减少六万余担。去年华茶输出之不振，一方由于海外销路之不佳，同时亦由于产额之减少。去年春间气候过冷，制茶期内，阴雨连绵，故收成不佳，为历年所未有。祁门茶叶片花萼均属不佳，香气既逊，味亦酸涩。然其中品质较优者售价大增，前年售价一百三十两者，去年竟涨至二百三十两左右。宁州茶产额减少，输出仅达一万六千箱，完全为苏俄购买。红砖茶一项，系专备行销俄国之品。去年输出数额大减，售价大跌。前年每担平均售价为关平银五十九两者，去年仅售二十七两左右，揆厥原因，固由品质之不佳，而外商极力压低市价，亦为主要原因之一。此则吾人应加以注意也，兹就去年输往各国之华茶列表比较如下。

输往地	各种红茶		各种绿茶		各种砖茶		其他		总计	
	十九年	十八年	十九年	十八年	十九年	十八年	十九年	十八年	十九年	十八年
香港地区	44 136	52 530	35 625	47 515	53	—	12 922	14 344	92 736	114 389
澳门地区	7 229	4 190	7	4	—	—	174	90	7 410	4 284
安南	354	116	44	89	—	—	6	168	404	373
暹罗	536	972	368	516	—	—	2	—	906	1 488

续　表

输往地	各种红茶		各种绿茶		各种砖茶		其他		总计	
	十九年	十八年	十九年	十八年	十九年	十八年	十九年	十八年	十九年	十八年
新加坡等处	7 574	10 010	796	2 065	—	—	102	321	8 472	12 396
爪哇等处	923	988	84	43	—	—	1	16	1 008	1 047
印度	6 790	6 536	14 477	9 754	—	—	4 567	19 231	25 834	35 521
土、波、埃等处	18 535	26 210	109 856	146 516	—	—	10 400	11 793	138 791	184 519
英国	53 230	55 266	3 694	1 988	—	1	9 000	424	65 924	57 679
那威	11	19	—	—	—	—	—	—	11	19
瑞典	51	8	—	—	—	—	—	—	51	8
丹麦	342	72	—	1 377	—	—	—	—	342	1 449
芬兰	113	517	—	—	—	—	—	—	113	517
但泽	—	257	—	—	—	—	—	—	—	257
德国	10 596	18 466	218	372	—	2	10	—	10 824	18 840
荷兰	10 688	10 847	4	2	—	—	313	240	11 005	11 089
比国	129	154	46	25	—	—	—	—	175	179
法国	5 455	7 613	13 244	25 548	—	—	1 663	2 994	20 362	36 155
日国	431	699	2 684	1 614	—	—	529	701	3 644	3 014
葡国	—	—	39	59	—	—	—	—	39	59
瑞士	4	2	—	—	—	—	—	—	4	2
义国	786	5 454	836	3 269	—	—	703	—	2 325	8 723
俄国	17 187	65 880	23 039	61 351	181 013	242 578	942	3 471	222 181	373 280
朝鲜	16	9	114	121	—	—	295	559	425	689
中国台湾(日据时期)	613	802	5 155	7 223	3	1	651	95	6 422	8 121
菲律滨	959	897	664	670	—	—	122	1	1 745	1 568
坎拿大	121	1 886	801	1 888	—	—	2	—	924	3 774
美国	2 294	19 832	36 644	37 800	1 317	95	3 930	161	44 185	57 888
南美洲	495	883	31	194	—	—	197	—	723	1 077

续 表

输往地	各种红茶		各种绿茶		各种砖茶		其他		总计	
	十九年	十八年	十九年	十八年	十九年	十八年	十九年	十八年	十九年	十八年
澳洲纽丝纶等处	6 376	2 385	719	2	—	—	272	108	7 367	2 495
南非洲	204	422	589	547	—	—	—	—	793	969
合计	196 178	293 922	249 778	350 552	182 386	242 677	46 803	54 717	675 145	941 868

去年华茶出口情形，除澳门地区、安南、英国、瑞典、美国、澳洲等国家和地区外，其他各国均为减少，其中减少最巨者为俄国，其次为土、波、埃等处。民国十八年华茶输俄数额共达三十七万三千二百余担，去年减至二十二万二千余担。土、波、埃等处由前年度之十八万四千六百余担减至十三万八千余担。英国、非律宾、美国、澳洲、纽丝纶等处则均为增加。然其所增之数额，远不及各国之减少额。故去年华茶输出额较前年度为减少也。

查华茶之对俄贸易，向有白头行、新泰行经营其事。虽买卖随时转移，市价有时消长，然既有贩卖之机关，吾国茶商纵未便自行居奇，亦不致受人操纵。近数年来苏俄政府对于华茶之输入，用一种统一之方策，组织一特别机关，即所谓协助会是也。直接大批收买不由他人角逐其间。市价遂由其任意操纵，大批购定，迟迟过磅及兑银。华商大受痛苦，然华茶之对俄贸易，仍未为减少也。一九二七至一九二八年度对俄贸易计值三千一百六十万卢布，其中茶叶一项占百分之八十八，计二千八百万卢布，但其后不能继续增加，又且减少。其原因有二：一则因苏俄近年提倡植茶产额颇为丰富。二则大部分从其他各国输入，故华茶贸易因之激减。又据外人方面之调查，欧战以前德国人民嗜红茶者，达百分之八十五，今日仅达百分之十五耳。其他各国除俄国外对于红茶已需要不巨，但绿茶之销路则较胜，查其激减之原因，实由于红茶每况愈下所致。印度、锡兰所种植之茶，其栽培、制练等方法均较华茶为便，同时又因华茶墨守成规，却不加改良，故相形见绌也。

总之华茶贸易已入严重时期，茶商如欲振兴茶业须要根本解决。先从茶夫入手，加以训练及指导，俾明了近世商战情形，务须忠实从事，勿以劣货欺售。年来所以滞销者，虽原因甚多，但商人作伪舞弊，实为主要原因之一。今后茶商如能努力振作，痛改前非，则不难失之桑榆收之东隅也。

《银行周报》1931年第37期

茶商请取消检验茶叶

茶叶为我国对外贸易重要商品。以前政府虽有免税减厘之举，惟向无研究及取缔等机关为之领导，故历年出口茶叶有减无增。实业部孔部长前长工商部时，对茶叶兴革颇为注意，并增进国际贸易信用及廓清茶叶积弊，督促改良起见，特制定茶叶检验规程，呈行政院备案，由部公布，令上海商品检验局遵照实施检验，已于本年七月八日开始检验，中外茶商虽一致服从，惟华商对洋行退回之茶需认打包一切手续费用。该局检验时又须提取样茶十斤，增重茶号担负，及对检验各规程于茶叶亦多窒碍之处。在沪、湘、鄂、皖、赣、浙茶商迭次开会讨论，公决要求政府取消茶叶检验。兹将各省茶商全体代表电呈行政院实业部请求取消检验茶叶原文录下。

南京行政院院长蒋实业部部长孔钧鉴，奉六月二十日实业部钧部公布茶叶检验规程十七条，同业等恭读之余，无不骇汗奔走相告，盖出洋茶叶实施检验之日，即我茶商束手待毙之时，痛深切肤，奉行无计，敢为钧院钧部缕析陈之。查茶叶一项，为吾国优异农产，对外贸易，久占有重要地位。乃近数年来，英、日、印、锡各商挟其雄厚资本，以与我竞争，以致出口数量大有视前渐减之势。茶商等懔然惧戒，正在自谋出品之精益求精，俾挽垂危之局。在政府亟应亟为奖掖，予茶商以便宜，而助其发展。今茶商之痛苦未除，而出品先受检验，是直疗疾饮鸩拯溺垂石。既失政府维护实业之初心，益陷茶商于百劫不复之境，查各项商品，质有高下，斯分贵贱。乐山乐水，取舍殊途，布帛精粗，各适其用，经营商业者为自身利益计，每迎合顾客之心理，为出品之准绳，茶质优劣程度，着色与否，渗合黏质粉末多寡，皆各视饮户之需求而量为供给。富户颇有崇尚节俭，而贫者断不能强以奢华。商品贵有销场，岂容削足适履？既不损饮者健康于毫末，自有何取缔之可言？且现值商战时代，制造者皆洞悉出品落后之不易竞存，无不殚精竭智，以图进步，人民之自谋，视政府之廑念者为笃，此根本上无须乎检验者一也。又查我国产茶区域，多在浙、皖、赣、湘、鄂、闽等省，尽系就地采制，由采、焙、练、制，以至成箱，必须经过多数手续。我政府如为提倡实业，协助改良超见，尽可派员分赴各产地，随时指导监督或检验，以期所出之茶，合于所定标准，倘于制造过程中，发现不合标准者，立可练出就地另行改制，今不闻取缔于制装之前，及至货已出售洋商打包起运之时，忽令检验万一其中有被认为不合格者，既不能将货退回产地，若改

销国内，又以装制各别，不合销场，茶商除将血本完全牺牲外，其洋行定货后所有一切打包、汇率以及不履行定货契约，因付赔偿诸费，均须由茶商负担。奄奄垂绝之茶商宁能胜此？况品质良窳，虽有标准可绳，但成色之间毫厘千里，检验员之评断是否一秉至公，万一准驳可凭运动，优劣随意权衡，则劣茶未尝不可侥幸运行，优茶或竟不免于落选，是多为下吏开舞弊之门，使茶商感无穷之能，政府所以示保护茶业者，而结果适足以死之，此事实上之不宜于检验者又一也。细阅该检验规程，第二条载称茶叶应于装运包捆前，向所在地之商品检验所或分处报验等语，既曰装运前再曰所在地又曰分处，此明系规定应于制造茶叶尚未装箱之际，即由产地之检验分处检验，并未有运至中途报验之语。前上海商品检验局，对于由各产地装运出洋之茶叶，中途经过上海者，加以检验，实属有违定制，且外商一闻取缔，相率观望，货价为之陡落，每担跌数十两，而未能售出，影响所及，不堪设想，茶商等仰知政府鼓励国外贸易，已具决心，故敢哀恳钧院钧部，俯念茶叶困难情形，准予依照规程选派富有制茶学识人员，分赴各产茶之区域，实地指导监督，取消中途检验办法，俾解束缚。倘政府不予体恤，则茶商等恐有不胜摧残，而停止营业之虞。茶商失业不足惜，所虑者，国外贸易每年顿失数千万两，而各省茶农茶工，统计不下数百万人，一旦生机断绝，将何以善其后，此不得不求政府顾念者也，临电不胜待命之至，伏乞鉴核示遵，湘、鄂、皖、赣、浙、旅沪茶庄茶商全体代表。

《银行周报》1931年第40期

南洋华茶销路畅旺

广州通信：据返自南洋者云，该部华人业茶者，近数年来迭有加增，计闽籍方面约有十余家，粤籍方面数亦相埒。粤方所销售之茶，以古劳、普弭等为大宗。我国产茶，以闽省为有名，如武彝、安溪等处，均为产茶名区，闽方所销售之茶，多系来自武彝等处。中国台湾（日据时期）茶叶，前固畅销于市面，后受金融影响，销路顿滞，考其前之获得畅销，乃因价廉，但目下则以闽之北溪、建甄等处，及浙之温州等处茶叶起而代之矣。故华茶之在南洋，实已获得相当的地位。

《农业周报》1931年第76期

皖省茶业现状

皖南徽属农工商生活，几均跟着茶业之兴衰而舒困，去岁祁门、婺源、休宁、歙县、秋浦茶业产额，虽较前年短减，而沪市外销盘价，尚得平稳之结局。各栈红绿存茶，亦仅万箱左右，茶号收束，大概盈多绌少，在去冬祁门茶号兴趣之蓬勃，预料本年皖属洋庄茶业，当有一番盛大的新气象，讵腊底春头，暴日在沪发难，晴天霹雳，战云骤起，茶商一腔热血抱着乐观者，顿成虚想与悲慨，在沪茶栈，多半迁徙，营业继做与否，现尚自无把握。闸北土庄茶号，十九灰烬，随炮火以俱去，执茶业枢纽之上海市重心，已失其灵活之操持，徽属茶号，向与沪栈指臂和依，总机停辍，茶号亦难以独存，是本年茶业前途，至今日茶芽萌动之际，犹在茫茫未定之天，兹将皖南洋庄产区现状，探志如下。

祁门。祁门为产红茶最著之区，全邑农商，均全恃茶以资生活，年来祁茶产质特优，得盘亦特厚，茶商茶户，交受其利。去冬祁地新旧茶号之组织成立者，有四十余家，预料今年山价，仍较旧增高，一般茶农，咸欣然色喜，急盼茶市登场，舒其生计。自沪变发生后，祁地茶商热望顿减，新旧茶号，临时停办者，有三十余家，闻有自备资本不恃栈款者，届时当有少数开场，但能否依期采办，现亦自无把握。

秋浦。秋浦与祁门接壤，亦红茶之次要产区。去岁秋地茶号，尚多获利，若无沪变之起，今年茶号之勃兴，自不待言。现查秋邑新旧茶号，鉴于沪战之将延长，银根紧迫，亦多观望，临时相极进止云。

屯溪。屯溪为皖南茶市中心，全埠有茶号六七十家，休、婺、歙及浙、赣绿茶多贩集于此。去年屯地各茶号结束，尚称盈利，沪战发生，屯市金融日紧，沪上徽帮茶栈，新年接客柬，迄未发出，驻屯沪栈支庄，亦自随沪栈进止为转移，茶市两字，现尚谈不到，但有少数资本较厚之号，在预备中耳。

婺源。婺源为高庄绿茶特产名区，东北两乡商农，年产所入，咸仰赖于此，全邑共有茶号三百余家，茶业之盛，尤推第一。去岁各号结束，虽盈亏互有，堪称平稳之年头，惟因婺连赣边……纷起，茶箱运输多阻，营者早有戒心，兼之去冬银根奇迫，各号茶款，均存沪庄，其中多数行号，为免危险计，均决停止营业，解雇茶师茶工。自沪案变起，茶商更趋消极，截至现在止，婺源三百余家茶号，约有半数未备开场，至婺帮在祁门、浮梁、秋浦、河口、修水、两湖，营红茶者，现均决定不往开办，停止进行。

歙县。歙县绿茶，产额甚富，全邑茶业，有洋庄与店茶之别，年来业洋庄者，因外商提高抑低，盈亏互见，店庄则因国内华北珠兰窨花销路日普，营业优于庄而较稳顺，故歙茶之经营，比婺屯专做洋庄为有出路，今受沪变影响，歙邑业洋庄者，至此亦多存观望，未定开场，惟店庄尚多继续采办，观徽属茶业之现状，只歙茶普销店庄，较有生机耳。

《中行月刊》1932年第4期

浙赣皖茶之产销

珍眉畅销价昂。路庄遂安珍眉绿茶，昨日已由源丰润、永兴隆、公升永等茶栈，运到头批新货一百三十余箱，均为锦隆洋行独家购得，其中普通货，一百零八箱开价一百七十两，抽芯货，三十余箱，开价一百九十两，较上年见高四五十两，开历史以来未有之高价，现该行为赶新起见，对于购定之珍眉，业已积极打包，装运摩洛哥。至土庄珍眉，昨市又有三百余箱新样布出，协和、怡和等行，虽已购进百余箱，但因华方索价较奢，谈判多未妥洽，后市并不十分俏手云。

湖州毛茶到沪。昨日义同兴、同益丰等茶栈，由湖州运来毛茶二百余包，来路山价，扯盘均须九十四五元，成本至为巨大，现各茶栈均已积极雇工赶制，以应市销云。

浮梁青茶开采。浮邑茶叶，向分红绿两种，毗连婺北之藏家湾，石井一带绿茶，水叶质味，颇称良好，今岁因浮地洋庄红茶庄号，比旧大减，他处道远，不便贩运，故仍照旧采制青茶，近日天气乍晴乍雨，茶芽发育甚速，山户以邻境休屯，茶号增加，需量甚巨，为早采嫩头，冀丰售价，前日（二日）起，已纷纷开采，惟田坝当风茶树，受去冬寒雪冻压，发育不甚浓茂，产额无丰收之望云。

兴安茶产衰减。赣属兴安茶产，向称丰富，其中尤以名山所产为最优，曩年河口洋庄红绿茶号，及汉省店庄，尝派员至此采办，河口茶市衰落后，兴茶销路日狭，仅恃店庄少数销场，市价亦日低下，山户鉴于茶叶不足恃，遂不加培壅，产额亦逐年减少，近两年来，产茶区之葛源，为……盘踞，生产毫无，今岁该地……现

农民为先务其急计，均多忙于稻，作对茶叶不甚注意，仍无茶市可言。

婺源茶产亏收。英、法、美、德、俄，最欢迎之婺源高庄绿茶，近日已开始采制，兼之两日来天气暴热异常，昨（二日）午又降雨雹，茶芽发育极速，前之为寒揿敛之嫩尖，今亦猛茁抽长，山户深虑茶出齐头，采制不及，纷纷雇工帮摘，今日（四日）起，各乡已齐帮开源，但据山户今日采制后，估较生产数量，须较往年收成折欠，且本年茶米工资物价俱昂，号方无款贷济，小户受经济紧迫，莫不叫苦，预料将来山价，不但较旧不能低少，或须提高，亦未可知。

《中行月刊》1932年第5期

实部规定茶业标准

实部规定本年度茶业检验最低标准，令沪汉两商品检验局遵办。（一）绿茶。以水平二茶八号王茶为标准，红茶以湘次红为标准。余各种茶叶，以色泽相当味香可口为标准。（二）茶叶水分。以百分之八点五为标准，但本年度绿茶水分，以百分之九为合格，红茶以百分之十一为合格。余各种茶叶，以百分之十二为合格。（三）绿红茶之灰分，最高以百分之七点五为合格。（附注）（一）水浸出物。红茶不得低于百分之二十六。绿茶不得低于百分之三十二。（二）浸过叶。红绿茶均不得超过百分之六十。上述一二项，为本年度内试行标准。

《银行周报》1932年第27期

民国二十年度之丝茶贸易观（续）

仲　廉

茶类贸易

去年华茶输出总额共达七十万三千余担，较前年度计增加九千一百余担。就数额而言，除前年度外实为民国十二年以来之最少数额。就价值而言，计达三千三百

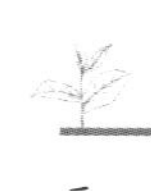

二十五万三千余两。在输出品中由前年度之第十二位升至第七位，未始非华茶对外贸易之良好现象。查去年华茶输出增加之原因，计有数种。

（一）祁门庄号侧重提早收青，出品精良，颇受洋庄欢迎。

（二）英伦红茶存底空虚，亟待补充，需要甚殷。

（三）俄国协助会鉴于英印各庄收买不遗余力，亦大宗购入，需要愈形增加。

凡此种种，均为去年华茶畅销之原因。兹就其经过情形略述如下。

去年洋庄茶市自新年以后，欧销稍有起色。英行家对于路珍眉珠各茶因价格合宜，搜购甚力，贡熙、祁红等项俄庄协助会，进意亦颇浓厚，交易尚不寂寞。下半月更形畅达，因英伦茶市突起变化，高庄祁门红茶销路异常活泼，且因存底不多，价亦激涨。中低庄茶交易随之畅旺，沪埠茶市因之坚挺。惟纽约方面，以日茶存底丰厚，华茶未能畅销，未免美中不足耳。二月间洋庄市价均极坚挺，俄国协助会及英法等庄对于高庄路茶，需要均巨，购买颇力。月初茶市类均坚俏，惟华商方面因废历年终已届，大致均告结束，无意抛售。嗣后洋庄需要不懈，而华商又因岁首尚未开做，坐失良机，殊为可惜。三月间市价较跌，交易清淡。四月间海外市场均以存货未清，不愿再购。五月下半月至六月上半月间，红茶需要颇殷，其最高货柳绿牌竟涨至三百六十两，为历年来未有之高价。七八月间，市价尚属安定。九月间绿茶销路极佳，其中高庄珍眉尤形活泼，市价均极坚挺，其余针眉、秀眉等亦因欧洲市场存底枯薄，秋销活动，进意浓厚。贡熙市面亦转呈发展之趋势，加以销茶最大之俄国协会鉴于英印各庄，搜买不遗余力，存底日减，亦大宗购入，于是市面愈见兴奋。同时又因各路来源将绝，抱定物稀为贵之旨，人心一致向上，是以涨势甚俏。迨及下半月突转清淡，因英国已宣布停止金本位，各国继起者不绝，一时国际汇市变动甚剧，各茶庄不得不暂行观望，因之销路骤形窒滞。惟贡熙一项，俄庄进意不懈，不过价格较低，华商大多不与交易。年终三个月间，因辽吉事件发生，各国对华贸易均特加慎重，华茶销路遂受莫大之影响。据一般人之观察，去年华茶贸易国外如无英伦汇价之变动，国内如无辽吉事件之发生，输出数额尚有增加之可能也。兹就近十年来华茶输出数额列表比较如下。

年次	红茶	绿茶	砖茶	其他	合计
民国十一年	267 039	282 988	22 616	3 430	576 073
民国十二年	450 686	284 630	8 613	57 498	801 427
民国十三年	387 064	278 767	19 382	61 453	746 666

续 表

年次	红茶	绿茶	砖茶	其他	合计
民国十四年	329 455	321 201	141 917	30 944	823 517
民国十五年	292 527	329 197	141 872	75 721	839 317
民国十六年	248 858	333 216	173 148	116 954	872 176
民国十七年	269 615	306 765	256 712	92 930	926 022
民国十八年	294 563	350 055	242 677	60 435	947 730
民国十九年	215 079	249 779	182 386	46 804	694 048
民国二十年	171 466	293 526	166 643	71 571	703 206

上表所列去年度各种华茶输出额除红茶、砖茶外，均较前年度为增加。其中绿茶增加最巨，计增加四万三千余担。其他各种亦大都增加。据海关贸易册所载，第一期之汉口茶叶虽因汉镇大水，交易曾经数星期之停顿，且栈房存货竟有为水毁坏者，然其与同期之祁门产品均特别受人欢迎。祁门所产以春季大雨及土匪滋扰之故，收获欠佳，其品质及香味较上年风雨所毁者高贵远甚。温州茶第一期收获虽少而佳，宁州茶则品质恶劣，其第一期所产均销于俄国。三都澳区本季红茶为数甚丰，出口绿茶尤见激增。九月间伦敦汇率跌落，各种华茶贸易遂因之停顿。兹就前年、去年输往各国及地区之华茶列表比较如下。

输往地	各种红茶		各种绿茶		各种砖茶		其他		总计	
	二十年	十九年	二十年	十九年	二十年	十九年	二十年	十九年	二十年	十九年
香港地区	36 591	44 136	32 304	35 625	1 498	53	19 886	12 922	90 279	92 736
澳门地区	3 656	7 229	29	7	—	—	45	174	3 730	7 410
安南	148	354	48	44	—	—	3	64	199	462
暹罗	773	536	428	368	—	—	—	2	1 201	906
新加坡等处	4 145	7 574	2 902	796	—	—	121	102	7 168	8 472
爪哇	716	923	650	84	—	—	—	1	1 366	1 008
印度	685	6 790	19 302	14 477	—	—	6 305	4 567	26 292	25 834

续 表

<table>
<tr><th rowspan="2">输往地</th><th colspan="2">各种红茶</th><th colspan="2">各种绿茶</th><th colspan="2">各种砖茶</th><th colspan="2">其他</th><th colspan="2">总计</th></tr>
<tr><th>二十年</th><th>十九年</th><th>二十年</th><th>十九年</th><th>二十年</th><th>十九年</th><th>二十年</th><th>十九年</th><th>二十年</th><th>十九年</th></tr>
<tr><td>土耳其</td><td>120</td><td rowspan="6">土、波、埃共计18 535</td><td>97</td><td rowspan="6">土、波、埃等处共计109 856</td><td>—</td><td>—</td><td>—</td><td rowspan="6">土、波、埃等处共计10 400</td><td>217</td><td rowspan="6">土、波、埃等处共计138 791</td></tr>
<tr><td>波斯</td><td>40</td><td>—</td><td>—</td><td>—</td><td>—</td><td>40</td></tr>
<tr><td>亚伯拉</td><td>10</td><td>295</td><td>—</td><td>—</td><td>—</td><td>305</td></tr>
<tr><td>埃及</td><td>432</td><td>1 593</td><td>—</td><td>—</td><td>—</td><td>2 025</td></tr>
<tr><td>北非洲</td><td>1 709</td><td>141 432</td><td>—</td><td>—</td><td>16 702</td><td>159 842</td></tr>
<tr><td>东非洲</td><td>—</td><td>1 004</td><td>—</td><td>—</td><td>—</td><td>1 004</td></tr>
<tr><td>英国</td><td>48 445</td><td>53 230</td><td>2 451</td><td>3 694</td><td>—</td><td>—</td><td>5 640</td><td>9 000</td><td>56 536</td><td>65 924</td></tr>
<tr><td>挪威</td><td>44</td><td>11</td><td>—</td><td>—</td><td>—</td><td>—</td><td>—</td><td>—</td><td>44</td><td>11</td></tr>
<tr><td>瑞典</td><td>62</td><td>51</td><td>—</td><td>—</td><td>—</td><td>—</td><td>—</td><td>—</td><td>62</td><td>51</td></tr>
<tr><td>丹国</td><td>429</td><td>342</td><td>—</td><td>—</td><td>—</td><td>—</td><td>—</td><td>—</td><td>429</td><td>342</td></tr>
<tr><td>芬兰</td><td>143</td><td>113</td><td>—</td><td>—</td><td>—</td><td>—</td><td>—</td><td>—</td><td>143</td><td>113</td></tr>
<tr><td>波兰</td><td>7</td><td>—</td><td>—</td><td>—</td><td>—</td><td>—</td><td>—</td><td>—</td><td>7</td><td>—</td></tr>
<tr><td>但泽</td><td>99</td><td>—</td><td>—</td><td>—</td><td>—</td><td>—</td><td>2</td><td>—</td><td>101</td><td>—</td></tr>
<tr><td>德国</td><td>5 682</td><td>10 596</td><td>75</td><td>218</td><td>2</td><td>—</td><td>373</td><td>10</td><td>6 132</td><td>10 824</td></tr>
<tr><td>和国</td><td>7 639</td><td>10 688</td><td>68</td><td>4</td><td>—</td><td>—</td><td>—</td><td>313</td><td>7 707</td><td>11 005</td></tr>
<tr><td>比国</td><td>180</td><td>129</td><td>83</td><td>46</td><td>—</td><td>—</td><td>—</td><td>—</td><td>263</td><td>175</td></tr>
<tr><td>法国</td><td>6 749</td><td>5 455</td><td>8 114</td><td>13 244</td><td>2</td><td>—</td><td>963</td><td>1 663</td><td>15 828</td><td>20 362</td></tr>
<tr><td>日国</td><td>451</td><td>431</td><td>58</td><td>2 684</td><td>—</td><td>—</td><td>—</td><td>529</td><td>509</td><td>3 644</td></tr>
<tr><td>葡国</td><td>40</td><td>—</td><td>28</td><td>39</td><td>—</td><td>—</td><td>—</td><td>—</td><td>68</td><td>39</td></tr>
<tr><td>瑞士</td><td>8</td><td>4</td><td>—</td><td>—</td><td>—</td><td>—</td><td>—</td><td>—</td><td>8</td><td>4</td></tr>
<tr><td>义国</td><td>558</td><td>786</td><td>115</td><td>836</td><td>—</td><td>—</td><td>—</td><td>703</td><td>673</td><td>2 325</td></tr>
<tr><td>俄国欧洲各口</td><td>—</td><td>—</td><td>5</td><td>—</td><td>—</td><td>—</td><td>—</td><td>—</td><td>5</td><td></td></tr>
<tr><td>俄国太平洋各口</td><td>29 649</td><td>17 186</td><td>29 519</td><td>23 139</td><td>165 141</td><td>181 015</td><td>16 510</td><td>942</td><td>240 819</td><td>222 282</td></tr>
<tr><td>朝鲜</td><td>6</td><td>16</td><td>159</td><td>114</td><td>—</td><td>—</td><td>111</td><td>295</td><td>276</td><td>425</td></tr>
<tr><td>日本</td><td>35</td><td>—</td><td>4 481</td><td>—</td><td>—</td><td>1</td><td>751</td><td>—</td><td>5 267</td><td>1</td></tr>
</table>

续 表

输往地	各种红茶		各种绿茶		各种砖茶		其他		总计	
	二十年	十九年	二十年	十九年	二十年	十九年	二十年	十九年	二十年	十九年
中国台湾(日据时期)	395	613	485	5 155	—	—	13	651	893	6 419
菲律滨	828	957	545	664	—	—	98	122	1 471	1 743
坎拿大	194	121	381	801	—	—	15	2	590	924
美国	17 279	2 294	45 984	36 644	—	95	2 694	3 930	65 957	42 963
墨国	—	—	—	—	—	—	—	197	—	197
南美洲	1 096	495	—	31	—	—	—	271	1 096	797
澳洲	1 591	—	90	—	—	—	103	—	1 784	—
纽丝纶	449	6 376	—	319	—	—	—	—	449	6 376
南非洲	110	204	95	589	—	—	—	—	205	793
其他各国	408	—	743	—	—	—	1 035	—	2 186	—
合计	171 601	196 175	293 563	249 478	165 141	181 164	70 438	46 860	703 176	534 567

去年华茶出口贸易，较前年度稍有起色。就输往地之数额而言，一部分较前年度为增加，一部分则较前年度为减少。其中较前年度为增加者，计有暹罗、爪哇、印度、挪威、瑞典、芬兰、丹麦、比国、美国、南美洲等处。较前年度为减者计有香港地区、安南、土、波、埃、英、德、法、澳洲纽丝纶等处。其中增加最巨者，为俄国，计增加一万八千余担。减少最巨者，为英国，计九千余担。但各地减少额远不及增加额之巨，故去年华茶输出额较前年度为增加也。

华茶对外贸易，其中最堪注意者，为我国国内市场，亦非完全为我之直接销场，即内外蒙古、满洲、西藏、新疆等处需茶颇巨，大都由俄商包办，经海参威纳苏俄进口税后向南满中东路及库伦、哈尔滨等处分销我国边地，损失实大。今后政府及茶商对此应行改善也。

据一般识者之观察，华茶贸易衰落之原因有三：（一）产者饮者隔膜。（二）茶商资本薄弱。（三）广告宣传缺乏。今后华茶如欲挽回颓势，恢复三十年前之盛况。必须：（一）由茶商联合为一组织规模宏大之对外贸易公司。（二）设立茶业银行以资经济之流通。（三）一方由政府转派专员与茶叶出产地之上等茶农会同茶商。每年至印度、锡兰等处考察一次。他山之石可以攻玉，生产方面自能逐渐改良。（四）

使用新奇广告。（五）常川驻外推销专员亦为当务之急，不容或缓者也。

《银行周报》1932年第38期

呈一件呈请电饬皖财厅制止违法加征出洋箱茶营业税由

呈悉查此案前，据祁门茶业同业公会电陈，皖省箱茶营业税增加一倍，请饬厅维持成案等情，前来业经令行安徽财政厅查复在卷，据呈前情，应俟该厅具复到部，再核办，办仰即知照此批。

财政部批。

钱字第二八五号　二十一年五月二十六日

《财政公报》1932年第52期

一九三三至一九三四

中俄茶叶贸易之过去、现在与未来

子　良

一、中俄间茶的贸易略史

哥沙克人尽管很早就和中国茶见过面，但是把茶当作商货装运俄罗斯，究竟还在《尼布楚条约》以后。因为俄人尚不惯饮茶，而且靠骆驼搬运，经过广袤无垠的沙漠，其发展当然有限。到十八世纪初叶，中国茶装销俄罗斯，比较兴旺起来，但在当初还有不少是靠英国人从海洋里贩运去的，但经过英国的茶贩贸易买主和卖主都很不便利。十九世纪中叶，俄罗斯人乃到中国自己组织公司，自己收买华茶，与英国人竞争，几年之后，成为英商的劲敌。同时，英国殖民地的茶产，亦大为发展，英国茶商逐渐移动他们的运转到自己属地里去，俄罗斯茶商在中国茶的出口贸易上随即占入了第一位。从此，向英国去的茶，几年之间顿形减少，向俄罗斯去的茶逐渐增加。

欧洲大战一开始，中国一般的对外贸易完全停滞，不幸中之万幸，俄国多多少少总还可以销售几许。但一九一八年只销得七万八千六百担，供给极东沿海地方的需要。一九一九年到一九二一年，因了俄罗斯内战以及各帝国主义武装干涉苏维埃政权的原故，西方战争，东方也战争，于是乎极小数量的茶也输不入俄国了，中国茶业，也就奄奄一息了!

苏维埃政权战胜了国内外的敌人，逐渐稳固；中国茶向苏联装销，又开始了新的场面。

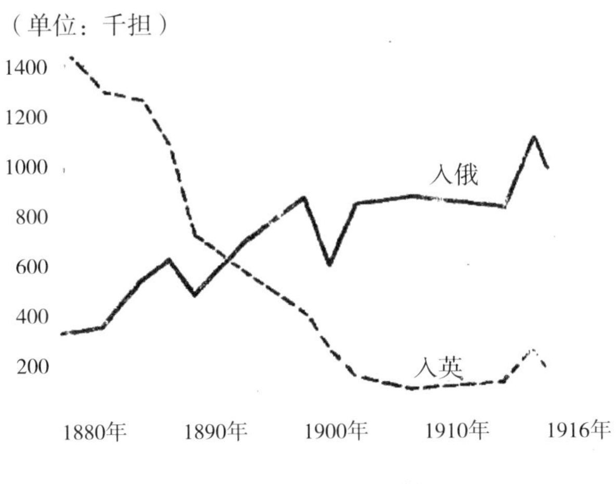

华茶输入英俄之比较

二、苏联之茶叶入口概况

苏联的入口茶包括中国、英国、印度、日本、荷兰等地产品，但是中国茶始终占多数。因为政治和经济的关系，苏联要把他的购买力加惠于那一国，自然随他选择。苏联十年来对中、英、日三国的政治关系有像寒热病的变化，所以他们之间的茶叶贸易也跟着在那儿变化。苏联和中国在一九二三年开始正式通商，茶的出口急切开展。按照一九二六到一九二八两年增进的速度，似乎到一九三〇年就要恢复帝俄时的最高额。可惜事情有不如人愿的变动发生，一九二九年中东路事件对俄用兵，给与茶业对外贸易上以莫大的打击。用兵的一年就把销俄华茶减少了一半多，除了这几十万担茶的销售外，还刺激了苏联在五年计划中特别加速培植苏维埃茶叶，企图根本抵制华茶。所以一九三二年华茶销俄减少到极惨的数目，同时苏联一般茶的输入也顿减，其共同的原因就是苏维埃自国茶产的增加。至于华茶比其总额输入减落得更利害的原因，除了华茶品质恶劣之外，未始没有一些政治的原因。

中国和苏联的邦交现在又恢复了，对俄贸易已经成为国家和商人共同的有兴趣的问题了，茶叶对俄输出也要发展起来了。然而当着苏维埃自生茶产急剧增加的趋势之下，苏联是否能大量来供给自己呢？当着英、印、日、荷等茶质改良，产额过剩，我们的茶叶是否战得胜他们呢？这种问题都是茶叶对外贸易上的极严重的问题，盼望大家来讨论。下段先叙述苏联自产茶业的现况。

苏联之茶叶入口比较图，表示苏联之欧洲港总输入，表示苏联华茶之输入。

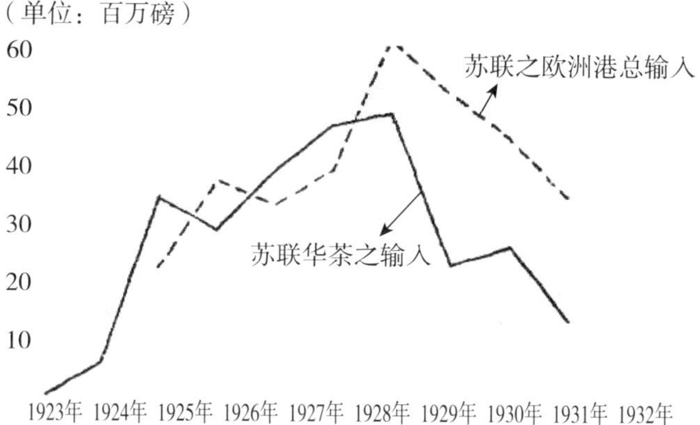

苏联茶叶入口比较

三、苏联的茶叶生产与其限度

茶叶在苏联消费极大，在世界各国中占第二位。帝俄时每年需六千万公斤，计一亿三千二百万磅，现在当然不会减少，将来还会增加，然而苏联现有的大政方针就是要从世界经济的漩涡中振拔出来，自己生产，自己消费，同时消灭私有产业，布置社会主义的根基。因此苏联对于茶产的发展当然很注重。一旦能够自己供给，不仅每年可以节省一大批现金的支付，而且不致于受特殊时期的恐慌。所以苏联政府和人民，都卖了很大的力气，在各种困难情形之下，来生产苏维埃茶叶。

（一）植茶地面。苏联主要茶区在黑海东头，高加索北，以及亚敏尼亚诸山之南。那是侨几亚社会主义共和国及其所属阿查里士坦和阿布哈仁亚两自治共和国的境内。革命前，这些区域内植茶地面很有限，一九一九年只一万一千八百华亩，革命后植茶地面见下表。

年份	亩数	国营茶园和集体茶园所占地面之百分率
1917年	14 672	—
1925年	21 200	—
1928年	64 920	—
1929年	124 800	—
1930年	232 960	42%
1931年	392 960	62%
1933年	1 200 000	95%

(二)茶叶生产机器化。各茶区除了很少数的例外,大多是用机器,因为耕耘以及播种等操作的用机器,在苏联一般的农场里已经成为司空见惯的事了,日本人用的剪刀式的采茶机,原来就比手采快六倍,侨儿亚使用这种采茶机,并加改良,结果比日本的更快,茶叶破碎更少。苏联新发展起来的茶区,所有茶树的身干都能适合于采茶机的条件,因此采茶尤快尤好。当茶叶送入制造厂,首先就要择出破碎。这个分择破碎的任务也付诸类似中国农村用来风谷米的一种风机。

茶叶必须制造,所以广大的茶园有了,必须更有广大的茶叶制造厂。一九三一和一九三二两年内新开制茶厂十五座,都同傍的工厂一样,大规模的整个设计起来的,装有最新机械的。虽然许多设备和机器都是从东方学得去的,但是苏联工人们却富有革命的精神,绝不满足其原有状态,不断地改进着。在苏联其他实业部门内也无不如此,因为工人们改良了机器,使机器多代人工,当然受利益的是自己。所以仅只三四年功夫,落后的侨儿亚农民区,竟至一跃而成为世界新奇的机器化区域,这是丝毫不足惊奇的。

(三)政府提倡。苏联的工人和政府确是一致的,共同在惟一的大政方针之下努力。工人们如此热心,政府自然也加倍努力。政府奖励茶业的发展,主要的用两种步骤:第一种,国家银行长期贷款,免息,以购买机器;第二种,输入印度和锡兰的良好茶种,减价三或四倍与本国种子同价粜卖。同时政府自己支出大批款项,委派专门人材直接到侨儿亚开办国营茶园好几所,专门种茶,附带种橘子和竹子。其中一所达九千三百九十二亩,另一所二千四百亩。苏联政府设有三个茶业试验场,专司选择种子,研究培植方法,而且探求宜于植茶的膏腴之区,以图发展。苏联政府并令侨儿亚专施气候的官员注意考察黑海沿岸的气候。政府能有如此的帮助,当然发展迅速,前途远大。

苏联的知识分子科学家,亦同政府和工人一致努力,尤其是……科学院特别注意研究植茶的方法。

(四)茶叶的出产。苏联苦心经营的茶园收成很不坏,一九二九年收获二十四万公斤;一九三一年收获八十万公斤;一九三二年收获一百一十五万公斤。苏维埃出品大都是红茶,绿茶生产不多。帝俄时代侨儿亚出产无绿茶,现在也算有了相当的成功了。一九二六年第一次试植,产四百五十六公斤,次年又试植,产二万八千公斤。两次试植的结果都很好,认为在侨儿亚各种条件之下,可以大批生产绿茶,并且品质不坏,大可以供给中央亚细亚之需求。苏联茶业中更有趣味的是仿中国装口制茶砖,因苏联境内一部分人民惯吃茶砖。

苏维埃茶业的品质很高，因为他们应用科学，使用机器，大规模生产的结果。苏维埃茶的装口，是仿照英国及荷兰茶来的，其香味及浓度等项，均有显著的进步。苏联中央消费协作社茶叶都自己检定，声称他们的品质已经与印度、锡兰等地的茶不相上下了。又据英国伦敦各大商品检验所检定侨几亚茶之品质，认为很好，与印度、锡兰诸地产品之中等者足以比拟。

苏维埃茶叶的产额很大，品质亦高，然则中国茶之销路就危险了。不，不然，且看苏联茶产发展的制限。

（五）苏联茶产发展的制限。按第一次五年计划，苏联茶产地面最高额达一百二十万亩，比五年计划之先增加了廿五倍。倘若第二次五年计划诚如他们计划的原则，更加倍地注重农业的发展，那末，茶产地面一定会比三千万亩还多，年产茶叶一定会比四万万公斤多。四万万公斤茶四个苏联也消费不完。然而，生产进步，绝不如机械般会如此自由，他不能不受环境的限制。请看苏联茶产的环境。

第一，宜于植茶之地带，如侨几亚地面的很有限。

第二，除黑海东头，高加索北一区之外，平均常温在零下五或六度，不宜于茶的发育。

第三，雨量充足的地面很多，但是雨总在冷的时候下，与下雪无异，开春后雨反稀少，这也不宜于茶的生长。

在这些地带，地质和气候条件的限制之下，注定了茶产的极限。无论政府的力量和科学家的力量总难征服自然界里偌大的困难，而使茶产在苏联自由发展。因为这个，茶叶专家 H.H.Mann 预测量苏联茶产最高额十年之后可达二千七百万公斤。十年以外呢？这位专家都不敢多说，我们自然也只好说科学或许有什么力量，对于那自然的限制，有方法来加以怎样的变更。

四、苏联需要华茶的展望

苏联茶产额既有极限，并且品质也未能出类拔萃，而一面，苏联仍不失为一个茶叶的大销场。现在我们同他恢复了邦交，新闻纸尽管说，俄货源源而来，我们输出寥寥无几，但华茶的俄国贸易究竟还有相当希望，甚或我们的输出额，在最近的将来，或许会超过历史的记录。

（一）消费额渐增。苏联人民在各种饮料中，特别喜欢饮茶，国家机关以及公共场所无处不有饮茶所，每人每日起马两次饮茶，茶的消费自然广大。却是一九二八到一九二九年每人平均年消费量不过零点一八公斤，一九二九到一九三〇年就增加到零点二四公斤。这个问题不是苏联人民不吃茶的问题，而是苏联人民有无力量购买的问题，并且同时是苏联政府肯不肯输入的问题。从这两方面我们着眼去研究，可以得到一个结论，就是苏联每人每年的茶叶消费量，会很快地增长起来，最近的将来，一定会增长到比俄皇时的数量零点四四还要大，理由是：

第一，苏联人民生活逐渐改进，个人的购买力增加；

第二，失业者很少，可以自由痛饮的人比俄皇时候多；

第三，现在的工农比从前的贵族少饮咖啡、可可，而多饮茶；

第四，苏联一般经济状况进步，政府有力量增加输入。

这就是说，苏联每年须要的总茶叶数量，不久将恢复帝俄时的数目六千万公斤，甚或更大到一亿公斤都有可能。

（二）输入额渐增。苏联目前茶产额至多百万公斤，而目前需要约达五千万公斤，所差四千九百万公斤，都须向外购买，这就是最低的输入额。苏联的最近的将来产额至多二千七百万公斤，而消费量的优裕额约为八千万公斤，所差五千三百万公斤就是最高输入额。苏联尽管努力提倡植茶，无论如何不能自给，消费日增，即输入额随之而涨。所谓抵制的话，杯水车薪而已，所以我们相信输入仍旧会增加，倘若他们不忍受喝茶的话，每年所需的四或五千万公斤向谁去买呢？英国的印度、锡兰呢？荷兰的爪哇呢？日本呢？还是中国呢？

（三）政治和经济支配主顾。苏联是很大的一个买主，而世界茶叶处处堆积看，闹着剩余的恐慌。这些茶叶老板，必然拚命地来争取这个主顾。在这种大竞争的场合中，或许贱价出卖，或许共同毁灭一部分商品以维持价格，也或许在这种交易中间成立附带的互惠条约。总而言之，卖主们总要尽量从政治经济方面来活动。例如我们中国为谋自己茶叶贸易的利益，不要失掉这个主顾，便应该迅速恢复邦交。如果否认这个，便是坐失时机！苏联自己也有自己的打算，偌大的交易，究竟照顾谁去呢？他亦同样地须得从政治和经济上着眼。

从经济方面说来，英荷各属茶区从一九二二到一九三一年增加植茶地亩40%，因此一九二九年产九亿九千七百万磅，超出世界年消费量四千五百万磅。一九三〇年自动减少生产。一九三二年又生产过多，超出世界消费量四千八百万磅。以致英国存茶，于一九三二年达三千三百万磅之多。他们这些茶的品质都很好，而且都在中国茶之上。这样说来，苏联一定照顾英荷了。不过，中国绿茶据有特殊的色香味，茶砖据有过廉的价格。虽然现在绿茶的大部分，是被日本占去了。但无论如何，这两部分贸易，总有相当的地位。并且苏联人民有二百多年惯吃中国茶的历史，人人欢迎中国茶的香味，这点也成为中国茶贸易上特有的吸引力，如果我们在政治上更有了特殊的地位，那就毫没有怎样的顾虑了。

政治方面说来，苏联仇视帝国主义的国家，是极其厉害的。任何一个帝国主义国家发生了经济上的恐慌，苏联只惟恐其恐慌之不久、不深，绝不会去援之以手的。所以英、荷、日本的存茶，苏联绝不轻于染指。除非到那无大影响时，而且茶价特别减低，有大便宜可占，苏联自然也会买。另一方面……按苏联政府屡次对中国的宣言以及最近复交的表示都同情我们，并且中国要从帝国主义下解放出来，他站在反对帝国主义的立场上，只要我们肯和他通商，他一定会努力中俄间的贸易的发展。苏联政府买了中国茶既可以迎合其人民的心理，又可以促成帝国主义的恐慌的加深，而扶植中国贸易，又何乐而不为呢？

两方面综合起来，中国茶品质虽低，甚或价格也不廉，而苏联因为政治关系和人民的习惯关系，还是肯买中国茶。但是靠得住定买中国茶么？这全仗中国的政府和商人自己的努力了。

（四）中国茶独霸苏联茶市。中国茶回头来能从自己身上用功夫，改良种子，注意栽培，机器采制，大规模投资，政府和科学界努力扶助，有组织地贸易，并且维持中国与苏联的友谊，不愁独霸苏联茶市，即夺获英、荷原有地位也很容易。每年输出一万万公斤华茶。事在人为，只要肯努力肯奋斗，乐观之神，就站在我们的面前。（《国际贸易导报》）

《苏俄评论》1933年第1期

皖省改良茶产

皖省为长江中部产茶最富之区，除皖西北六安、霍山、麻埠等处专营店庄外，其营洋庄出口箱茶，又以皖南婺源所产之绿茶及祁门红茶为最著；至德、屯溪、歙县次之。我国全年出口箱茶总值，约为三千余万两，婺祁红绿茶，殆居其半；祁门出产不多，价亦奇昂，推广亦殊不易。去年安徽省政府建设厅，以茶叶为皖省重要产品，亟宜从事改良，特就祁门前国立茶叶试验场，改组为省立茶叶改良场，增加经营各费，积极整顿，并请上海商品检验局，派茶叶检验主任吴觉农来皖计画，吴对各项方针，均详细规定，曾同在皖各技术人员前往祁门茶场，实地规画，同时拟

赴至德、婺源、休宁、歙县等产茶叶区域，作详细调查。最近皖建厅长刘贻燕，以茶叶改良场之设立，急不容缓，上月将组织规程，交省府议决通过，期早实行。——计规程办法十八条，文冗不录。（采自《大公报》〔婺源通信〕）

《村治》1933年第5期

皖茶业衰落

近年来吾国茶叶产销状况，已一蹶不振，输出滞塞，而各地农民，以植茶利薄，致茶园多行荒废，生产日减，如徽属茶叶，素为皖省重要出产之一，本年生产又有减落，计以祁门红茶仅及三万箱，婺源、屯溪所产之绿茶，向称高庄，畅销欧美各地，其产额亦不过去年七八成而已，曩昔素负盛名之宁红，近亦奄奄一息，遂致茶市萧条万状，省府建厅有鉴及此，若不积极提倡，不但产量减少，亦无余额输出，且外茶借口国内需要关系，则乘机入口，似此茶叶前途，何堪设想？亟应督劝农民，努力植茶，增加生产，并就主要茶区，设场试验，指导农民改进，以杜漏卮，并借以复兴农村，现农村复兴委员会，以皖茶在国外市场，颇有盛誉，刻竟濒于破产，盖为日印所夺，致成式微，爰特派傅幼文来皖调查产销情形，并请建厅饬属保护，刻已分别令饬县府遵照办理云。

《中行月刊》1933年第6期

徽属茶业之调查与救济

吾国茶叶生产锐减，国外市场，亦渐缩小，前途日趋暗淡，已志本刊。行政院农村复兴委员会，近以华茶衰败，已达极点，亟应设法救济，以挽此垂尽利源，特派傅宏镇为调查皖省茶业专员，傅氏经于日前莅屯溪，即访该镇茶业界诸领袖，讨论今后救济方法，及征求意见，并受上海商检局之委托，宣传该局奉实业部严令取缔华茶着色，将商检局无毒改良色料，分给各茶号施用，以期增进国际信誉，免受外人指疵排挤。经该镇茶业公会主席汪秋圃，召集全体茶商，开会欢迎，并将茶业衰败之症结及弱点，充分贡献，共谋出路。傅在席间对茶业得失，痛切指陈，并发表华茶销路被掠夺之原因如次：“鄙人奉令调查，并宣传取缔着色茶之本意，及劝采用代替无毒改良色料。皖南为皖、浙、赣绿茶集中地，近以华茶在海外市场，为印度、锡兰、爪哇……茶所掠夺，再以世界经济不振，华茶销路，濒于危境，屯溪一镇，最多之年，茶叶出产值银五六百万元，抽心珍眉，竟有三百余两，近两年屯溪茶市，异常萧条。去年法国政府颁布华茶运入法属地方规程第三条，各茶混合而成者，及用靛青姜黄滑石，或石膏等色料着色之绿茶，均在禁销之列。靛青固为一般商人所习用，故青色无问题，姜黄之用，以稍带涩味，实际上不无窒碍，最要禁止的为黄色酸铝，绿色亚砒酸，均系含有毒质。茶本为有益卫生饮料，制造应求清洁，方可投需要者之嗜好，而华茶反搀伪作假，投以靛青、洋蓝、姜黄、黑铅不正当之色料，以图美观，甚或有用石膏、石咸、铁砂，以增加重量，三十年前，澳洲即发生华茶内搀杂树根、草叶或陈茶施以粘质物，经开汤后，劣象均皆呈露，声誉削减，资本蒙其损失。这种不道德行为，有损于对外贸易之信用，实足予印、锡为有作用宣传。数十年前之世界茶业市场，均为华茶所独占，居国内出口贸易之第一位，今降而为第六，位于皮货蛋品以下。输出数量，六十年来已减去二分之一，而世界需要之茶叶，从三万万磅到九万万磅以上。近数十年，印、日、锡茶生产过剩，实行倾销政策，所以我们要想复兴华茶，就得要改良色料，以期增进品质之高尚”云。闻傅氏在屯调查竣事，尚须前往徽属其他各县，及宁国、太平、广德、宣城与浙省之淳安、昌化等地调查。

《经济旬刊》1934年第1期

浮梁之茶油及茶叶

浮梁位于昌江流域之下游，东北毗连婺源、休宁、祁门等县，西南连接鄱阳、乐平各县。境内田畴棋布，山脉纵横，且以气候温和，土质肥美，极宜于农作物之生长。县中农民除以业稻为主，多视茶子、茶叶及木材为副产，如谷米、茶油、茶叶及木材等除供本地消费外，每年均有大宗出口，作者长于斯土，爰就所见所闻，将其主要特用作物，油茶及茶树之生产状况简述如下。

甲、油茶（俗称茶子树）

（一）产地。茶子产量最多者，为县属之东北乡，如浮东之天宝、铜钱山、玉岭、曹村、乌石降及曹家蓬，浮北之葛砰山、青龙山等处，是其著也。其他西南乡各地亦有之，第其产量较微耳。

（二）用途。油茶之木材，可制农具之柄，普通充为劈柴。其最大之用途，在榨取其子实之油，以供烹饪，我国南部莫不用之，此外并能供燃灯及妇女润发之用。榨油后所余剩之渣饼，多用以代肥皂，涤除衣垢，或供燃烧，火力甚猛。灰可肥田，或提制卤水。茶壳（果皮）为制神香之原料。

（三）品种。茶子种类可分为柽子（大板子），即普通子二种，前者粒大色褐，后者粒小色黄。含油量以柽子为多，柽子每榨（合干子二百六十斤）约产油六十四斤，普通子每榨则仅能出油五十八斤。

（四）土宜。茶子对于土壤颇易适应，举凡山丘荒地，均可生长。惟据乡人云：如欲其发育旺盛，产量丰富，树命延长，当以表土黑润者为佳，而黄土及其他山地次之。

（五）栽培。先择向南倾斜适度之山腹，于农闲时锄去杂草，掘除树根，整理场圃，待至翌春二三月，始将种子按一丈许之距离播种之。俟苗长成后，每年于秋际中耕除草一次，如富裕之农家，则每年于春秋两季耕锄二次，以资疏松土壤，促其生长。遇有树势衰弱而结果稀少者，即行伐去。至于施肥等项工作，则属少有行之者，其余管理方面，至为简便。

（六）收获。种后四五年，即可结果，是时可从事摘采，但结果甚少，收量有限，迨至十年以后，始可望其丰收。摘采时，为霜降后，届时附近贫农咸集于产地，以从事摘采焉。其工资须视地势之险夷而定，如险峻之山，则每夫为五角，地势平坦者，每夫仅获洋三角，但亦有依摘桃（种子带果皮者）之数量而支付者。每日每夫约摘桃三四担。茶桃采收后，则置于晒场曝露之，俟茶桃破裂后，则除去茶壳而将种子晒干，售于油坊。其售价，丰收之年，每担可值洋四五元，凶岁则涨至八九元。通常每担为五六元，采实年龄，约为四五十年，若能善加培养，虽至八九十年，亦可采种。

（七）榨油法。茶子经油坊收买后，即可从事调制，其手续可分五项述之。

a. 干燥：普通农民多属贫苦，每遇茶子上场，不待其十分干燥，则急于脱售。故油坊收集茶子后，仍须加以干燥，始能调制。其干燥法，将茶子铺于长一丈五尺，宽一丈之竹簟上，就日光晒之。如遇天气不佳，日光欠缺，可置于室内茶烘焙之。焙以砖砌成，中空，横以木梁，上为篾床，篾床长约一丈，宽约八尺。茶焙底部有火灶，烘焙时燃茶饼于灶内烤之，待至子仁之色泽成深黄时，水分业已减退，即可入槽碾碎，每次可烘茶子千余斤。

b.碾碎。种子干燥后，可置入碾槽中压碎之。碾槽为圆形，周围长约六丈。槽中有大石轮，用水牛拖动之，于是茶子因受压力而成粉粒，复过以筛，其粗粒者，仍须碾碎，筛后之粉，则可制成油饼。

c.制饼。茶子既经碾成粉末后，则装入木甑中，置于锅内和水蒸之。约历二小时，取出蒸熟之粉，分纳于铺有稻秆之铁圈中，裹以稻秆，而制成扁圆之茶饼多块，然后砌入榨筒中榨压之，每榨须茶饼三十二斤。

d.压榨。榨机以古老樟木为之，身长丈余，直径二尺余，横置于木架上。木之两侧，留有榨口，宽约数寸，长为木身三分之二，以便油饼出入。木之内部雕空成圆室，长与口齐，直径一尺五寸，圆室底下有槽，宽四寸，深二寸，槽向底部小孔倾斜，是即为油之出口。榨油时，将油饼从榨口置入直排于圆室，此后两端栏以木制之圆板，其大小与油饼同，厚为五寸，圆板之外，插以木楔，木楔长约四尺，前端扁平而光滑，厚约半寸许，后端则大至四五寸，有铁圈包之，以防损伤，木楔插入后，则举悬于梁上之木槌击之。槌以檀树制成，长约一丈五六尺，首端裹以粗厚铁圈，悬于适当高度。当其击榨时，力量甚大。此后逐一加楔，油即因受榨压，而自孔道流出。孔道之下，置有木桶，木桶上架以滤油器，而清纯之茶油，遂可得矣。

（八）销路。油坊制成茶油后，即行出售。其销售情形，除供本地之需要外，普通均以茶油盛于木桶或竹篓中，由民船运至景德镇销售于各油店，复由景镇油商分销于九江、南昌各地，但亦有婺源、休宁各地贩商收买者，每担（合一百一十斤）约值洋十七元。

乙、茶树（俗称茶叶树）

（一）产地。浮梁茶叶以西北乡产量最富，但就品质而言，则以浮北磻溪、桃野所产之茶，与东乡白石塔之茶为最著；盖其芬芳可口，饮之令人心神清爽也。且白石塔之茶，兼有药用之效（可治消化不良等症）。第以其野生于郁闭之深林中，采获不易，故价值甚昂（每两售洋三四角），惜乎产量过少，世人多未注意。至于磻溪附近高山所产之茶，每担售价值银八十两以上，其品质之优良，益可证知。

（二）种类。茶叶之分类，普通视采茶期而分别之；如于谷雨前采制者，曰头春茶，或称谷雨尖。谷雨后十日采制者，曰二春茶。谷雨后二十日采制者，曰三春茶。其最后采制者，曰老茶片。此外亦有依据产地而分类者。

（三）气候及土壤。茶树之抗寒力稍弱，宜于温暖气候，普通产茶最多之地，恒在北纬二十六至三十度，而浮梁适位于此等维度，故极宜于茶树之生长。又品质最佳之茶大抵产于云雾浓密之高山，如浮北葛砰山、青龙山拔海面三千余尺，所产之茶，品质特良，是其著例。土壤宜于红黑粘土，盖其中富于腐植质，土质肥美，适于茶树之发育故也。此种土壤，在浮梁之山地多属之，故其所产之茶，品质优良，有由来矣。

（四）栽培及管理。乡人种茶，可分山茶、园茶两种，其种于高山者，曰山茶，种于平地者，曰园茶，种法大抵相同，惟管理方面，山茶较园茶则粗放耳。种时，先择地势稍平，日光缺乏之处，于农闲时，耕锄整地。待至翌春，始按相当之距离，直播种子数粒，此后山茶每年于七八月间中耕一次。园茶因面积较小，人工便利，管理较为精细，每年可与春秋耕锄二次，并于春二三月施以桐油饼，用为肥料。施肥时，多行轮施法。至于山茶施肥者，为数较鲜。若贫苦之农家，则仅于冬际农间耕锄一次。

（五）摘采。茶树种后三年，可行采收；惟是时枝叶尚未充分发育，收量甚少，须至四五年后，始得产量增加。采叶时期，可分为四期。头春茶系自清明节时行之，是时嫩叶尚少，产量有限，除茶园面积较广，少有采制者。普通以谷雨后为采茶适期，故本地输出之茶，多为二春茶，或三春茶，至于老茶片，则最后采收之老叶，仅经干燥后而制成，以供本地劳动阶级之饮用。采茶叶时，附近妇孺，纷赴产地，从事摘集，其工价依摘叶之斤数而支付。

（六）调制。调制之法，可分绿茶、红茶二种，其原料均属一致，第视农家贩卖之目的而定，如售于本地商店，则为绿茶，若贩于茶号，则多属红茶。兹将其制茶之法，分述如下。

制绿茶法：制绿茶时，须经炒青、搓揉、干燥三种手续，其制法如次。

a.炒青。农民将日间所采之茶，于晚间制之。所用之釜，为普通之饭锅，其规模较大者，则以特制之锅炒之（较饭锅浅而薄），炒时投入生叶一二斤，燃以木柴，火度始高而逐渐减低，并频频以手翻转之，以防焦灼，历时十分钟，至叶变软为止。

b.搓揉。将炒熟之叶，置于平笼，用手搓揉，使叶卷成圆条，流出汁液为度，

此种手续俗称揉草。

c.干燥。搓揉既毕，复投茶叶于釜中，以较低之火温炒之。经二十分钟，叶落锅中有声时，即行取出摊晾片刻，续以文火炒之，用手剧烈翻动，直至茶叶呈淡绿色，香气渐生时即成绿茶矣。

制红茶法：制红茶时，须经酸酵作用，使之叶变红褐，此其有以异于绿茶者。惟普通农家仅制成毛茶，不经烘焙手续，即出售于茶客，故制时，较前简便，兹述之如后。

a.晾青。茶叶采集后，薄铺于竹簟上，以就日光晒之，并勤加翻转，使之干湿均匀。俟其叶面变暗绿色，叶梗软化时，即可取出搓揉。

b.搓揉。将曝萎之叶，置于木桶，人入桶内，以足搓之。间亦有以手搓揉者，惟以搓揉之力，不及足搓者强，耗时费工，故以手揉者极少。当其搓成团块，即解散之，复加以揉搓，如是反复数次，待至叶片变为细小软条时，曝于日光中，约经十分钟，再继以第二次揉搓，直至叶变褐色为止，遂转入酸酵手续矣。

c.酸酵。叶片经揉搓后，装入木桶，上覆以布，置日光中，约经二三时，叶色变成赤褐，青臭已失，香气焕发时，略加晒干，遂成毛茶，而出售于茶客。

（七）销路。每届制茶期茶号中之水客，常携资赴各地收买，价值须视市价而不一，普通细茶每元约售二三斤，粗茶则每元为四五斤。茶叶经水客收买后，则从事拣选，或加工精制，使之色泽纯一，品样整齐；然后分别等级装入木箱，以船运销，循昌江乐安河而下，抵饶州后，改换大民船，用小火轮曳往九江；再由九江，运至上海茶栈；更由茶栈出售于洋行。浮梁之茶号因业此而致富巨万者，数见不鲜。惟内地茶农，苦于资金缺乏，调制既粗而又急于脱售，每为茶客所掣肘，其中余利，尽为中间人剥削矣，实无利益可言。浮梁茶号，均由招股集资而成，以北乡家数较多，西乡次之，东乡则因缺乏茶号，所产之茶，大半销售于婺源长溪之茶号。县内茶叶，每年产额，约在一万五千担以上云云。

综上所述，浮梁之茶油及茶叶，若能于栽培、调制及贩卖等项，锐意改善，自可增加农村生产，为一有望之副业；况浮梁全县，现有荒地达十二万四千八百二十九亩，地质大半属于云斑石沙岩，色红而肥，以之植茶，或油茶，莫不相宜。苟能以政府力量，加以鼓励，并免除一切剥削，使农民增加纯利，乐意垦植，得以地尽其利，人尽其力，则凋敝之农村，亦可期其复兴矣。

《赣农》1934年第3期

皖省茶业之趋势

皖属祁门、至德红茶，婺源、屯溪、歙县绿茶，产质优富，甲于全国，且为洋庄箱茶输出中之最高庄，在海外市场，具有悠久之历史与他的优越位置。其中婺源抽芯，祁门贡品，尤世罕其匹。在昔茶市畅销之年，徽人拥此天然丰优之特产，衣之食之，均赖此以资挹注，社会经济泉源，亦得以循流勿涸，无如盛衰不常。近年累受世界经济恐慌之影响。海外市场，突呈剧变，市价倾溃，势将急转直下，恃茶为活之农村经济，殆都宣告破产。昔日之黄金时代，今已无法攀留。所谓天然特产，将成强弩之末矣。本年皖属新茶又届上市，此一年中茶市之趋势如何，可于此时略识其端绪。兹将生产、茶质、山价、栈号、外销各情形，分段叙之，以告关心茶业之读者。

生产蚀收。徽属产茶，历史最早。产量之丰，首推祁门、婺源、歙县，休宁次之。黟县又次之。全徽植茶面积，约占稻田面积三分之一强。农人因一年生活所系，咸视茶为副产要业。对栽培施肥，无不克尽其能事。生产丰收之岁，约有干茶十五万担以上，价值银千余万元。今岁各县平原山地背阴茶树，受去冬多雪严寒影响，大半受冻凋萎，发育不强。据最近各山户采制完成估计，普告蚀收，均平统扯，仅有十二万零担，较旧减少三万担左右。如此巨额之折歉，实为近岁未有。

茶质尚佳。徽茶因土壤、气候之适宜，质味特优于他省。惟出品之优劣，随新茶开采时天时顺逆而转变。如至茶身发育，多雨暴热，则茶芽怒放，小户采制不及，易致枯老。茶身饱雨不得露润，则叶硬质轻，此种出品，茶号虽加精制，但因原料已坏，结果难成佳茗。若值洋商需要殷切时，或可侥幸得脱。反之，危险实甚。今岁新茶，除祁门、至德红茶，因天时雨量过多出货欠佳外，婺、休等地绿茶，在毛峰露嘴时，虽阴雨连绵，及至开园，得天时晴暖，气候平温，茶身既得频滋朝露，又可任山户从容采制。故新茶出产，异常嫩头，质量增重，色味之佳，允称上乘。

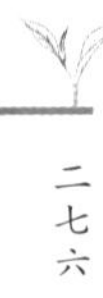

山价增高。茶号因一年生计在于斯，山户收园时，均动员侦骑四出，探盘搜买。茶农始意，以今年产额蚀收，不售高盘，则茶价两蚀，必亏成本。坚不愿沽，茶号以市面不起，须合所限定盘，肯成交易。相持之下，山户困于经济之压迫，茶号鉴于生产之蚀收，双方始就范持平开秤。市价依品质之高下而定，计祁门红茶，每担自一百二三十元至三十余元，歙茶自九十元至五十余元，屯茶自六十元至七十余元，婺茶自五十元至七十元，较旧均提高一二十元。茶号之成本既增重，山户得加之价，亦仅补产额之折歉。然以全徽各地蚀收之数计之，约少收入二百万元，于农村经济，无形中不可谓非一宗巨大损失也。

茶号减少。茶号宗旨，以极力减轻成本及谋善价为沽出为原则。在减轻成本，一方面，山价贵贱，似权在号家。故每届新茶开秤，山价常有争持。结果号方因进茶心切，难趋一致，最后必至团结心散，抢先加盘，至成箱出售，市价高下，其权更全操于洋商。故茶叶贸易，至今买卖无权。茶商久欲打破此难关，卒因团体不固，环境如斯，幻想未能实现。茶业遭败之症结，大半在此。今岁号家态度，鉴累年之受创，操持颇镇静，不似往年之互轧竞争，市价得循序开秤，间有稳慎号商，见海外市场黯淡，较少进茶，免蹈覆辙。综计本年各县号数，祁门较旧减少三十余家，屯溪少七家，歙县、婺源各少二十余家。盖处此非常之年头，号商宗旨，大都见风转舵，不欲临狂澜而轻于冒险试渡也。

《香港华商总会月刊》1934年第3期

皖省茶税苛征

本年皖南北茶市，已觉减色，而茶商更鉴于拦路设卡，额外苛征，遂致函电交驰，叠向上峰呼吁，案经省政府，并行财政厅核议申复去后，据财厅复陈，所有皖南北各茶税局，已经电令遵章征收，不得例外浮收，并拟定评议控告两办法，以昭平允。（一）皖南各茶税局应召集地方绅商，组立评价委员会，俾期划一。（二）人民控告，须按章办理，呈由各县府核转，否则概置不理各等情，当经省府照准，分令饬遵。

《中行月刊》1934年第6期

安徽省祁门县平里村茶叶运销合作社收支总表

甲、收入部分

卖茶价金

头批茶	2 394.60
二批茶	—
整卖	971.70
零卖	102.00
花香	89.88
茶梗及茶子	10.58
共计	3 568.76

乙、支出部分

毛茶收卖	头批	1 390.79
	二批	875.27
	茶箱	146.32
	添修	38.03
	柴炭	30.00
员工薪食	职员薪金	36.00
	制茶技工薪金	181.08
	拣茶工薪金	83.60
	伙食	67.09
	捐税	54.32
运费	头批	103.90
	二批	71.88
	花香及其他	32.04
	旅费	31.54

续 表

运费	汇水	26.70
	邮电	12.80
	杂支	42.89
	分庄开支	63.71
	卖茶折扣	33.92
	借入资本利息	13.33
	共计	3 335.21

丙、收入对比

收入总数	3 568.76
支出总数	3 335.21
两比盈余	233.55

附盈余支配表

甲、收入部分

盈余金额	233.55
共计	233.55

乙、支出部分

社员红利	134.78
赞助者酬劳	20.00
工人酬劳	30.00
公积金	48.59
共计	233.37

《国际贸易导报》1934年第8期

皖省茶丝业之改进

【安庆通信】皖省建教合作方案，及次第推行办法，曾经建教两厅商订，会呈省府，转呈……总部核定，兹该两厅又会呈省府，略以茶丝两项，本为我国出口大宗，而祁庄红茶（包括祁门、至德及浮梁在内统名祁庄），尤驰名全球，徒以墨守成法，不知改良，外人急起直追，遂致销数锐减，蚕丝事业，亦以质料不良，滞销国外，国计民生，俱受重大影响，际此农村破产，百业凋零，亟宜就本省原有天产，竭力改良，因地制宜，培养专业人才，俾学以致用，兼可振兴实业，经本厅等往复会商，本建教合作之旨，拟即日筹备，于二十三年度起，添设下列二种事业：（一）拟就建厅原有祁门红茶业改良场，筹设初级茶科职业学校一所，在开办之先，拟先物色茶科专门人才，派往日本、印度一带产茶之区，先行考察，俾周知国际商场现今茶业产销情形，以便订定改进标准，着手筹备，开办之后，畀以重任，责以专司，俾无扞格之虞，而收指臂之效；（二）本省蚕业，向以省会为中心，青阳、贵池一带蚕丝，虽亦发达，苦无相当设备，拟就省会原有蚕业改良场，与省立女子职业学校，根据前呈该场校合作原案，扩大规模，设立高初级蚕桑科职业学校一所，为全省培植蚕桑人才之中心，对于栽桑、饲育、制种、制丝诸端，精研改进，毕业后，分派各地指导民众，借以开辟利源，复兴农村，以上设施，直接在改良本省固有之出产，贯彻建教合作之精神，间接为救济社会生计之凋零，增进全省无形之幸福云云，闻省府据呈后，已提请常会核议矣。（二十三年三月十二日《上海新闻报》）

《农村复兴委员会会报》1934年第10期

皖省茶市一瞥

皖省土产，除米粮外，即茶为大宗，海外市场销价畅俏，恃茶为□之茶农、茶工、茶商，因茶产制品变售金钱，普受其益，农村经济，因免恐慌。海外市场，销价滞疲，则茶农、茶工、茶商，因产制品不能变售金钱，互受其困，而农村经济，

亦告破产，故箱茶对外贸易之消长，关系皖民生计至巨。本年新茶，转瞬即届登场，茶农工商，一年生计所系，莫不注视海外市场销价之好转，冀图解决其枯涩之生活，于是产区各茶号，均于此时，奋然兴起，准备经营，总观月来各产地栈号，对本年茶事之热烈，似今岁茶市，优于往年，兹将皖南北歙县、屯溪、婺源、祁门、至德、六安等各产区茶市情形，分述如下。

歙县

歙县为徽属茶叶丰产之区，其中以街源大方，各家茶为最著名。该县洋庄绿茶，近年因外商注意中庄货，颇合销胃，前去两年，号家结束，尚有微利可沾。今岁徽杭路通车运输上较前便捷，茶号鉴沪存茶稀薄，对本年茶叶，仍本积极经营，准备届期开办，栈方亦依旧驻邑接客，原有庄号，与上年无添减。至店庄青茶，在东省未沦陷以前，歙产珠兰、茉莉、窨花茶梗末片，销路甚畅，营业亦佳。近年东省去胃，虽告绝塞，华北冀鲁各帮销场，尚未大衰，仍可维系昔日之地位。本年新茶，转瞬谷雨节届，黄山毛峰即将开采，最近大津客正兴德、正记等茶庄，均派员携款到歙搜购，山东帮客，亦较往年增多。惟今春天雨多寒，茶芽为寒气罩禁，抽芽甚缓，新茶上市，当较上年见迟。间有山户因店庄双茶，行情涨落迅速，不易捉摸，多愿改制绿茶。目下户号心理，趋于洋庄方面者居多数，预料本年洋庄市面，较盛于店庄，兴衰不常，殊令人有今昔之感也。

屯溪

屯溪为徽属茶市中心，茶号鳞集于一隅，最盛之年，约有八九十家，冷静之岁，亦有五十余家。茶市之起落兴衰，均视茶号之增减，进茶之伸缩为转移。去岁屯市茶号鉴于前两载之遭蚀，开场者，只有五十余家，结果幸得成本见轻，经营持慎，营业上占优于往年，虽获利不能言丰，遭负者实居少数。本年原有茶号，既均继续开场，新号组织者，骤增十余家，综计新旧茶号准备上市者，约有七十家左右，附市各处制茶庄址，悉被租赁一空。据该业中人云，去年屯制箱茶，在沪售清，本年又得杭徽路运输之便捷营业上可操胜算。纵将来市面转变至何地步不可知，但临时观风把舵，自无蹈空之危险。故屯市本年茶号之勃然兴起者，实有预定之进退步骤也。

婺源

婺源绿茶，为洋庄箱茶中之最高庄，欧美嗜茶者，咸称之为无上珍品。近十余年来，贡熙一项，俄销虽见狭弱，惟其他花色如珍眉、凤眉、抽芯、麻珠、贡珠、秀眉、针眉、虾目等茶，欧美非各国销胃，有加未已，故在兹外茶竞销之际，婺茶声价，莫能移撼其地位。迩岁因受世界商业不景气，各茶销额市价，比前降低，但比之民十以前，还算高盘。去年各号结束，抢先售出者，都有薄利，积后脱沽者，不免受负。今岁各乡茶号，以存茶已售清，海外需要，不能减少，故对茶务，多主继续经营。月来栈号态度，表面虽处之镇静，内面则非常开心，如茶号所需之箱板柴灰铅锡纸张，因号方之急进，纷纷上市，观目下四乡原有茶号，可依时开场者，约有二百家左右，市面无形中颇呈紧张。

祁门

祁门红茶在世界市场，久有他之重要位置，民十九至民十七三年间，声价之高，实臻极顶。前岁以降，海外销场，因受经济恐慌影响，洋商进量，顿趋狭小，且盘价跌落，售价所得，不敷成本之半，营是业者，莫不遭受巨创，至于破产难支。沪栈对本年祁庄放汇与否，初无定见，讵本月来，各栈以存茶清脱，产地空气冷淡，本年山价，可望低廉，故仍积极进山。祁浮两地茶号，见栈方生气复振，亦冀收效桑榆，遂各奋起挣扎，截至现在止，祁浮两路庄号准备开场者，又有百余家之多，市面突现一种朝气，此亦为祁邑茶业不景气，农商交困声中，忽投补剂之可喜消息也。

至德

至德（即秋浦之改称）毗连祁门浮梁，亦为皖南产要区，该邑红茶贸易，经营最早，惟以质味不及祁宁之优良，遂致名湮不彰，兼之邑中业茶者，不能集中资力以专营，农民又须同时兼顾种桑育蚕，故植茶面积，弗及祁宁之广，全县输出箱茶总额，年仅二三万箱。民初前后，建红销路，颇形不振，几至绝市，俄销停滞后，宁河温红减退，建红又复乘时兴起，产量渐增。至近年洋庄对建红，亦稍注意搜办，得盘不低，且得江轮运输之快利，与山价开支之廉宜，各号累年结束，大多盈增蚀少，本年该邑茶号，鉴于洋商抑高求低，海外存茶枯薄，对今岁茶事，大举经营，除申栈仍进山放汇，安庆钱庄，亦多兼营茶款，银根颇见活跃。目下各号准备

登场者，比旧增加十余家，市面尤较上年热闹。

六安

六安、霍山等县，为皖北产茶要区，其茶头毛峰嫩青质味之优，与杭之龙井，闽之武彝，同享盛名，销路以华北各省及口外店庄为大宗，每年各茶输出总值，约在三百余万元。近年最大去胃之济南销场，日呈衰退，益以比岁匪扰，茶商裹足，致两地茶市，一落千丈。查济南过去销茶，每届春间，销数总在十万篓上下，今春该帮采办之数，仅达二万余篓，每篓价格，只开三四元，一般茶户，咸受物贱之痛苦，转瞬新茶开采，如华北销路，依旧不振，则今岁六霍茶市，自难回复繁荣……为谋振兴该地茶业，派兵驻守产区，保护客商办茶，现麻埠、胡家店、莲花山等处新茶，因气节已届，向阳茶树，已露青芽，头茶毛峰。山户亦将准备开采，惟客帮至产地设庄采办者仍属寥寥云。

祁门茶场发起制造竞赛

祁门红茶，得土壤与气候之天然钟赋，质味特优，在世界及国内市场，久获得其优异位置，中外嗜茶者，至今尤盛道弗衰，虽锡兰、印度、爪哇等国红茶，在欧美俄菲，不惜廉价倾售，日谋攘夺销场，终以天然之美弗如，卒无法取而代之。故近数十年来，祁茶声价，遂如天之骄子，顾盼自豪矣。产地茶——茶农，因博得顾客特殊之宠遇与好评，咸认制造方法，仅止于斯，不复深求改进，于是年复一年，且将古传成法，因陋就简。每届新茶开采，山户只求出货增速，制法手续精密与否，漫不经心，遂致质味本优之祁茶，因制造技术之简劣，如美玉之雕琢未精，终难得沽善价。近年祁茶声价之衰落，虽半由于成本之加重，与受世界经济恐慌之影响，半实由于制工偷惰，采晒手续欠精也。最近平里省立茶叶改良场场长吴觉农，深知病源所在，特发起红茶制造竞赛会，借以鼓励山户，共谋改良。此举于祁门茶业复兴，至有深切关系，兹将该场拟具办法简章录下：（一）本会以祁门县政府，茶业同业公会及省立茶叶改良场联合组织之。（二）本会以各村为与赛单位，其与赛者每村以一人为限，由各村园户，就各该村内制造经验最富，而技术最优者，推举之。（三）本会以省立茶叶改良场为竞赛场所，五月四日为竞赛日期，各村已推定之与赛人，须先期齐集，以便同时举行。（四）各村与赛者应需之生叶，用具及膳食等项，均由省立茶场供给之。（五）各与赛人实行制造之方法及情形，由茶场派定专员，详为记载，以备查考，所制成品，由茶场编定号数，妥为保存。（六）

本会特将竞赛成品，订期公开审查，评定等第，择优良者，得予发给现金奖，或名誉奖，以资鼓励。审查方法，及给奖细则另订之。（七）本会用费，由本会酌量筹措之。

《经济旬刊》1934年第13期

祁门茶业公会提选红茶运美

祁门红茶质味之优，世罕其匹，欧美非各国嗜茶者，莫不视为无上珍品，现美总统罗斯福氏对祁门红茶，赞美不置，面请我国驻美公使施肇基氏代购佳品，为日常饮料，刻施氏已转托我国参加芝加哥博览会总代表张祥麟，代为选购寄美，闻罗斯福夫人之祖，前在沪上经营华茶时，常有佳品寄国，因此罗总统遂喜嗜红茶，祁门茶业公会，聆此消息，咸认此为推销祁红于美国之最好机会，特决定通知各茶号，提选上上红茶一磅或两磅，送交公会，由会加以装潢，重新封固，寄交驻美施公使及随员谢仁钊（本县人）转赠美总统，以敦睦谊，用广宣传，目下茶业公会，正在准备此种手续云。

《海外月刊》1934年第19期

一九三五

改良红茶酦酵器之构造与使用法

吕允福

（一）引言

我国红茶，以祁门所产者为最佳，宁红次之，湖红又次之，温红品质最下，头邦祁红，价格平均每担为一百余元，宁红湖红每担四十五元，温州红茶，则不过二三十元，或仅十余元，此种品质与价格高下悬殊之原因甚多。如风土之适宜与否，茶种之优劣，栽培方法与采摘时期之得失，制造方法之如何，而其最主要原因，端在制造法中之酦酵手续，盖红茶之所以异于绿茶者，因其施行发酵之手续也。

酦酵之意义：乃为将茶叶置在适当之温度、湿度及充分之空气中，使茶叶中之酵素行酦酵作用，使其色香味三者变成最优良之程度，故酦酵为红茶制造中最重要之步骤，亦即最难能之技术，酦酵如不足，则茶叶色尚青，有青草臭，味涩；如过度，则叶色灰黑，味淡薄而香气失丧，均为顾客所不喜，故酦酵工作，实为红茶品质与价格高下之主要因子。

红茶制造方法，我国发明最早，但因茶农无知，千百年相传均墨守旧法，不加改进，且反而退步，酦酵方法亦然，我国制造红茶手续分萎凋、揉捻、酦酵、烘焙、筛分、拣别、补火、官堆诸步骤，萎凋利用日光，揉捻用足践踏，酦酵手续，亦利用日光下行之，法将揉捻后之茶叶，盛于木制桶中或竹制箩中，压之使实，置日光下，器上遮以布，不使日光直射，以免茶叶干燥，酦酵作用不能完全，温州制粗红茶，更为简单。此种日光酦酵方法，弊端有三。

（1）温度高低不能调节。红茶酦酵温度应甚重视，印度、锡兰红茶酦酵温度，最低为60°F，最高为80°F，日本酦酵温度较高，约在85°F至90°F之间。日光之温度，随节候与时间而异，无论如何不能一致，以获得吾人所需之温度，温度高低不能调节，则茶质自劣。

（2）器内温度不能平均。器之构造大多为圆形，上部及四周受热较易，内部及下部较难，故酦酵初时上部及外部酦酵较速，及后内部发热，则中心又较速，故土法酦酵，温度不能均一，茶叶酦酵程度，非失之过度，即失之不足。

（3）以上犹为普通弊端，若遇阴雨，则根本无法举行酸酵，无从制造红茶，故如茶季雨天较多，则茶农之损失甚巨，所谓茶叶之丰年与荒年意义亦在其中。

故我国红茶土制方法，非急谋改进不可，印度、锡兰，为红茶最大之出产地，自我国传入土制方法后，即锐意改良，酸酵手续，均在有特别装置之酸酵室中行之，此种良法，我国本应仿效行之，但印、锡栽制茶叶系大农制度，行之甚为得宜，我国茶区，为小农制，此种方法无从推行，故宜另制酸酵器械，以改良我国红茶土制酸酵方法，此改良红茶酸酵器之所以应连而问世也！

（二）改良红茶酸酵器之构造

改良红茶酸酵器有复杂与简单二种，复杂者器内装有膨胀器能自动调节温度，不必用寒暑表时时验温，器高自底至顶为43吋，盖高13吋，顶端间口径2.5吋，为出气孔，验温计可自孔中插入，即知器内温度。器宽20吋，四周以五分松板制成，下方开长孔，以进空气助燃，孔内装开闭器，以便人工调节温度，器内上部具抽屉，上下各一，内装茶叶，抽屉四周空隙二吋，使空气流通，温度平均，抽屉下壁均开小孔，以通空气，上方用活动压板，装有宽紧螺旋，器下方空室内，可置火钵，前方装门，可使开闭。

（三）改良红茶酸酵器之使用法

使用前将酸酵器安置制茶室内空旷之处，多数排列成行，取其抽屉铺以稀纱布不使茶叶与木板接触，以免茶汁之耗损。然后盛入揉毕之茶叶，约十余斤，以手压紧，将白布包上，覆以盖板，旋紧螺旋，使盖板向下，压紧茶叶，热度易于增加，水分难以消失，即将抽屉移入器内，二抽屉均装毕，即置入燃烧之火钵，将门关上，移时检查器口内温度，如在70°F左右，则为适宜，过低则多开气孔或添炭火，过高则多闭气孔，或减少火钵内炭火，或加以冷灰。

酸酵时间，随茶叶之老嫩与揉捻之程度，水分之多少，温度之高低而异，大致在一小时至二小时左右，须视经验而定，可于相当时间，取出抽屉，解其螺旋抽样检验，如叶色红褐，有苹果香时，即为酸酵适度之象征，乃可取出，如叶色清绿，有青臭则酸酵不足，如叶色灰黑，香味淡薄，则已过度，此与制茶者技术大有关系。

该器工作效率，以每小时酸酵二十斤计算，每天工作十二小时，则一器可酸酵二百四十斤，若能多备数器，则人工尤省，效率尤大。

该器单价不过十元，自制价格犹可减低。本场本年制有红茶酦酵器多架，经试验结果，应用殊为便利。明年拟大量制造，以作推广之用。

《浙江省第五区农场年刊》1935年创刊号

皖南茶产依然丰富

芜湖讯，皖省除产大宗之米粮外，茶叶亦属著名出品，如六安茶暨徽茶，皆驰誉于国内外，即以皖南徽属一隅计，每年营业之收入，竟达二千万元上下，出产最丰之区域，计为屯溪、歙县、祁门、太平、石埭、泾县、宁国等地，每届春茶三月前后，茶树即遍发青芽，茶户则概于清明节前，从事采摘嫩蕊，拣选焙制，造成最优等之红绿茶，向国内外输销，惟近年以来，国外市场，受日本、锡南、印度茶叶之侵销，贸易额渐形衰落，远不如前，现当局与茶商皆感觉前途危险，对于出产焙制等方法，正在积极改良，俾对外销数，得恢复前状，顷据茶叶中人云，本年皖南茶业，下月中即可上市，虽值……之后，而茶产俄然丰富，现芜屯、徽杭、屯祁，各公路，皆已筑成，汽车行驶频繁，交通极为利便，故徽茶对外之运输，当较往年更加迅速。

《四川省立农学院院刊》1935年第1期

去年度红茶产销一瞥

红茶为我国大宗出品，每年输往国外者，为数颇巨，国内各地虽有销路，实不及远甚。曩昔因外交及世界经济上种种关系，曾一度衰落，近年来输出渐增，出产亦丰富，大有复兴之势，本年度自新茶上市以来，迄至现今，历时数月，产额达二十八万三千四百五十七箱，但逐日之市况、行情、销数均在本报详细披露，兹不赘述，至于湘鄂各区所集中汉市之货，运销数额亦达二十七万零六百八十四箱，尚存一万二千七百七十三箱，现值年关在迩，华洋茶商以及贩运均已收束，交易亦告一段落，记者特将本年度各产品销存列表如下。

产别	产额	销额	尚存
安化	136 523	127 585	8 938
桃源	30 879	29 939	940
长寿街	23 960	23 960	—
聂家市	2 362	1 999	363
湘潭	58 039	56 423	1 616
高桥	12 982	12 856	117
醴陵	3 109	2 630	479
浏阳	458	458	—
平江	822	822	—
沙坪	822	502	220
宜昌	4 265	4 265	—
羊楼峒	9 236	4 236	—

《汉口商业月刊》1935年第1期

红茶酦酵的初步研究

范　樱

一、茶酵素及其性质

茶叶什样会酦酵及什样的酦酵，各国学者曾分别研究，各舒所见，结论每不尽同。初以为叶汁遇到氧气，发生氧化而致，日本古在氏则谓茶叶中含有某种微生物，因微生物的活动，遂致引起酦酵，印度孟博士则竭力反对是说，以为哥罗芳功能杀菌，故在饱和着哥罗芳的空气中，微生物必不能活动，但实验证明哥罗芳并不能阻碍酦酵，反之茶叶若在饱和着哥罗芳的空气中进行酦酵，能得更鲜明的叶底与色泽，因此孟博士对于酦酵之主张，认为与微生物无关，并更进一步的主张采用消毒酦酵法，使消灭一般的微生物，使不至于妨害酦酵之进行及结果，但用消毒酦酵法制出的红茶，有时亦并不尽美，于是印度Wahgel及Tunatall遂酌取上述两家之学识，而发表其“茶香与微生物有相当关系”之理论，惟因当时科学界对于溶解酵素（Soluble Fermenta）之详细性质，认识尚少，故印度之孟盘，Bamber爪哇之奈宁茄，Nanninga日本之Aso，虽同时有“氧化酵素”之名目载于研究茶叶之札记中，仍不能作更明确之应用，以解释红茶之酦酵。

所谓溶解酵素者，即化学的无生命的酵素，其命名意义系与Figured Ferments（即微生物）相对而称，在植物中的自然巧用，乃使淀粉质糖化维持幼子或幼芽的成长，惟因酵素，尤其是氧化酵素，在科学上的发现，为近年来事，故性质的认识，尚多晦涩，颇难完全确定也。

单就溶解酵素而言，因其活动方式的不同，有水化、氢化及氧化之别，单就氧化酵素而言，因其性质之不同，又可分为三种，即：

Catalases为触媒性之氧化酵素，其作用仅能分解双氧水为水，及氧化出之氧与普通空气中之氧无异，无剧烈之活动氧化能力，不能氧化如愈疮木丁几等之指示药。

Peroxydases or Peroxydiastases 为过氧化酵素，能分解双氧水，为水及有剧烈氧化能力之氧，能使接受质（Accepteur）剧烈氧化，而泛特种氧化色彩，此种酵素之特点，在于不能直接利用空氧中之氧来氧化，接受体而必须借分解双氧水后所得之氧，才可氧化，接受体因此又简称曰“anaeroxydases”，在日本籍书中名曰“不活性氧化酵素”。

Oxydases（Aeroxydases）为真正之氧化酵素，此种酵素，能直接采取空气中之氧，来氧化易于氧化之物质，如hydroquinone、pyrogallol、guaiac、guaiac tiucture等，在日本籍书中名曰“活性氧化酵素”。

根据Bouqurelot及Marchadier之试验，谓若用不活性氧化酵素和双氧水并合后，所得之反应与单用活性氧化酵素所得者，完全相同，因此得Chodat及Bach之结论曰：“活性氧化酵素者，系由不活性氧化酵素与氧原体（Oxy genases）并合后而成，氧原体之性质，与过氧化物同，在反应时，可以双氧水替代。”

凡此皆属近年来之发现，远在印度孟博士在印度担任茶叶研究工作，及发表其红茶酦酵论之后，故在孟博士之著作中，对于茶酵素之命名及定义，颇有需要改善之处。

提取茶酵素最良的方法，乃将鲜叶捣烂，榨取叶汁洗以九十度之酒精，便得灰色沉淀，在此沉淀中，除含有茶酵素外，尚有矿质水氧炭酸及氮白质等，故须复溶于水，再用酒精沉淀，如是数次后，所得沉淀中之茶酵素，便逐渐纯净，但亦不宜

久与酒精接触，故最后一次之沉淀，过滤后便须放在真空中蒸干，用时复溶于水，此种手法务须快捷，勿让茶单宁过度氧化即得。

测验茶酵素之多寡，或氧化力之强弱，以愈疮木丁几为最佳之指示药，视其蓝色反应之深淡而予决定，但用时须十分注意，任何微尘碎玻璃屑或沙粒等，皆可发生影响。

故在印度孟博士的茶叶酦酵论中，有 active emzyme 及 inactive emzyme 之论调，并其各个的氧化能力，今既认为立论欠当，故无介绍之必要，惟下述数点固仍有存在之价值，爰录之于下。

"Hydroquinone 及 pyro-gallique acid 为极易氧化者，若与茶叶酵素接触，便能迅速地氧化，因此遂推论茶叶经过揉捻后，细胞间成分便互相混和，茶酵素乃直接作用于茶单宁及茶精油使之氧化，孟盘曾使酵素直接作用于茶叶中提出之单宁溶液便见溶液泛棕色及少量糖分之组成。"

"茶酵素在摄氏五四点五度时，活动尚烈，至摄氏六十二度时，活动力大减，再高则不能有所活动了。"

"强烈阳光之逼射，能使茶酵素活动能力毁损。"

"茶酵素在微带酸性之溶液中，活动力较强，但若酸性太强，尤其是金属性的酸性中，则其活动力的减损甚速，在万分之四的稀硫酸浓度中，已可丧失其活动力，若加浓至千分之四时，便立即毁灭，惟植物中所常有的有机酸，对于茶酵素之毁坏力则大减，在百分之三的醋酸中，须有二小时的长时间，方能达到其毁灭之力。碱性之毁灭力亦较酸性大减，百分之三的阿母尼亚或苛性钾须四个半小时之长时间，方能达到其毁灭之作用。"

爪哇 Bernard 及 Welter 两氏本其试验之结果，及近代氧化酵素之理论，得结论如下。

一、在每次试验中，常发现有真正氧化酵素之存在，但其活动力则殊无一定，过氧化酵素之质量及活动力，则颇为浓密，因此，因为真正氧化酵素之不绝的增长，作用亦不绝的发生，而不能一定不能与酵素之质量找出相互之比例。

二、过氧化酵素之反应的速度与溶液之浓稀程度有关，但至最后，其反应力常相等。氧化酵素之反应，亦仅为过氧化酵素，对于过氧化物之唯一的作用，按 Bach's Theories 此种作用，系发生于迟缓的氧化作用中，为生活现象之一，纳诸茶树情形，尤觉适合，因此更得 Chodat 及 Bach 之结论已见上文。

哥罗芳可使愈疮木丁几之反应减少，醋酮可使增加，锰盐遇此酵素可得极强之

色泽。愈疮木丁儿反应的最良温度，为摄氏四十五度、零度至十度时之作用极慢，七十五度时疲滞，一百度时完全毁灭。

在制茶酦酵中，确是在作用着一种迟缓的氧化作用，使先生成过氧化物，过氧化酵素乃能作用于此过氧化物，而放出氧气，以氧化叶中之成分，所不能证明者，即过氧化酵素，是否为使茶叶酦酵之惟一的动因，但知其对于过氧化物之作用，颇有关系于植物之生理原则，故在茶树之根部茶籽中及一切新生部分，皆有过氧化酵素之存在，植物之有此氧化族之酵素者，为数甚伙，一部分之菌类、苹果、玉兰花叶，容易泛棕色之现象，皆为明证，漆树中流出之漆质，与空气接触后便渐渐泛黑变硬，亦皆氧化酵素——Laccase之作用也。

二、酦酵与凋萎的关系

茶叶凋萎，固然是要适合于揉捻的物理的条件，免在揉捻中因太生硬而折碎，或因太干凋而枯萎，但一方面亦须顾到凋萎的化学的意义，使叶中酵素充分发展到真正氧化酵素之最适当程度，俾能最适当的进行其迟缓氧化作用，因此，最好须用化学的方法，先检验氧化酵素之强弱，然后定出凋萎之适当的时间限度。

印度孟博士乃就阿萨种茶叶在凋萎中，随时测验其所含化酵素之活动力的强弱得结果如下。

(一)

凋萎时间	活性酵素	不活性酵素
一小时	1.00	1.00
五小时	1.14	0.96
十八小时半	1.71	1.77
廿三小时半	1.29	1.38

(二)

凋萎时间	活性酵素	不活性酵素
鲜叶采于正午	1.00	1.00
四小时三刻	1.27	0.76
十八小时	1.45	1.55
廿四小时	0.92	1.56

由是可见酵素活动力最强的时间，乃在开始凋萎后十八小时左右，若就此时间

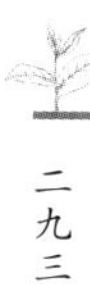

即进行揉捻及酦酵等步骤，则似易得良好之结果，但凋萎的化学的条件具备后，尚须顾到物理的条件，方能进行无阻，有时天气异常干燥，水分蒸发极速，三四小时后，即能松软，有时天气潮湿，水分蒸发极慢，二三十小时后，尚生硬易碎，不能揉捻，在此等情形下，物理的条件与化学的条件，是否能同时蒇事，则颇有研究之价值。根据孟博士之其他试验，知在鲜叶水分迅速蒸发中，五小时后，物理的条件的已完全具备，但检验酵素之活动力时，则不达标准远甚，须待十四小时后始达最高活动力限度，同时在另一试验中，凋萎温度虽仍在摄氏二十五至三十度之间，湿度则近乎饱和，叶间水分乃滞不得散，鲜叶始终不软，永不能达到其物理的条件，但在检验酵素活动力时，在初继续增长，至二十六小时后，才渐渐减退，因此可得结论曰化学的条件与物理的条件，不能完全适合制茶者，相其机宜，善予应用方有良好之结果也。

三、酦酵与揉捻的关系

在酦酵本意未阐明前，揉捻之真义，以为仅使叶状卷紧，适合形式上之条件而已。后乃知揉捻之最要功用，乃使叶细胞破裂，叶中各种成分混和，俾酵素得发生作用。惟因良好的酦酵，需要最适当的环境管理，故在揉捻时最好不令酦酵立刻进行，至少亦令进行滞缓。万一温度太高，则Phlobaphenes的组成必多，茶水中的溶解物便会减少，直接的影响于色味者甚巨。且若用哥罗芳等药剂使化学的破裂叶细胞后，则虽不揉捻，亦能同样的酦酵，详情后章述之。

四、酦酵与空气的关系

我国制茶有一道手续，名曰气干，气干的真义，亦并非仅为拆散捻紧之叶团，吹干过多之水分，主要功用，乃使过氧化酵素充分发展，组成酵素，以助酦酵耳。故实为酦酵手续之一部分，在吾国有此名目英荷等国则并入酦酵手续中，并不分开。

英荷制茶厂中，用巨大强力的揉茶机揉捻，叶卷成块，故另有揉叶筛分机Roll Breaker以拆散之，普通拆散两次，多者四五次，气干作用寓于筛分拆散而筛分中，本来有此手续，故亦少加注意，但在我国，则习惯上素有此项手续，故特标而出之。

关于酦酵与气干的试验，祁门茶业改良场在去年茶季中，共做二组，计九份。试茶原料每组皆同，萎凋、揉捻、酦酵、干燥情形亦皆同。气干时之温度为摄氏二十二至二十四度，湿度为百分之九十五，其时间之久暂，及制茶品质评检的结果如下。

甲、叶片

气干时间	茶师评判叶底成绩次序
0分	第四(香气如锡兰茶)
43分	第三(同上)
70分	第二(同上)
120分	第一(同上)

乙、叶尖

气干时间	茶师评判叶底成绩次序
0分	第五
50分	第四
105分	第一
135分	第二(茶味有酸腐感)
150分	第三(同上)

由是得结论曰：适当的气干，可以帮助酸酵，而得良好的叶底。气干时间的久暂，依揉叶之幼老、品质、温度及干燥力而殊。但知时间过久，再加了正式的酸酵程序，结果将易使有害□菌滋长，而使茶味酸腐。在气干中，流通的空气，须使饱和水分以免揉叶干硬。(注1：因此气干两字之名称实不合理，须另行确定)

在理论上言，若将揉叶放在网眼圆筒中播拌，以代长时间的露置，时间既可经济，结果亦应相等。惟尚待续试，现尚不能确定。

下乃略述氧气、碳酸气及硫化氢等气体对于酸酵之关系。

试将揉过鲜叶，放在玻璃罩中，将空气抽去，叶便不能酸酵，数小时后，仍作青色。迨将玻璃罩提开，叶得空气之接济，始能渐泛棕色，进行其固有之酸酵状态。据印度孟博士历次之试验，谓酸酵四磅鲜叶，须有一立方尺之空气，供其氧化，始有充分良好之结果。我国乡人制茶，每以棉衣紧压叶面，欲借温度之增高，助其酸酵之速度，实则阻止空气流通，反与酸酵有害，幸而乡人制茶在紧压前，先经过适当之气干，而鲜叶数量亦仅寥寥数斤，所需空气不多，故尚不觉有显著之妨碍。若大量制茶时，亦用紧压法阻止空气之流通，则结果将不堪设想。欲其温度之增高，或减低，须另有方法的设备，决非棉衣紧压，所可增长，亦非不压棉衣，所可减少，棉衣之唯一效用以科学眼先观之，仅为防止表层揉叶之过分干燥耳。在大

规模制茶厂之酸酵室中，常有喷雾装置，使室中水气饱和，亦同此理。

荷兰化学家文龙盘及洛孟二氏，将揉过之鲜叶，置碳酸气中，结果亦不能酸酵，与在真空中同，此更可为酸酵需氧气之一证。

文洛二氏更将不经过揉捻之鲜叶，放在含哥罗芳的空气中，便见鲜叶很快的发软，叶茎叶脉及边缘首先自叶之背面泛红，不久便完全作棕色，确如酸酵程序中所得者同。

但若将不经过揉捻的鲜叶，放在不含氧气而仅含有哥罗芳的气体中，则鲜叶之发软如前，但不泛棕色，不能酸酵。

若将上述哥罗芳之试验，施于没有摘下的茶树鲜叶上，其结果亦同。即与哥罗芳接触叶，即失其生态，发软，泛红，如酸酵状。

此盖因哥罗芳的作用，可以破坏细胞壁网，使叶汁流通，故能完成酸酵，乙醚亦然，但功效较迟耳。惟蚁醛无此作用殊为费解耳。

用试验植物呼吸的方法，将二十克重之鲜茶叶（未揉捻）放入玻璃瓶中，一小时后计共排出碳酸气二十七点五瓩。于是通入少量哥罗芳，叶面便渐泛棕色，三小时后，酸酵完全，其碳酸气之排泄量如下。

与哥罗芳接触后第一个小时	7瓩
与哥罗芳接触后第二个小时	计增6.5瓩
与哥罗芳接触后第三个小时	计增5.5瓩
与哥罗芳接触后第四至六小时	计增9瓩
以后十六个小时中	计增11瓩
以后二十四小时中	计增5瓩
合计	44瓩

由上可知茶叶在酸酵中温度增加之原因，由于吸收氧气及排泄碳酸气之作用耳。

硫化氢对于酸酵之影响关系甚巨，无论其在天然酸酵中，或用哥罗芳的人工酸酵中，极微极寡的硫化氢，即可使酸酵停止，不再排泄碳酸气，及不再泛作棕色，并染有恶臭。因此，制茶厂附近，切忌有足以发生硫化氢的可疑物存在。

五、茶叶主要成分在酸酵中的变化

单宁、精油（即芳香油）、茶素与糖原质为茶叶中之四要素，在红茶酸酵中，各有其不同的变化，兹分别述之。

A.茶单宁 Tea Tannin

单宁为总名，种类甚多，性质亦大同小异，主要特征有下列六项：

甲、大半作胶质状态，不能结晶，溶于水，微酸而涩，有收敛性。

乙、遇铁质盐结合成蓝黑色，或墨绿色化合物，曾用作制造蓝黑墨水之原料。

丙、能从溶液中，使胶精 gelatine 沉淀，与胶质纤维化合，而成不溶解物，鞣皮原理即利用此种特性。

丁、能沉淀植物碱 Alkaloids 及盐基性物质。

戊、在碱性溶液中，单宁及从单宁而来之化合物，吸氧极速，氧化后颜色转暗。

巳、在酸性溶液中，阿仙药属单宁 catechol tannins，能生红色不溶解物质，即 phlobophenes，或简称“红质”（reds）。

上述单宁之各种性质，除丙项鞣皮作用外，茶单宁皆已具备，因此，tannin 一字，中央编释馆虽译作“鞣酸”，而本篇则仍袭作单宁原名，而冠以“茶”字。

单宁，化学之性质，视其来源而大有差异，晚近科学日新月异，关于单宁之新发现亦甚多，学者分类，亦因而不能一律。Procton 之分类，虽已陈旧（一九〇三年），但甚普遍，即将单宁分作两大属。

甲、焦性没食子酸属单宁 Pyrogallol tannins。

乙、阿仙药属单宁 Catechol tannin。

药用单宁为 acidum tannicum，属甲项，茶单宁则属乙项。

一九一八年 Perkin 及 Everest 曾试依单宁之分子结构状态分类，一九二〇年德人 Freudenberg 始有更完密之分类法，适合于最新学理之解说，其分类法如下。

甲、Hydrolysable tannins 者，其萫核得碳原子之助，而有更复杂之结构。

乙、Condensed tannins 者，因碳原子之连结，其核得凝集一处。

甲类单宁能被酵素加水分解成简单成分，药用单宁即属此项。乙类单宁则不能被酵素分解成简单成分，茶单宁即属此类。药用单宁之公式，为 $C_{14}H_{10}O_9$ 或 $C_{14}H_4O_2(OH)_5COOH$。茶单宁之公式，尚未完全确定，据爪哇团斯之研究，为 $C_{20}H_{20}O_9$ 或 $C_{20}H_{12}O(OH)_8$，日本 Tsujimura 之研究则为 $C_{22}H_{18}O_9$ 或 $C_{22}H_{11}O_2(OH)_7$。总之，茶单宁之来历、性质、类别既明，可知与普通药用单宁之公式既不同，性质亦大异，酸性亦有强弱之分，对于人体健康，亦不若普通意料之甚。惟因茶单宁能沉淀植物碱，及盐基性物质，故对于茶素及茶中其他成分，有莫大之关系，其氧化结果，影响于

茶之品质及色泽者亦甚巨，故不惮繁琐详为叙述。

从鲜茶叶中提取纯粹单宁之惟一困难，为不使氧化，至于定量分拆则有Loewenthal法及Hide powder二法，但一则失之过少，一则失之太多，皆难得正确数字。

提取未经氧化之纯粹茶单宁，可采鲜叶在摄氏一百度内的热空气中烘干，研成细末，先用萮煮出叶绿素及脂类，移去，将叶末在空气中摊开，让过多之萮蒸发，用八十度酒精洗涤，用蒸馏法将酒精移去，得糖浆状物体，然后加水，杂渣便沉淀，而茶单宁则溶于水中。欲使杂渣易于沉淀，可加食盐少许，所得之水溶液可加乙醚摇和，使除净茶叶中极微量之没食子酸，然后加醋酸醚，大部分之茶单宁即溶于醋酸醚中。为便利溶解起见，可再加食盐，多至百分之五，然后将此醋酸醚溶液加无水硫酸钠，除去水分，剩余之液体（约一百三十C C）入无水哥罗芳中（一百九十C C），很敏捷的在真空中滤过、烘干，即得白色粉状之纯粹单宁。若稍不小心，略被氧化，则所得之结果，即不能白净而略带黄色，氧化过分，即得棕色。若用红叶或酦酵后叶提炼，亦可得棕色之茶单宁，但纯净者则不易得耳。

用上法所得之白色干燥茶单宁，若在空气中搁置，便氧化而作棕色糖浆状，品质愈不能纯粹者，则氧化亦愈迅速。

此种茶单宁易溶于水，甲醇、乙醇、醋酮、萮胺（Aniline）及无水醋酸中，难溶于醋酸醚、硫酸、醋酸。不能溶于哥罗芳、萮、二硫化碳及无水乙醚。（注2：从五倍子核中提取单宁之最普通方法，系用市销普通乙□提取，其实溶解单宁者为普通乙醚中水分之力，而非乙醚本身也。因此，可见提取茶叶成分之溶解液，须含水分，在下节中即须应用。同理，提取茶素亦然）

茶单宁可以有各式不同程度的凝集（Condensation）与氧化。若与二十分之一的硫酸同煮，自六小时起，即发生一种红色物质，不能溶解于水。三十六小时后，更不能溶解于碱性溶液、酒精及一切普通溶剂中。虽与空气隔离，亦能有此现象。

在碱性溶液中及在空气中，茶单宁亦能组成不同程度的氧化物，最后即失去所有单宁之特性，而不能溶于水。但在碱性溶液中组成之一切单宁氧化物，皆能溶解于碱性及酒精中。

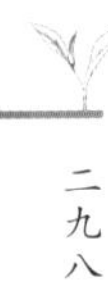

茶单宁的凝固物及氧化物之大半，皆不能溶于水，即所谓Phlobaphenes是也。虽已知茶叶在酦酵中可以发生氧化物，在某种情形下可以发生凝固物（注3：制茶泡后久置，所含单宁成分便渐渐减少，同时亦发生沉淀物，时间愈久愈甚，若将此茶浆并其沉淀物而温热之，一部分沉淀物即重复溶入茶浆中，但茶单宁成分则不再

恢复原状，茶单宁怎会变到如此状态，现尚不得而知，但鲜茶中之茶单宁则又甚固定，而不作如此之变化，若从表面看来，除非茶单宁的分子氧化或凝集，不能有此现象也），但究不能指出此Phlobaphenes是否在红茶制造中发生，及发生于何项步骤中耳。

在鲜叶中，茶单宁似亦能发生相当凝固，因此，鲜叶遇到热度便会泛红（俗称热坏），但若将鲜叶加热至摄氏七十度以上，维持相当时间，叶中酵素，便不易活动，单宁亦可保持较久的时间，而无急速的变化。但若仅热至摄氏六十五度，则十分钟内即能开始泛红，温度愈低，泛红愈迟，此种泛红的变化，虽与空气隔离，亦与不隔离同。此种单宁之变化，或可说是因酵素而发生的一种分子之凝集，此种茶叶，普通谓为“红叶茶”，若将红叶茶冲泡，其茶汁色红，叶底则作混浊之青黑色，此盖叶中单宁凝固之故也。虽用酒精提取，亦不能移去此混浊之青黄色，此或为极甚之凝集单宁，或为叶间氮白质母体与凝集单宁之结合。

茶叶泛红时，单宁即已丧失。下述数字，即系明证。（单宁之测验系用Loewenthal法）

鲜叶中之茶单宁含量	21.13%
红叶茶中之茶单宁含量	16.71%

茶叶揉后，叶汁一与空气接触，便作棕色，吸收氧气，同时即减少叶中可溶解单宁之成分。但若将揉叶不与氧气接触，叶即保持其青绿色，而叶中单宁，亦无变化。此乃茶单宁虽有氧化酵素而无从氧化之故也。关于揉叶酦酵，须有氧气，已于前章详述，此处仅述茶单宁中在酦酵中渐不溶解之状态焉。

普通鲜叶中所含之单宁量（品种为阿萨种，测验法为Loewenthal改良法）为百分之二十，制成茶后剩百分之十一，在茶浆中忐□者约百分之三（用离心力分离法测出之），计共有单宁及单宁质者约百分之十四，因此可知还有百分之六，留存叶底中而不能溶解。此种不能溶解之茶单宁，或为氧化物，或为单宁之凝集物，换言之，即Phlobaphones或与蛋白质结合后之鞣皮样质也（前已述及茶单宁与百分之五的硫酸同沸至三十六小时以上，始有不能溶解于酒精及碱性液溶中之Phlobaphenes发生）。试将制茶先用水尽量的提浸，所余茶渣色作青黑状，将此青黑之茶渣再用酒精提浸，便只能得绿色溶液，若叶绿素状，而不能得棕色单宁存在之象。但若将此青黑之茶渣另用碱性溶液提浸，则便得深红色之溶液，将此溶液加酸时，便作块状沉淀，余剩之渣泽，便作灰黄色。此种结果可以表明酦酵后减少之可溶解单宁成分，并不就作Phlobaphenes而好像是与蛋白质相结合。然因为单宁与蛋白质之结合，可被碱性分解，分解出来的是单宁，在碱性溶液中才氧化而成为Phlobaphenes也。在先曾说过揉叶在真空中并无减少可溶单宁之现象，因此，可以假定茶单宁须在氧化之后，始能发展其沉淀叶中蛋白质之能力，此则又与纯净茶单宁不能于溶液中沉淀稀量精胶之性质吻合。

关于茶单宁之定量分析，普通有Loewenthal及Hide Powder二法，对象若为采下之鲜叶，二法所得结果相等；但自茶单宁开始氧化后，前法所得之数字，便比后法要低，据印度Harler氏精密的测验，知用两法计算酸酵后的茶单宁，所得者皆非真正之茶单宁的数字，两法相差数为零点零四一六，绝对无误的方法，现尚未能发明云。详细情形，非本文范围所及，故略。

B. 茶素Theine

茶素者，强性之植物碱也。一八二〇年首次发现于咖啡中，名曰咖啡精，一八二七年复发现于茶中，遂又名曰茶素，厥后又发现于其他植物中，并证明茶素与咖啡精实异名而同物。

茶素之公式为$C_8H_{10}O_2N_4$，在摄氏十二度时九十三倍之水中能溶解茶素一倍。温度增高，溶解量亦略增，在摄氏十二度至二十度时，茶素一倍能溶于二十五倍之普通酒精中，或三百倍之硫酸醚中，或八倍之哥罗芳中。酸类能溶解之而成盐，但不能固定，盖虽属植物碱之一，但并无普通植物碱照常有的顽强盐基性。

提取茶素之法，可将含有水分百分之二十至二十五之茶叶十克（干茶之不易提浸，其理已见注2），用哥罗芳在索克莱提浸器中提浸约二小时，用蒸馏法除去哥罗芳余渣，用沸水振荡，加醋酸铅溶液数滴（使沉淀茶单宁蛋白质等），再加沸水至一百二十五CC，过滤后，取出约一百CC之无色透明溶液，用六十至七十CC之哥罗芳分三次冲荡，所有茶素，便皆溶于哥罗芳中，蒸馏后，即得茶素。权衡须在摄氏一百至一百零二度之热度下，烘干后举行。

用上法提取鲜叶及酸酵后叶中之茶素的结果，前后并无不同，可知茶素在酸酵中，固无甚变化也。

C. 精油Essential oil

茶中之精油，可用蒸汽蒸馏法提取之，色作柠檬黄，嗅气如茶而甚烈。纯净茶精油作流质，不纯净者，搁置时间过久后，便能发厚，作脂状。茶精油之生成，据爪哇茶叶专家团斯氏之研究，谓系糖原质与茶单宁之分解而成，故在酸酵中产生较易，烘茶时，更易飞散于空气中而冲入我人之鼻官。此物对于制茶之重要，在乎使有高贵之香气，增进市场之售价，惟高贵品质之茶叶，始有显著之精油，品质平常者，含量太微，不足以引起茶师之嗅感也。

茶精油之确实的公式，性质与成因，迄今尚未能明定，但知茶精油中之主要结构，属于醇之一种，其公式为$C_6H_{12}O$，沸点约在摄氏一百六十至一百六十五度间。虽明知在酸酵中必有重大之变化，但终不能具体的叙述也。

D. 配糖体 Glucoside

关于茶中配糖体之研究，爪哇前辈学者奈宁加探索最力，可是不能阐明的地方，迄今尚未能解决。

提取比较的纯粹的配糖体可用下法。

取鲜茶叶烘干，研末，加入百分之十五的水分，先用醋酮洗浸，将渣泽吹干，再用九十度酒精洗浸，由浸出物中除去九十度酒精，加入纯醇，不久便有絮状白色沉淀发生，将此沉淀溶于少许水中，再加纯醇，复使沉淀，如此数番后，得一不能与精胶结合之沉淀物，便可认为不含茶单宁之纯净配糖体。

其主要性质为不能溶于哥罗芳、醚、萮、醋酸醚及醋酮中，极难溶于纯醇中。较易溶于九十度酒精中，更易溶于稀酒精中，极易溶于水及醋酸中。

其水溶液之反应，为遇氧化铁有青色之沉淀（是否因为存有单宁之痕迹，不能证明）；遇醋酸铅有黄色之沉淀，能溶于醋酸醚中；遇过锰酸钾时，若温度不高，虽加稀硫酸，亦不能有 Phlobaphenes 之沉淀，但若温度加高，则作用亦立刻发生，每一克之沉淀，须有一点三克之过锰酸钾，供其氧化。

若与硫酸同沸后，中和时再用醋酸铅沉淀。则滤过后所得之溶液，能被飞琳氏溶液还元，因此证明其中必有糖质之存在。更进一步试验，并知此糖质为右旋性的葡萄糖类。

奈宁茄试验此糖质之数量时，系利用其所含之碳酸钾量而测定之。在鲜叶中约含百分之十至十二点五，但用酒精将酸酵后的制茶提浸时，碳酸钾量大减，几无痕迹可寻。因此推论糖体在红茶制造程序中变化必巨。可是什么样的变化，则迄今尚不能确实决定。

此外还有一种配糖体日本派与爪哇派的学者争论极烈，即 Quecetrine 或 Flavone 的问题。对于红茶品质关系甚巨。

先是日本柴田桂太于一九一五年时，发表其 Flavonole Quecetrine 之理论，谓红茶水色之主要因素，乃在叶中所含之 Flavone 分量的多少，而与红茶之浓度成正比例。检定茶叶中所含 Flavone 的方法，可取生叶三克，用开水三十 C C 煮沸，二十五分钟后，加镁与□的合金，和些许盐酸，视其是否呈现赤色的反应，即可拣明 Fla-

vone的有无，用比较深淡的方法，再检别Flavone含量的多寡，下列结果为关于茶叶含有Flavone之结论。

一、红茶水色和其原料茶芽的Flavone反应成正比，含有多量Flavone的茶芽，成为水色鲜红的红茶，品质极优。

二、Flavone反应因品种而异，其反应最多的，比最少的要相差五倍，所以对于红茶品种选择的标准，有以选择含有Flavone最多者为目标之提议。

三、Flavone的生成与增减，和光线有极大的关系，所以受日光照射较强的茶芽，可成为品质良好茶液浓厚的茶，而玉露茶与阴芽对于红茶制造却极不适合。

四、在同一品种的茶树中，Flavone含量的反应，以自顶芽至第三叶为最强，第四第五叶较弱，叶茎更弱，再老的叶则简直没有反应。

以上为日本派学者研究结果，兹再述爪哇方面之反对的论调。

爪哇团斯在一九二三年荷兰化学工作报告杂志上（Recueil des Travaux Chimiques des Pays-Bas）发表之议论如下。

用柴田桂太的方法，来试验爪哇的茶树，没有丝毫结果，于是不得不采用下列的方法：先预备茶叶之水浸出液，滤过，加百分之一至二的浓盐酸煮沸，经过浓厚的石炭酸气体而还原，冷却，便见有棕色之沉淀，在两小时内反应可以完毕。此项棕色沉淀大部分系从茶单宁分解而来（见前），洗净放在摄氏一百度中烘干，用乙醚提出所含之Quecetrine，欲得纯粹之质料起见，可再入沸水中，溶后复使结晶，此物亦能溶于酒精中，及沉淀于含有百分之一食盐的水中，而作黄色花絮状，欲得纯粹之结晶，须采用水中所得之结晶体，用各种反应剂，可以很简明的证明此种物质为茶叶中所含Quecitrine加水分解而成之Quecetrine。在茶叶中无论其为鲜叶或制茶，爪哇学者总不能得到Quecetrine，因此认为柴田桂太之Quecetrine（即Flavone）并非是茶叶中本来的含量，乃是于分析手续中从Quecitrine加水分解而来者。

本此理论，团斯乃检定茶叶中Quecitrine之含量结果，平均约得百分之零点一，并觉无论在红茶制造之程序中，或茶树生长之环境中，并无任何改变或影响，因此在爪哇地方，无论用柴田桂之的反应测验法，或Quecetrine的提出法，总不能找出对于红茶之品质、色泽、阳光逼射或覆阴等之影响。著者亦曾依照日本柴田桂之方法测验，结果亦不得任何Flavone现象。

究竟Flavonole Quecetrine在日本既如是其重视，在爪哇又根本否认，实在情形，以非本篇正文，恕不作详细之讨论。

兹先将日本古在氏将经过酸酵与未经过酸酵的两种干茶之成分分析列下，以示酦酵中茶叶成分之具体的变化，下节便述比较简单的测验方法。

古在氏茶叶成分定性定量分析结果。

项目	未经过酦酵直接烘干之鲜茶叶	经过酦酵之红茶
粗蛋白质	37.33	38.90
纤微质	10.44	10.27
醚浸出物	6.49	5.82
非氮浸出物	27.86	35.39
灰分	4.97	4.93
茶素	3.304	3.300
单宁	12.91	4.89
水溶解物	50.97	47.23
氮素	5.97	6.22
蛋白质	4.11	4.11
淀粉	0.91	0.12

在上表中，可见单宁之变化最巨，实则亦惟单宁之变化与制茶之品质，最有显著之关系也。（未完）

《国际贸易导报》1935年第4期

红茶酦酵的初步研究（续）

范　樱

六、在制造中测验茶叶成分变化之简捷法

在我国内地茶叶试验场中，一切设备难免简陋，欲作茶叶在制造程序中成分变化的定性定量分析，以冀改善制法者，似难有满意之结果；但若厥而不做，仅凭主观的经验与理想，则品质优劣之判断，势非待制茶手续全部完成后不能分别优劣，且于改良制法方面，亦难确定，应在某一阶段中施行或注意，因此参酌困难情形，惟有采用简捷的溶液提浸法，方有解决此种困难之冀望。

最先应用溶液提浸法于茶叶试验者，为爪哇茶叶试验场之奈宁茄氏，爰先介绍。

a.为未经过酸酵之鲜叶，在摄氏一百度热度下，直接烘干。

b.与a之来源完全相等，但经过六成半的萎凋，三小时的酸酵，酸酵时之外温为摄氏二十七度，干燥法同a，即摄氏一百度。

将a、b两种茶叶，研成细末，用石灰在短时间内吸干剩余水分，然后加入二成的定量水分（理由见注2），放在索克莱提浸器中（Soxhlet′s Extraction apparatus），依次用哥罗芳、硫酸醚、醋酸醚、酒精及水提浸。得结果如下。

成分	a	b
哥罗芳浸出物	9.0%	8.6%
硫酸醚浸出物	21.8%	3.0%
醋酸醚浸出物	8.0%	7.2%
酒精浸出物	11.2%	12.5%
水浸出物	12.4%	18.2%
浸出物总数	62.4%	49.5%
剩余物总数(实得)	38.2%	49.5%
计算应得	37.6%	50.5%

说明：在哥罗芳提出物中，似已有茶素之全量，以及脂、腊及叶绿素等。a、b两项差不多相等。叶绿素之一部分，似在酸酵中略有丧失，但不能证实。

在硫酸醚之提出物中，有游离茶单宁之全部，及少许之叶绿素及脂类，a与b比较，可见多量之茶单宁，已在酸酵中丧失。

在醋酸醚之提出物中，a尚有极微量之游离茶单宁（约千分之五），及Quercitrin与少许茶单宁之混合物，约百分之零点九，若无单宁作媒介，不能溶解于水。在这混合物中，常能发现无水单宁（注4：关于无水单宁之解说，团斯氏每次试验亦得此同样物实，单宁在长时间的高热中，□在渐渐的失去其水分，而入无水状态，但并不很简单的就成“无水单宁”，因为“无水单宁”之性质，异常不固定，恐已分解而成其他新成分，故□□不能溶于水）之存在，若烘茶热度超过摄氏一百度以上，则烘的时间愈久，茶单宁变质而成无水状态者亦愈多。硫酸醚中含量愈少，则醋酸醚中含量愈多。若烘茶十分谨慎，热度不使过高，或用石灰或用硫酸等干燥剂干燥者，则醋酸之提出物，将减至极低。b中之成分，与a无大异，但其色泽则因酸酵之故而作棕色矣。

在酒精之提出物中，a含有糖原质及少量其他成分，如无水单宁（约百分之零点四）及极微之Quercitrin混合物；b含少量剩余之配糖体（以所含碳酸钾量测验），约得百分之零点二及从茶单宁与配糖体变化来的多量酸酵物，略能溶于水，味极酸涩而缺快感。

在水提出物中，a含有茶叶中之一切主要盐基性成分（如Pectinate、oxalate、phosphate）及Pentosanes。b则除上述成分外，尚有多量之酸酵物，温度若高，溶解极易，温度若低，溶解量极少。故当茶浆冷却时，其溶解量常能消失。色作棕色，味则生涩。a与b两项，皆有多量之含氮物质及相当数量之碳酸钾质，似从配体糖分解而来者。

在未酸酵茶叶的不溶解剩余物中，主要成分为不溶解于水之蛋白质、纤微素质、淀粉质及Pectin质。酸酵茶叶的剩余物，常比不酸酵者要多（在本试验中多百分之十一点七），其成分则除上述各种物质外，再加了从茶单宁及配糖体酸酵而来的成分。

因为此项剩余物愈多，茶浆中的成分便愈少，色味便愈淡，故制茶者，尤其是要做浓厚茶叶者须设法使此剩余物减至最低限度也。

七、酸酵时间的试验

试验计分四号，鲜叶原料完全相同，萎凋、揉捻亦同时举行，每号揉叶重量为六成半干者三十二两，酸酵室内温度为摄氏二十四至二十五度，湿度为九十五度，酸酵时间的分别如下。

a. 二小时半；

b. 三小时；

c. 四小时；

d. 四小时半。

酸酵完后，置焙笼上，用直接炭火烘干。

然后用溶液提浸法比较其成分。

在硫酸醚浸出物中，大半应为茶单宁，a、b、c、d依次递减。递减数量似与酸酵之时间作比例，酸酵愈久，茶单宁愈少，茶味涩度亦愈减。

在醋酸醚浸出物中，数量仍甚可观，且亦依次递减。若谓系Quecitrine及茶单宁之混合物，则亦决无如此多者。显系奈宁茄所谓之无水单宁（注见前）发生于高热的直接火烘法中。因为茶单宁因酸酵时间而渐减，故无水单宁亦应同样的渐减。

在酒精浸出物中及在哥罗芳浸出物中，各号无甚变化，可见茶素等对于酦酵之时间，并无影响。他如叶绿素、糖源质等，大约虽有变化，亦不甚巨。同时，因为采制异常谨慎，故亦无显著之“红质”浸出。

水浸出物及剩余物，均依次增加，即表示酦酵物与酦酵之时间，作正比例的增加。可溶解者增于水浸出物中，不可溶解者增于剩余物中。因为水浸出物在d之四小时半酦酵中，还无减退之象，即表示尚未达到“过酦酵”的限度，换言之，即在上述环境中，四小时半之酦酵并不为过。

更将上项四种茶样，请中外茶师，以市场之经验评审，中国茶商方面有汪裕泰主人汪振寰先生，外国茶商方面有英国茶师洛姆氏，汪先生之评判以三小时酦酵之c号的香气为最高，英国茶师之批评亦以c之香气为优，但叶底则以d为最佳，味亦最厚。由是，可见外人评茶，除香气之外，叶底亦甚重要。

由酦酵时间的试验得下列之结论：

1.酦酵时间愈久，茶单宁之丧失亦愈多，涩味之丧失亦愈甚（由于醚浸出物之逐渐减少，而测知）。

2.醚酵时间愈久，不溶解物之产生亦愈多（由于剩余物之继续的增加而测知）。

3.水浸出物之增加，与酦酵时间作正比，但亦有一限度，过此限度时，酦酵物之增加，不能超过茶单宁等之丧失，产生Phobaphenes，而不能溶于水，茶之色味，便开始减退。

此项限度，对于制造洋装红茶者，颇为重要，制茶指导人才，须各自试验找出适合于该区该品种茶树的最高限度，只就祁门南乡平里区春茶而言，在前述的气候温度中，四小时半之酦酵时间尚未达到此最高限度，换言之，即尚有增进色泽味厚的可能。

4.三小时之酦酵，对于祁门南乡平区春茶之香气，最能有满意结果，惟色味则较差。

从上述结论看来，可知以香气言，三小时已足；以色味言，则四小时半还不够。如欲色、香、味俱佳，似不能再在时间上着想，须另从温度及其他环境中设法。可惜温度的试验，因设备不周，试验时诸多棘手，惟先后试过茶样十二种，但仅属部分的而非整个的，不能作为正式的研究之资料。下节所述乃以东西各国茶业试验场的工作为主，而参以有关系的祁场试验。

八、酦酵与温度的试验

日本古在氏研究茶叶之在酦酵中温度的变迁，为有规则的渐渐增加至二小时半后，始渐渐减退。最高时比大气超出摄氏十一度，酦酵时间，不但与品种有关，并受酦酵室中温度的直接的影响，温度愈高，酦酵愈速，最高温度为摄氏四十度，更高则酦酵不佳矣。

爪哇文龙盘及洛孟二氏之观察，谓用阿萨种茶叶制茶，流动空气温度摄氏二十六度，酦酵时叶温增至摄氏二十九度，计增高三度，一小时后方渐渐减退。

祁场八十三种试验中，叶温内外之相差最高达摄氏六度，普通皆在二度之间。

有计划的酦酵温度试验，见诸记载者，首推爪哇茶叶试验场之工作，今特介绍之。

第一步试验温度在酦酵前的影响，因为当空气潮湿，鲜叶在天然环境中不易萎凋时，每采取人工热气萎凋法，或萎凋器械，在此试验中，即寻求此种人工加热的适当温度。

甲、预备鲜叶末九种，置磁皿中，每皿容十克，放入电气烘箱中，经过下列不同的热度：

a. 作为标准茶样，不加热天然温度为摄氏二十五度；

b. 在摄氏四十度中热十分钟；

c. 在摄氏五十度中热十分钟；

d. 在摄氏六十度中热十分钟；

e. 在摄氏七十度中热十分钟；

f. 在摄氏七十度中热五分钟；

g. 在摄氏八十度中热五分钟；

h. 在摄氏九十度中热五分钟；

i. 在摄氏九十八至一百度中热五分钟。

各号茶样热后倒出摊在空气中，迅速吹冷，重复放入皿内，在天秤内权过，计其减少之重量，然后每号皿中，注入此茶样重两倍之水分，倾至有盖玻璃皿中，静待酦酵。

两小时后：a已泛棕色，香气亦已显露；c略棕，香气平平；e未变，香气亦无。

四小时后：a色已极棕，略带青昙，香气极显；b与a极似几无差别；c之棕色比a较次，比b更青；d比c更青，香气则不如a远甚；e之青绿色更显；h及i则完全青绿，而无丝毫香气。

直接的实地试验，已证明酸酵前的高热，可以使酸酵停止，人工加热，不得超过摄氏六十度。

乙、仍用上法，预备茶样末八种，但加热的时间则较久，其温度及时间如下。

a.作为标准茶样，不加热（天然温度为摄氏二十五至二十六度）；

b.在摄氏三十五度中热一小时；

c.在摄氏四十度中热一小时；

d.在摄氏四十五度中热一小时；

e.在摄氏五十度中热一小时；

f.在摄氏五十五度中热一小时；

g.在摄氏六十度中热一小时；

h.在摄氏一百度中热一小时。

照上组方法，静待酸酵，四小时后，其结果如下。

a.色极棕，略带青昙，香气烈；

b.与a同；

c.色较次，香亦较缓和；

d.色比c更次，依次递减至g；g之色，仍作青绿，香极微；

h.则完全青色，香气毫无。

在此试验中，更可见摄氏四十至六十度的热度，继续一小时，亦能使酸酵疲滞。

第二步的试验，便研究热度在酸酵中的影响，先就色香比较，次取各种溶液提浸物比较。

A.色香的比较。

每种茶样，有干茶末十克，加水二十克，放玻璃皿中，在各种不同温度中，静得酸酵。

甲、a.皿放在摄氏三至七度中（用冷气法）。

b.皿放在摄氏二十五至二十六度中（亦用冷气法）。

c.皿放在摄氏四十度中（用电气烘箱法）。

经过一小时之酸酵后，各样已示不同的色泽：a仍青绿，无香气；b略带棕色，香气颇显；c比b更棕，香气中带有潮烂腐草气。

经过四小时之酸酵后，a仍青绿，而无香气；b色极棕，略带青昙，香气甚显；c之青昙，比b更显，香气中有恶臭感。

上述试验之结果极显，即惟有摄氏二十五至二十六度一种，酸酵结果最佳。

乙、温度相差较密的试验。（茶样之预备与上同）

a. 在摄氏十度中酸酵；

b. 在摄氏十五度中酸酵；

c. 在摄氏二十度中酸酵；

d. 在摄氏二十五度中酸酵；

e. 在摄氏三十度中酸酵；

f. 在摄氏三十五度中酸酵。

一小时后，a、b、c仍作青绿色，并无显著之香气；d在开始泛棕；e比d更棕；f比e更棕；d与e之香气颇著，f之香气则不纯。

四小时后：a与b仍作青绿色，无香气；c在开始泛棕，有微香；d之棕色极显，略带青昙，香气甚佳；e之色泽，比d更深；f则完全作棕色，香则不纯。

八小时后：a与b仍作青绿色，无香气；c已作棕色，但香气殊寡；d及e已完全作棕色，但香气则大减；f则已显明的坏了。

丙、温度的相差比前更密。（茶样之预备同前）

a.在摄氏十九至二十度中酸酵；

b.在摄氏二十二至二十三度中酸酵；

c.在摄氏二十五至二十六度中酸酵；

d.在摄氏二十九至三十度中酸酵；

e.在摄氏三十三至三十四度中酸酵。

四小时后：a差不多仍作青绿色；b略泛棕色；c之棕色甚显，略带青昙；d几完全泛棕；e为纯粹的棕色。a、b之香气尚未显露；c与d之香气甚佳；e则不纯。

由是，可见酸酵温度在摄氏二十度内时，酸酵进行甚滞；在摄氏三十度以外时，进行甚速，易坏，且不利于香气。

B. 溶液提浸物的比较。

每份茶样取叶末十五克，加入水分三十克，在各种不同热度中酸酵，后在摄氏一百零五至一百一十度中烘约五十分钟，冷后，用各种溶液提浸之，法见前。提浸时每份只取十克，余下者约三至四克留作水分测验用。

a.作标准样，不加水，不酸酵，仅在摄氏九十五度中烘约五分钟以防酸酵；

b.亦作比较用，加入三十克水后，立即烘干；

c.在摄氏十五度中酸酵四小时后，立即烘干；

d.在摄氏二十五至二十六度中酸酵四小时后，立即烘干；

e.在摄氏三十九至四十一度中酸酵四小时后，立即烘干。

硫酸醚浸出物：b虽未酸酵，但比a少；d之浸出物最少，即示在酸酵中变化最多。

醋酸醚浸出物：b比a多，似足补前条之不足，以下列依次递减。

酒精浸出物：各样几无区别，惟a之浸出物能溶于水，b较难溶，其他则几不能溶于水。

水浸出物：d最多；c与b几无异；e因在高温中酸酵，其水浸出物乃比d反减少，是盖有多量不溶解物产生之故，c与d虽亦有不溶解物产生，但不若e之多耳。

结论：

基于上述各组试验，得下列结论：

一、酸酵温度愈低，化学的酸酵变化愈迟。在摄氏十五度以下时，几无酸酵之可言。在摄氏十五至二十度时，酸酵虽能进行，但甚滞缓，香气亦不佳。

二、温度若超过摄氏三十度，香气便不正，使茶浆有力有质的水溶解物，亦逐渐的不能溶解，温度愈高，香气及水溶解物愈少。

三、合理的酸酵温度，当在摄氏二十至三十之间。

综合前一章，酸酵时间试验的结论，知就今年祁门南乡平里区的春茶试验而言，最佳的酸酵温度，当在摄氏二十四至三十度间，但因为萎凋、揉捻，均有相互的关系，气候晴雨亦有极大的影响，故标准的酸酵环境，尚不能贸然而定的，须待续试。

九、其他问题

关于茶叶酸酵的主要因素，及其变化，已约略概述。此外，如紫外光线直射，对于茶酵素亦有相当毁坏力，过锰酸钾消毒剂之应用，可以铲除不洁菌类等，于前章亦已略述。惟因确实肯定的理论，至今未能阐明，不能解答的疑问，迄今尚无完满的答复。他如人工的挈助酸酵法，结果亦仅偏面的、局部的，国外制茶者偶有发现，亦皆保守秘密，不愿公开。记者亦正在此方面努力研究，俟有任何结果，当即作第二步之报告，俾与海内学者共同研究。下述乃已经发表之中西学者关于人工酸酵之研究结果，因录以为本篇之结束。

日本泽村真之制茶论中则谓于揉后生叶百两中加入百分之二点五的碳酸钠一同酸酵，可使茶浆浓，但叶底色泽似不见佳矣。

C.R.Newton曾主张利用茶树根部之酵素，搀入酸酵叶中，但因根部难觅，得不偿失，且茶叶酸酵，不全恃酵素，尚有其他成分，故全恃酵素增加，恐无大用。

Schulte in Hofe曾主张于酸酵叶中加入有机酸类，一方面可以帮助酵素之活动力，一方面亦可增加酸性成分。

又一法，则待酸酵至最佳程度时，绝止其氧气之供给，但只能供科学的研究，而难应用于实际。

孟博士的哥罗芳的人工酸酵法亦然。

胡浩川君，曾无意中发现潮湿草地上，摊放茶叶后，颇能得良好之酸酵，此或因潮湿草茵经化学分解作用，发生化学热，增高周围之温度或为植物荣养作用，供给多量之氧气俾能充分氧化，故比土法之棉絮，压盖所得者要优美，但尚不能确定。

《国际贸易导报》1935年第5期

日茶商谋夺我红茶在英市场

我国湘、鄂、皖、赣、浙等省所产红茶（外人称为工夫茶），向盛销于欧、美、俄各国，其中尤以俄国消费我国红茶数量为最巨。在印、锡、爪、日茶未发展以前，海外红茶市场，几为我国出品所独占；印、锡、爪、日红茶扩展销路以后，我国红茶出口，即逐年衰退，由最大数字之一百六十余万担，一降而减至十余万担。除皖之祁门，赣之浮梁红茶，因品质有相当特点，尚能与之竞争图存外，其他两湖、温州、修水、至德红茶，在海外市场，多无立足余地。近年日本……茶商，对于欧美销路之竞争，益趋尖锐，自种采迄于制运，均以科学合理化方法经营，深得彼邦人士之赞许，因是称雄世界之祁门红茶，受彼倾销影响，亦告难支。最近英商驻汉太平洋行，接彼邦人士报告，谓我国红茶，在英伦有极多存货，日本三期红茶，复大批运至该都，计本季运往欧美者，在一百万磅以上，大受英京买客之欢迎，且愿以高价购办。英伦买客舆论，称日本红茶较之中国红茶，更有价值；又谓日本红茶，在英售价，每百市斤，合洋三十三元，中国红茶，合洋二十六元，两相

比较，中国茶价低廉，以致亏耗颇大云。该行已将上述各情，致函汉口商品检验局，并附送日本红茶样品小盒，请加注意，俾资研究改良，商品检验局接函后，即据情呈实业部，分函产茶各省当局，训令所属各县，转知境内茶商，力谋改进，以利对外贸易云。

《广东农业推广》1935年第6期

皖南茶农待救济

皖省今年承……灾荒之后，茶价日渐低落，销路又复呆滞，茶商于此……未平中，冒险上山采制者，结果大耗成本，一切希望皆成泡影，前有祁门红茶四千余箱沉没鄱阳湖中，损失达十万元之巨，茶市厄运重重，灾后农村更不堪设想，兹志茶业近况及地方救济意见如次：

皖南产茶之区为徽宁两属，宁属多粗茶，销路只及国内一部，至徽属红绿茶早驰名世界，以洋庄为销路之大宗，向以沪市为转移，今年因世界经济紧缩，洋庄多观望，沪市茶价日跌，产茶区盘价亦随之俱落，如（一）祁红，头班茶顶盘一百六十五元，近跌落至九十七元，然成本则在一百七十元右，约蚀耗数十元，茶号以生易无望，提早不做子茶，山户（即茶农）莫不叫苦。（二）毛茶（即休婺等属之绿茶原坯未制者），申地洋商已停办，今每担开三十元，仅及去年半数，休宁北乡绿茶贱售二十五元一担，约亏成本一半，黟县际村开价跌至二十四元，尚无人问津，屯溪之八家茶行，以销路日滞，对来货均不敢承受，凄惨气象为近年所未有。

该地人士鉴于茶市已不足救济农村，地方更须负担……建设等费用，民力穷困达于极点，又以夏麦为天时影响，将告歉收，民食恐慌将与日俱增，最近祁门红茶遭风覆没，减少徽属数十万元之周转，皆足使皖南经济破产情形深刻化，同时政府各项税收将受间接影响，故欲待当局之救济，如扩大农村贷款，延长平粜时间等，此后将难办到，唯一救济方法则有赖金融界移转其视线，在皖南茶区办理合作社等项放款机关，活动农村经济，借与政府救济农村工作分途迈进云。

《中国实业杂志》1935年第7期

皖南茶业衰落

屯溪居休宁县之东南，陆路循芜屯杭徽达京沪，水道循新安江东下达钱塘，为徽、浙、赣绿茶汇萃之所，皖之歙、祁、黟、赣、石、旌、太及婺源，浙之淳、遂、昌、开，赣之浮、德、玉、铅等县绿茶，多以屯市为尾闾，茶叶行情之路落，亦视屯销畅滞为指针，民元以来，各号箱茶输出，年有七八万箱，民十八年至二十二年，复激增至十一万箱，民十九年，婺屯抽芯珍眉，市价，竟达三百余两之最高纪录，开屯茶自来未有之高盘，民二十年至二十二年，因山价增高，成本随以俱涨，又值世界消费各国感受经济恐慌，海外市场，购力衰落，市价一再跌落，不可遏止，高庄珍眉，竟跌落至百数十两之低盘，至去年更缩至一百五六十元，总计四年来，屯号亏折总数，约在二百万元以上。今岁抽珍开盘，尤不如旧，最高市价，仅沽百十元，比之民十九年售价，减低三倍余之巨，是本年屯市茶号盈亏，于此可以窥见矣，兹再将屯埠茶栈、茶号、茶行营业近况，择要分述如次。

茶号开业减少。屯市茶号，因交通之便利，金融之畅通，向来称盛，营是业者，以婺源、歙县、休宁、三帮居多数，几成为独占之专业，民十九年，全埠茶号，曾增至百零九家，二十年后，受海外茶市销缩价贱影响，前年开业者，遂减为六十七家，至去年又减至五十余家，盖因原有茶号受频年之亏折，莫不资金耗尽，无力开场，饶有资本者，凛兹险恶市情，不愿作孤注之虚掷，故今岁各号在新茶未上市之前，态度还趋冷淡，及至茶户收园，山价看低，始开场收办。正式营业者，计屯市有同茂、仁达、瑞泰祥三家，后街有怡怡、怡新祥分号两家，阳湖有振源、公兴、吴怡和、忠兴昌、吴永源五家，柏树有恒义祥、元泰、万福祥、苏源达、致昌祥五家，黎阳有永华公、恒德、永生昌、大源祥、如松、永源公六家，长干塝有致中和、升芳永、进昌三家，其他还淳巷、汉口、观音山等处，有怡新祥、义芳祥、永达祥、同泰祥、仁义昌、永泰新、亦泰怡、馥馨祥、华胜、忠兴昌分号、吴茂记、华胜分、永大祥、章德泰、大华、祥瑞、顺记等十七家，共计四十一家，较旧减少十余家，各号营业方针，大多随制随进，甚少趸放储存，其原因因本年各路存茶，多未出沽，可以随时收买，原料不虞缺乏，日后进者市价尤廉，盖号商睹兹疲敝极点之茶市，非减少进货，减轻成本，则恐有蹈过去之覆辙也。

茶栈放款紧缩。驻屯茶栈，向有七八家，其业务即招徕茶号，代客卖茶，兼放

茶款，营业进止，悉秉承沪总栈之指导而定，本身命运，随茶号营业之兴衰为兴衰，茶号获盈余，茶栈沾利固厚，茶号受亏负，茶栈亦不能免被其累。在昔屯市茶叶鼎盛时，栈方对接客放款，极趋热烈，彼此争奇，不遗余力，每年贷出茶款，数达一二百万元，近四五年来，因茶价逐年低落，茶号逐年受负，栈方受累，数颇不赀，故各栈于创巨痛深之余，咸改过去营业泛松之主旨，而易为紧缩方针。近年屯栈对号放款，都主审慎而行，例如茶号进茶若干担，制出若干箱，估计实数，视其箱额之多寡，酌放票款，再俟箱茶运沪脱沽后，得价若干，除栈贷款本息及开支，余付茶号，栈方实行此法后，被号累欠之事，已不多觏，而栈业之根基，则较前日巩，虽茶号营业遭败，栈方本身，可不因之而动摇。今岁沪栈因银钱业放款紧闭，来源艰涩货号茶款，益见少于往年，各抱客来不拒，不投听之之概，此种经营步骤，在兹经济极困之年头，各业均作如是观，又匪独茶栈一业为然也。

《农村经济》1935年第10期

祁门茶业改良场委员会组织规程

二十三年九月二十六日核准

第一条　本委员会由全国经济委员会实业部、安徽省政府联合组织，定名为祁门茶业改良场委员会。

第二条　本委员会以全国经济委员会代表二人，实业部代表三人，安徽省政府代表二人组织之。

本委员会设常务委员三人，由全国经济委员会实业部、安徽省政府各就委员中指定一人担任之，并设秘书主任一人，由常务委员就委员中推选之。

第三条　本委员会设茶业改良场于安徽祁门，其组织规程另定之。

第四条　本委员会之职权如下。

一、审定祁门茶业改良场每年工作计划及监督其实施。

二、决定场长人选。

三、审核该场经费之预决算。

第五条　本委员会为促进该场工作起见，特聘请场外茶业专家为顾问。

第六条　本委员会每半年开常会一次，由常务委员召集之，开会之地点及日期均由常务委员指定，遇必要时得开临时会，除各委员外，经常务委员同意，得请其他人员列席，但此项人员无表决权，开会时以过半数委员之出席为法定人数。

第七条　本委员会决议事项交由常务委员执行并呈报全国经济委员会实业部、安徽省政府备案。

第八条　本委员会常务委员办事细则另订之。

第九条　本委员会委员及顾问均为名誉职。

第十条　本规程得以本委员会之议决，呈请全国经济委员会实业部及安徽省政府核准修改之。

第十一条　本规程自全国经济委员会实业部及安徽省政府核准之日实行。

《安徽政务月刊》1935年第11—12期

祁门茶业改良场委员会常务委员办事细则

第一条　本细则依据祁门《祁门茶业改良场委员会组织规程》第八条之规定订定之。

第二条　常务委员办公地点暂设于全国经济委员会农业处。

第三条　关于一切日常公文之处理及茶业改良场工作计划之审订均由常务委员发交秘书主任负责掌握之。

第四条　秘书主任专管内部之日常行政，对外文件均由祁门茶业改良场委员会常务委员名义行之。

第五条　祁门茶业改良场委员会对全国经济委员会实业部、安徽省政府及其他上级机关用呈，对祁门茶业改良场用令，其他机关用函。

第六条　祁门茶业改良场之经临各费由本会请领转发，其请领手续及书式另定之。

第七条　改良场应于每旬作收支旬报表，每月终作收支月报表并工作月报表各三份，按期呈送常务委员核阅。

第八条　秘书主任得视日常事务之繁简，任用干事一人。

第九条　本细则自全国经济委员会实业部、安徽省政府核准备案之日施行。

《安徽政务月刊》1935年第11—12期

祁门茶业改良场廿四年度业务计划大纲草案

本场去年改组之后，曾经拟具计划呈核，题目：《祁门茶业改良场第一期业务计划书草案》（后文简称前书）。一年以来，工作进行，即以之为依据。但于其导言中，有下列之呈辞：

所以谓为“第一期”，而不明定“若干年”者，以此种种之完成，纵物力及人力一无所限；而生产及其技术，则不能不受制于天然，时间既待循环，工作遂有间歇。速成之求，莫由达到。本计划之一一实现，暂以四年为标准；多则五年；至少亦须三年。——见一页二面五至八行。

过去经常工作，受“物力”之限制者，犹不亟甚。最大限制乃在“人力”，即工作人员之过少（呈聘四人，有三人未到聘）。地方之不安靖，以致设备扩充，难以如预计者进行，则不能不谓为事实之出于非常也。

基是两因：职员少及地方不靖；技术工作，多未著手。研究作业，最重可靠。浩川无似，唯有谨承职务深亏，郑重引咎，不敢自欺而有造作，且致罪于学术也。

二十四年度已开始，亟应谨准前书概要，拟具本年度工作计划大纲。凡前书所未有者，概附注明；所已具者，说明亦从简略。

一、光于扩充作业者

（一）增设推广股。本场办理合作，属之技术股，指定技术员一人任其事。合作事业，浸推浸广。上年度由经委会农业处派遣刘技正淦芝，从事指导，运销业务期间，增添五人，尚感监导之未尽周。为增进效率计，拟设立推广股。

（二）增加技术员。本年度技术员拟定三人，助理员二人，为求研究及经常工作之精密周到计，拟请增专治病虫害者一人。

（三）添建房屋。

（甲）制茶工厂。图样已经呈核在卷，本年年内必须全部予以完成。

（乙）职员宿舍。现在宿舍拟改为总办公室，办公室改为研究所。

（丙）工人宿舍。

（丁）温室。育种急须积极进行，温室之设备，绝不可缓。

（戊）装置储茶室。

——以上丁、戊二项，前书未列。

（四）充实各项器物。

（甲）补充制茶工具。机器已具，一切应用之动用器物，上年度从经常费中有所补充，尚不敷用。

（乙）栽培用具。

（丙）病虫害研究之设备。

（丁）测候仪器。

（戊）参考研究图书。

（己）补充普通用具。

（五）修理机器。现有之旧机器，多不适用，概须修缮。

（六）增开试验茶园。

（七）改造郭口茶园。二十二年垦辟之茶园，工程以限于经费，失之粗放，概须加以整理。

——上一项，前书未列。

（八）整定平里茶园区划。

（九）继续开整茶园中之沟渠行道。

（十）培植木材。

二、关于基本作业者

（一）改正茶园地积。

（二）继续茶树株丛之统计。卷称茶丛四万零八十二丛，指数结果，才二万九千三百二十六丛。就中株势特小，不堪采摘者二千一百九十九株。如缺丛、劣丛等等，亟须分别视察，以事补充淘汰。

（三）继续茶园之复兴。上年度普遍施肥，本年采摘大多较早，收量尚显见增多。本年须特备复兴专款，耕培按其实际情形施工；始能荒废早复，促进生长均等，便于供应试验研究之用。

（四）粗放茶树之整理。

（五）征集种苗。去年改组之后，时期已迟，未及办理。窃查在安徽省立时代，两度征集，所得至少。本年度拟呈请均会转请农业处赐予征集。

（六）继续培育苗木。

（七）育种试验，另拟计划附呈。

（八）病虫害之防除研究。

（九）肥料自给。本年度拟尽量求绿肥种苗，从事培植。

三、关于实验作业者

（一）继续繁殖实验。

（甲）有性繁殖。上年度之试验有四，本年度再予重复行之，并斟酌需要，增加二三种。

（乙）无性繁殖。仅行插枝法之一种，成绩甚劣，盖因截取太短之故。本年度从十月起，拟行插穗长短比较试验。

（二）栽培试验。此项研究，最须有充分之经常人力。另附试验计划说明书呈核，本年拟侧重栽培与品质之关系研究。

（三）继续制造试验。本年度之试验，关于初制方法，拟每项仅侧重两三点。

（甲）萎凋试验。

子、减水量之研究；

丑、日光萎凋与温度之关系。

（乙）揉捻试验。

子、人力揉捻与机械揉捻之比较；

丑、机械揉捻与压力增减之关系。

（丙）气干实验。

子、气干与否之研究；

丑、酦酵前气干与酦酵后气干之研究。

（丁）酦酵试验。制茶上之作业，此为最感受棘手之一事。本年度应以此为试验中心，尤须注意：

子、酦酵与温度之关系；

丑、酦酵与湿度之关系；

寅、较老叶子之酦酵研究；

卯、低温烘干之再酦酵研究。

（戊）烘干实验。

子、竹笼烘干与机器烘干之比较；

丑、烘干与温度之关系；

寅、烘干次数及其各次干燥程度之比较；

卯、烘干与水分含量之研究。

附注：戊项之卯，尤须精密研究。

——以上五项，属于初制。

（己）民间毛茶精制研究。祁门红茶制造，初制由于农民精制由于商人。出品品质受精制之左右，优劣至为悬殊。拟应收买民间毛茶，从事研究，探求所以劣变原因，以资补救，以资促进品质向上。

（庚）劣茶改正研究。祁门红茶劣变之最多者，一为烘干过火而有焦气；一为酸酵过度而有酸味。农商之困于是者，任何损害，莫与之京。此种劣变之品，是否一无改善余地，亟待研究。即是全无效果，而亦不无失败之意义与价值。

——以上己、庚两项，前书未列。

附说：试验大纲中之各项作业，俟核定后，再行拟具“实施办法”。

四、回于推广作业者

（一）发展合作。

（甲）旧社之整理。

子、促进组织严密并扩大。

丑、无改进希望者予以停止。

寅、业务之合理者，予以奖励。

卯、借款概须依限收回。

Ⅰ.出品下及预算数者，累计所少之平均价，严格索回。

Ⅱ.他种原因短少者，须令还出三分之一；下余准予展期。并须有担保。

（乙）新社组织之标准。

子、就旧社之邻近村坊，为联绵之推广。

丑、每区城中，连同旧社，至少应有三所，否则出品须三百市担。

寅、社员须经详细调查及相当训练，始予组织。

（丙）完成区县联社。

子、每区有三个社者，成立一区联社。

丑、县联合社须健全其组织。

寅、各社监督事宜，会同县联指助区联办理。

卯、各社请求事宜，以区联为呈转机关。

辰、各级组织之理事长，不得兼任。

（丁）各社业务之统制。

子、改善借款办法。

丑、监事交换监督。

寅、严格执行预算。

卯、完善其制茶设备。

辰、试办共同制茶。

（戊）兼营桐油运销。

祁门农民特产除茶叶外，尚有桐子为大宗。每年秋收之日，恒受当地油商抑价之苦。去年秋冬间，桐子每百斤五元至六元含油量最少五十斤，当时桐油市价十八元。最近上海高达五十元一市担，祁门油坊亦无存货。即大秤合小秤，所多之数，已足敷运出费，油粕可供加工费，吃苦之大如此。应由县联设立油坊油榨油运销；或经运桐子至武汉沪杭，委托为榨油。

（己）创立供给合作社。

供给物品如次。

子、制茶一应器物。

丑、肥料。

寅、食粮及食监。

——戊己两项前书未列。

（二）产销指导。

（甲）办理特约栽培之示范茶园。

（乙）代各社设计制茶事宜。

（丙）编辑制茶要览。

（丁）举行各社职员讲习会。

（戊）实地协助运输。

（己）实力协助推销。

（三）茶事调查。

（甲）至德兴浮梁之茶业调查。

（乙）祁门茶业之精密调查。

（丙）编辑祁门茶业统计。

附祁门茶叶改良场二十四年度业务计划实施补充费概算

窃查本场二十四年度经常事业应需开支，前经编具预算呈送。

钧会核定在案。兹按本计划所列事项，或为前所未及，或系临时支出，均为前预算所未列。为求计划完全实现及便于实施计划，特就必需而应补充者附拟概算如次伏乞。

赐予并案核定

计开

一、经常费

（一）增设推广费，五千二百八十元。

1.薪水，四千零八十元。

（1）推广主任，一千八百元，月支一百五十元。

（2）推广员，九百六十元，一人月支八十元。

（3）助理员，一千三百二十元，月支四十元一人，二十元二人，十五元者二人。

2.推广费，一千二百元。

（1）旅费，一千二百元，平均每月一百元。

（二）增加病虫害技术员，一千二百元。

1.薪水，一千二百元，一人月支一百元。

二、临时费

（一）建筑费，五千一百元。

1.温室，四千元。

2.工人宿舍，六百元。

3.储茶室装置费，五百元。

（二）平里茶园复兴费，五百元。

1.肥料费，五百元。

（三）郭口茶园改造费，七百二十元。

1.工资及工具，七百二十元，二十二年度郭口新垦茶园一百二十亩失之粗放，全部改造，每亩六元约须如上数。

以上合计：经常费六千四百八十元，临时费六千三百二十元。

场长：胡浩川

《安徽政务月刊》1935年第11—12期

祁门茶业改良场茶树栽培试验计划说明

吾人欲从事茶树栽培试验，并期望其结果得有精确之可能性，必先研究茶树之特具性质，究属何似。

（1）茶树系永年作物，由种苗达到相当成株，并经常收获之年龄，至少须八九年。

（2）茶树为深根作物，主根甚长，支根之伸延范围，亦颇深广。

（3）茶树为常绿灌木，年中不绝生长，以种以植，以养以获，但有季节起讫，而无首尾结束。

（4）茶树荣养器官之茎与叶，一年能行数回之采取，所采限于新生部分，不及宿生者。

（5）茶树为永年作物，积年累岁，采叶无已，土壤中之养分，以消耗而偏枯过甚。

（6）茶树为永年作物，开花结实，虫伤病害，逐年各不相等，其本身由内因及外因之诱致强弱，于以形其悬殊。

（7）茶树为永年作物，逐年人工经营，难为一致周到，亦引起本身荣枯之不平衡。

（8）生产品质，受人工管理之有精粗，差异甚大。

此其所述，尚属一般茶树之所同具。本场茶树，又有特具者若干事。

（1）品种夹杂不纯。

（2）株丛排列既不规则，树势又有大小。

（3）发芽开始而有先后。

（4）发芽后之伸育，又有缓速之不相同。

（5）茶园面积，概不整饬。

（6）平地茶园地面，亦多不平坦者。

（7）杂草繁殖，往往以类而聚。

（8）边缘茶树生育优异，特为显著。

以如是之茶树，当然不能漫然从事任何试验。其为品质研究，疑难固较产量为轻，究亦不尽可据。但必待到预想合理茶园作成而后实施，则目前并固定之品种而亦未有，积极进行，自即日始，至少迟过十年以外，乃可完其准备。事实上之迫切需要，自无因咽废食可能。此则唯有采取有效方法，借以减免所知差误。使试验之结果，得增加其可靠之程度。是项设计，与其认为“过渡救济”，毋宁谓之“根本解决”。何则？试验效果，重在推行。民间茶树经营之不合理，尤为仪态万端，改善之普遍化，真不知其何日？苟有绝对一般应用之近似理实，在吾人之掌握中，放手工作，则亦可以无憾。

准此，先就本场茶树易致试验，尤其是产量上入于错误之特殊疑难所在，设计减免具体办法，条陈于次。

（1）置品种于不顾，至多作为参考之资。

（2）以每一株丛试验用之单元，则园地面积之不整饬，株丛之参差，行间株间之不规则，均可借以降低，其□误一部分。

（3）采摘以芽叶发育程度为标准，假定新芽发展至第三叶时实行采摘，即一律绝对不使之有过或不及。如其为第四叶，则亦同然。其有茎部发育不健全之畸零叶子，仅具一叶或两叶，三叶者（六安茶农习谓之单版叶，一对版叶，三版叶，当地概称之为对夹皮）一一留到最后采摘。如此，萌发早迟，伸育缓速，均不成为问题。

（4）边缘茶树，概不用为试验材料。

（5）茶树形态畸异者，一概舍去。舍叶以多数比为标准，如特大、特小，及其有病症之过甚者。

（6）茶树系常绿灌木作物，收获之目的物在叶子。无论年采为若干次，岁晚之所生者，终必予以留蓄。春季所采，乃其第一次之新生；二次所采，乃其再生之子。子而孙，孙而子，即采至无数次，而宿生之叶子仍复存在。不若他种采叶作物如桑树等，所得全为一年一季之生产纯量。凡欲为某种之处理试验，先作空白试验一年，例如肥料试验，即先一年不施肥料。试验前之所得产量，就单元分别纪录。试验后之所得，再予同样记录。从事结果之分析时，用前一纪录作基因数，与后一纪录作效果数，以求此效果数之比例得数，为分析之标准量。举例言之：试验处理之方式a、b、c、d四个株丛，其试验前之收量，假定为50、60、70、80公分，以

之作分母。试验后之收量，假定为60、75、75、90公分，以之作分数之分子。由是求前一收量之最小公倍数，所得为8400，即以此各单位所得8400，中乘积之因数，求两年之分子数，由后一年之收量中减去前一年之收量，即是：

A=60×（8400÷50）—50×（8400÷50）=1680

B=75×（8400÷60）—60×（8400÷60）=2100

C=75×（8400÷70）—70×（8400÷70）=600

D=90×（8400÷80）—80×（8400÷80）=1050

但此收量经此变化，虽其性质在比例上未生差异，较之原数，未免过巨，此可以a之原数60公分，除其变数。

A=1680÷60=28

即使用此所得之商遍除各数。

A=1680÷28=60

B=2100÷28=75

C=600÷28=21.4

D=1050÷28=37.5

设使对照株丛两年收量为80及85，亦增五公分，估前一年收量十六分之一，即以此五公分为对照株丛之产量，并从受试验处理之株丛中，各减其所有量十六分之一，应得各式如下。

O=［85×（8400÷80）—80×（8400÷80）］÷28=［8925—8400］÷28=18.75

…………

对照株丛，或使两年收量为80及70公分，实减10公分，估八分之一且为负数。此则即以后一收量为准，其他各数，各应加入十分之一。得下列各次。

G=70×（8400÷80）=7350

…………

至此，再行使之还原。前文已及，不再列式。

其他如有数字增减，均可准此推演，使归一例。

以上六项办法，均为解除木场茶树之特具疑难（实际无处不然）而设。此其所见，前五项或疑问无多。试验所得之收量，予以比例变化，实质未殊，名数已改，万一而有可能，应用差异分析，以之代入任何所欲凭借之一公式，亦与一般试验作物同料，则结论之解释固亦不敢谓其必有意义；为试验之试验，容或无妨一为之子。

此外尚有一事，须经郑重提出者，即任何处理试验，均从事于纯一试验，不为复杂试验。如施肥与中耕，固应各别进行；即是同属施肥、肥料种类试验之中，绝不兼及肥量探求。应不畏麻烦，各事所事。无他，茶树试验上已知之系统差误之源，既如此其繁多，虽为设计，使之减低，但犹难至最低限度。试验之目的必愈求简单，则难为统制之试验之差误，从事估计，可以较为真确或属类似。因茶树栽培试验过程上所有之手续，无不有相当之烦难，就中收获一事，以萌芽伸育为标准，尤不易其免于严重之差误，观察既须极端精密，采取更须特别审慎。试验目的果趋复杂，重复势必增多，人力应付，即无法达到如意之充分。重复过少，则在机会上之偶然差误，又将以之愈为不免，乃辛苦艰难所得之结果，必为减削价值上之可靠属性。

茶树栽培上之一应试验，施肥似应据无上之中心。茶树属于永年作物，固植一隅，经时既久，土壤势必因其营养吸收之有强弱，差异程度，愈入错综。是则土壤差异测定，绝非二三短促岁月，可以尽其能事。致肥料之试验，除园地试验外，应助之以盆缺试验，缺植之材料，使用育种所得之幼苗（此项种苗，是否即属优良，系另一问题；但有品种终远愈于无品种）。无论系自花受精之实生苗，抑或系无性繁殖之分生苗，均须合下列之条件：

（1）种源同一母树。

（2）扦插用木，取更新法之同时蘖生者。

（3）育种同一时日。

（4）幼苗选允试验材料，不仅汰去其畸形病态者；茎之高度、圆径、校歧、叶数、根长以及全体重量均须求其类似平衡。

钵植所用土壤，采于山上茶园。半为新土，半为表土。各别干燥而后，充分捶细，筛以细眼金属网之筛子。溶之于水，淘尽沙粒。取其沉淀晒干，权定每钵所需分量，逐份加入各有等级（利用筛分）之同量砂砾，充分混和之。心土装入钵之底部；表土装入上层。植入时间，恰当年中生长间歇既定之后。植定完成，以偶然化之排列法，置于空旷之露天平地上。第一年中但行精密之观察与管理，绝不施给任何肥料，即灌溉亦用雨水或经过□和之水。既经过周年之后，逐一检验比较，发育之悬殊者，概行舍去。即其稍优与稍劣者，苟未知其原因所在，亦复不以供应试验，淘汰极少，不妨视为缺株；多则减少重复，兼并补充，并予交互变更排列。由是实行施肥试验，因差误之既少，即以收量为统计分析之直接数字（前述第一收量与第二收量，求其结果于比例，有无错误，亦可借是判明）。

《安徽政务月刊》1935年第11—12期

徽属茶叶积极改良

皖南徽属各县，为产茶著名之区，祁门红茶，且为对外贸易之大宗，故乡村农民，莫不兴种茶叶，以为生活资源，然皆脱售于本地茶号，获利甚微，自上年农民银行派员到祁，贷放款项，指导组织运销合作社以来，各村农民感觉合作兴趣，且获利希望较大，故本年此种组织，数量激增，查去年合作社只有七家，今年已增至十余家，地点多在西南乡，名称为某村茶叶运销合作社，社员即为自有茶产之农民，现由全国经济委员会刘技正，与茶叶改良场指导农民组织，每村限定一家，资金即由上海银行贷借，农民因合作运销，权操本身，尤多乐从，故目下大有风起云涌之概，惟上海各茶栈，以合作社不由茶栈放款，关系其营业收入至巨，暗中亦竞争甚力，并闻沪上有一部分茶栈，拟出而交涉卖茶权利，盖去年合作社茶叶运至上海，系由茶栈代卖，其售价较诸茶号略低，本届廿余家合作社开会议决，由上海银行在沪组设卖茶机关，免受栈家操纵，现在各乡茶农茶号，均以上海银行与各茶栈将来代买茶价之高低，而卜社号双方之消长，如上海银行代合作社茶叶卖得善价，则来年凡有茶产者，皆趋于合作之途，其发展自不可限量，反之栈号营业，仍当维持不衰，惟就大势观之，合作组织已为农村所需要，今年社数增多，即其证明，农民经此熏陶，兴趣亦高，则其前途发展，自为势所必然云云，另据教育界消息，徽州女子中学校长陈季伦，以徽属为产茶之区，每年各茶行雇用拣茶妇女，为数甚多，此项妇女多有制茶智识与经验，故拟在校内增设制茶科，训练一班制茶人才，担任指导改良制茶之需，此举于女子出路及制茶改良，两有裨益，将于下学期促其实现云。

《农村新报》1935年第13期

后　记

本丛书虽然为2023年度国家出版基金项目，但资料搜集却历经多年。2017年笔者和安徽师范大学出版社合作，以《祁门红茶史料丛刊》为题申报国家出版基金，获得立项，2020年该套资料集得以出版。这是首次系统搜集、整理、出版祁门红茶自晚清至民国时期的史料，限于时间、精力，有些资料没有收录，还有不少资料未能搜集，但这也为后续的整理提供了一个空间。

最近几年，笔者主要做了两方面工作：一是继续搜集祁门红茶史料。因祁门红茶产区包括祁门、建德（民国时期先后称秋浦、至德）和浮梁三个地区，于是将这三个祁门红茶产区的资料都加以搜集，尤其注意查找建德、浮梁两县的红茶资料，弥补此前尚未关注的缺憾。二是将此前已搜集，但限于时间和精力而尚未整理的资料，加以汇总、整理。

祁门红茶资料存量丰富，但极为分散。在资料搜集的过程中，笔者得到了很多师友的大力帮助。祁门县的支品太、胡永久、汪胜松等给笔者提供了很多帮助，他们或提供资料，或陪同笔者下乡考察。在资料的整理录入过程中，笔者的博士生汪奔，硕士生庞格格和她的同学潘珊、李英睿、杨春、鲍媛媛、谷雪莹、周敏等协助笔者整理了很多资料。对于他们的帮助，笔者在此一并表示感谢。

在课题申报、图书编辑出版的过程中，安徽师范大学出版社社长张奇才教授、总编辑戴兆国教授非常重视，并给予了极大支持，出版社诸多工作人员也做了很多工作。孙新文主任总体负责本丛书的策划、出版，做了大量工作。郭行洲、陈艳、何章艳、辛新新、蒋璐、李慧芳、翟自成、卫和成等诸位老师为本丛书的编辑、校对付出了不少心血，对于他们在该书出版中所做的工作表示感谢。

本丛书为祁门红茶资料的再次整理，但资料的搜集、整理是一项长期工作，虽然笔者已经过十多年的努力，但仍有很多资料，如外文资料、档案资料等涉猎不多。这些资料的搜集、整理只好留在今后再进行。因笔者的学识有限，本丛书难免存在一些舛误，敬请专家学者批评指正。

康　健

2024年11月20日